古代歷史文化 研究輯刊

二五編

王明蓀 主編

第7冊

十六國時期華北地區霸權興衰及其綜合國力比較研究(下)

宋啓成 著

國家圖書館出版品預行編目資料

十六國時期華北地區霸權興衰及其綜合國力比較研究（下）
／宋啓成 著 -- 初版 -- 新北市：花木蘭文化事業有限公司，
2021〔民 110〕
目 6+170 面；19×26 公分
（古代歷史文化研究輯刊 二五編；第 7 冊）
ISBN 978-986-518-309-7（精裝）
1. 五胡十六國 2. 中國史
618   110000149

ISBN-978-986-518-309-7

9 789865 183097

古代歷史文化研究輯刊
二五編　第 七 冊　　　　　　ISBN：978-986-518-309-7

十六國時期華北地區霸權興衰及其
綜合國力比較研究（下）

作　　者　宋啓成
主　　編　王明蓀
總 編 輯　杜潔祥
副總編輯　楊嘉樂
編　　輯　許郁翎、張雅淋　美術編輯　陳逸婷
出　　版　花木蘭文化事業有限公司
發 行 人　高小娟
聯絡地址　235 新北市中和區中安街七二號十三樓
　　　　　電話：02-2923-1455 ／傳真：02-2923-1452
網　　址　http://www.huamulan.tw 信箱 service@huamulans.com
印　　刷　普羅文化出版廣告事業
初　　版　2021 年 3 月
全書字數　310517 字
定　　價　二五編 15 冊（精裝）台幣 45,000 元　　　版權所有・請勿翻印

十六國時期華北地區霸權興衰及其綜合國力比較研究(下)

宋啓成　著

圖次

表次

第四章　霸權民族的政治與經濟能力

　　大凡戰爭均屬國力的綜合較量，這對十六國時期各大小政權而言亦不例外。其中，軍事武力雖是決定戰爭勝負之最直接因素，但軍力無法憑空存在，須有足夠的人、物力支撐方能發揮效能。對此，本章即以人、物力對戰爭的支持為中心，論析、比較各霸權民族的政治、經濟作為與能力。

　　「自劉淵、石勒傾覆神州，僭逆相仍，五方淆亂，隨所跨擅。□□□長，更相侵食，彼此不恒，犬牙未足論，繡錯莫能比」，[註1]由於當時各政權疆域變化不斷、人口流動量大且數據闕漏嚴重，無法獲得精確的戶口數，只能在人力上作粗略的估計。[註2]人力狀況如此，連帶使研究當時的經濟生產亦顯困難。但從史籍對各國的記載，仍可由人力掠遷、政府施政與國家安定程度等，推論政治對人力增減的相對影響，此可用以比較其決勝時的政治力。此外在經濟層面，儘管十六國時期乃軍事優先的年代，經濟生產良窳受各地產能與政府重視與否影響。因此，比較各霸權之經濟力，可以生產能力與政策支持程度為準。以下謹就胡羯、鮮卑與氐羌族系之分，按上列指標論述其政治與經濟情況，最後再按表1的綜合國力估量指標，歸納、比較七次爭霸中，各霸權的政、經能力對比。

第一節　胡羯政權的政治與經濟

　　漢趙、後趙與夏國這三個胡羯政權，分別於關中，關東、河套地區與敵

〔註1〕《魏書》卷一百六上〈地形志上〉，頁2455。
〔註2〕葛劍雄，《中國人口史（第一卷）》，頁470~471。

對勢力爭霸，這三個地區就是獲得人力與物力的根本，亦即持續戰力的泉源。對此，這三個政權如何從事政治與經濟建設，實乃滿足人、物力需求之所繫。以下謹就政、經面向，論析其獲得與維持應有人、物力之情況。

一、異地重建其國的漢趙政權

318 年八月，大將軍·錄尚書事靳準弒漢主劉粲，漢國大亂，之後分裂為前趙與後趙。其中，相國·都督中外諸軍事劉曜以率自平陽的五萬眾為基礎，於關隴重建漢國朝廷，改國號為趙，史稱前趙，〔註3〕「立宗廟、社稷、南北郊於長安」。〔註4〕

當時，馮翊、北地、新平、安定乃羌族所聚，扶風、始平、京兆則為氐族聚居，〔註5〕加上永嘉之禍以來，各地逃難到此的流民，使關隴地區種族分布益為複雜。劉曜此時無法同劉淵、劉聰時期，有并州五部匈奴作後盾，必須在平亂之餘，自關隴獲得所需人力。

劉曜於是師法東漢末年以來，各地軍閥慣用的掠遷手段，每攻占一地，即強迫當地人口遷至長安附近之政權中樞，以滿足勞動力與兵員需求。〔註6〕按史籍所載，漢趙掠遷人口至長安的情況如表 3 所示。

表 3. 漢趙定都長安後之掠遷人口統計

時　　間	掠遷概況	資料出處
320 年六月	徙上郡氐羌伊餘兄弟及其部落二十餘萬口于長安。	《晉書》卷一百三〈劉曜載記〉，頁 2687。
322 年二月	遷隴右萬餘戶（應屬氐羌）于長安。	《晉書》卷一百三〈劉曜載記〉，頁 2691。
323 年七月	徙秦州大姓楊、姜諸族二千餘戶于長安。氐羌悉下，並送質任。	《晉書》卷一百三〈劉曜載記〉，頁 2694。

〔註 3〕按《晉書·劉曜載記》載：曜「以水承晉金行，國號曰趙。旗牲尚黑，旗幟尚玄，冒頓配天，元海配上帝」，雖結合「五行相生說」改名為趙，有與東晉爭正統的意涵，但亦有對外宣稱其乃承繼自劉淵所建立的漢國。參閱《晉書》卷一百三〈劉曜載記〉，頁 2685；雷家驥，〈漢趙國策及其一國兩制下的單于體制〉，頁 92。

〔註 4〕《通鑑》卷九十一〈晉紀十三〉元帝太興二年六月條，頁 2919。

〔註 5〕《晉書》卷五十六〈江統傳〉，頁 1532。

〔註 6〕周偉洲，《漢趙國史》（桂林：廣西師範大學出版社，2006 年 5 月），頁 176。

323 年八月	鎮西劉厚追擊楊難敵於漢中，獲其士女六千餘人，還之仇池。	《晉書》卷一百三〈劉曜載記〉，頁 2695。
324 年	劉曜遣其武衛劉朗率騎三萬襲楊難敵于仇池，弗克，掠三千餘戶而歸。	《晉書》卷一百三〈劉曜載記〉，頁 2699。
327 年五月	前涼將張閬、辛晏帥其眾數萬降趙。	《通鑑》卷九十三〈晉紀十五〉成帝咸和二年五月條，頁 2995。

資料來源：筆者整理。

　　若以每戶五口計之，上表掠遷人口概約三十萬人，對照江統「關中之人百餘萬口」之說法，顯示關中人口已有相當比例為漢趙掌握。因此，假設劉曜帶到關中的五萬匈奴精銳皆投入 323 年八月的出征前涼，與「曜自隴長驅至西河，戎卒二十八萬五千，臨河列營」之記載相較，或許可印證劉曜「畏威而來者，三有二焉」之說。〔註7〕掠遷人口對其入關以來之軍事作戰的影響由此可見。

　　然此三十萬人大多來自當地的氐羌部落，按氐人習於「勇戇抵冒，貪貨死利」，羌人「更相抄暴，以力為雄」，對立足未久，治理尚未穩固的漢趙能否心悅誠服，當繫於漢趙施政之良窳。按《元和郡縣圖志・關內道三》坊州條載：「魏晉陷於夷狄，不置郡縣。劉、石、苻、姚時，於今州理西七里置杏城鎮，常以兵守之」，〔註8〕亦即用軍事管理之方式，由當地鎮將兼管民事，以收防微杜漸之效，此乃十六國時期廣泛採用，於邊遠且族群分布複雜地區，設置鎮、戍，行軍事統治之制。〔註9〕杏城鎮位在關中要域東北，地處兩趙邊界附近，地理與種族形勢如此，直接由鎮將掌管，乃極自然之事。不過，逃亡與反抗事件仍多，〔註10〕漢趙多以高壓方式因應。《晉書・劉曜載記》載於 320 年六月之「尹車謀反事件」即為一例：〔註11〕

　　　　長水校尉尹車謀反，潛結巴酋徐庫彭，曜乃誅車，囚庫彭等五十餘
　　　　人于阿房，將殺之。光祿大夫遊子遠固諫，曜不從。子遠叩頭流血，
　　　　曜大怒，幽子遠而盡殺庫彭等，屍諸街巷之中十日，乃投之於水。

〔註7〕語出 323 年，劉曜西征前涼時，「諸將咸欲速濟，曜曰：『吾軍旅雖盛，不踰魏武之東也。畏威而來者，三有二焉』」。參閱《晉書》卷一百三〈劉曜載記〉，頁 2694～2695。

〔註8〕《元和郡縣圖志》卷三〈關內道三〉，頁 70。

〔註9〕何德章，《中國魏晉南北朝政治史》（北京：人民出版社，1994 年 1 月），頁 6。

〔註10〕周偉洲，《漢趙國史》，頁 203。

〔註11〕《晉書》卷一百三〈劉曜載記〉，頁 2686。

於是巴氏盡叛，推巴歸善王句渠知為主，四山羌、氐、巴、羯應之者三十餘萬，關中大亂，城門晝閉。

此事件最後以遊子遠兼用軍事鎮壓與計謀智取，得到分徙「其部落二十餘萬口于長安」之結果；然而，漢趙似乎只透過授予最強的權渠部酋大虛除權渠「為征西將軍‧西戎公」，〔註12〕以圖安撫留在當地十餘萬口之「四山羌、氐、巴、羯」，不足之處仍多，更何況還有包括位在漢趙西南的仇池在內之其他地區有待平亂。其因地勢險峻，自秦漢以來即為氐人聚居之境；西晉末年，更為四方流民罿趨之所，〔註13〕對當時積極排除威脅及充實人力的漢趙而言，自是無法放棄的目標。〔註14〕

於是在連年的綏靖戰事下，國家難有寧歲，不僅不利稱霸關隴，連帶也侷限其統治人口增長。這可從323年八月，劉曜率軍臨河逼迫前涼稱臣，並授其主張茂「都督涼南北秦梁益巴漢隴右西域雜夷匈奴諸軍事」一窺其貌。〔註15〕由於承認張茂統轄權的地區已包含位在隴東之「南北秦梁」，劉曜此時能統治者，恐怕只有弘農以西、秦梁以東之華夷人眾。〔註16〕

因此，當325年四月，漢趙東征軍於洛陽覆沒，損失四、五萬精銳，不得不重建最高軍令系統與全國動員系統，劉曜遂決定恢復久已廢棄的單于臺，〔註17〕「置左右賢王以下，皆以胡、羯、鮮卑、氐、羌豪傑為之」，改以當地的鮮卑、氐、羌部落為動員主力。然漢趙政府的治理既未能有效確保國家安定，叛服不定或人民遠離故里，另地築塢堡壘壁以圖自保，乃極自然之勢，〔註18〕漢趙可恃人力逐漸枯竭由此可見。

〔註12〕《晉書》卷一百三〈劉曜載記〉，頁2687。

〔註13〕嚴耕望，〈中古時代之仇池山──由典型塢堡到避世勝地〉，《嚴耕望史學論文選集》（臺北：聯經出版，民國80年5月），頁152～153。

〔註14〕據內田吟風研究，當漢國全盛時期，域內的匈奴及其他遊牧民族與漢人合計分析，胡、漢各有二、三百萬人之數。假設在靳準之難前，漢國統治的胡夷有二百萬人，劉曜於關中重建漢國，立刻面臨到的即是可用人力減少一半，故積極爭取支持人眾，乃其施政重點之一。參閱內田吟風，〈南匈奴に関する研究〉，《北アジア史研究──匈奴篇》，頁310。

〔註15〕按《晉書‧劉曜載記》記載是役造成「涼州大怖，人無固志」之結果，這種窮兵黷武作為不僅在前涼百姓心中留下不良觀感，益增關隴平民對漢趙統治的不滿。參閱《晉書》卷一百三〈劉曜載記〉，頁2695。

〔註16〕雷家驥，〈漢趙國策及其一國兩制下的單於體制〉，頁88。

〔註17〕雷家驥，〈漢趙國策及其一國兩制下的單於體制〉，頁88。

〔註18〕金發根，《永嘉亂後北方的豪族》，頁179。

在經濟生產方面，儘管漢趙地處「農牧交錯區」，本為「膏壤沃野千里」，其民「好稼穡，殖五穀」；〔註19〕劉曜遷都長安後，也將集中在平陽附近的畜牧業西徙至洛水以東地區，〔註20〕加上域內住民又皆擅長畜牧與狩獵，當時的關中可謂一產能豐厚之地。〔註21〕

然而在劉曜統治漢趙的十三年間（316至328年），先是翦除西晉在關中的殘餘勢力，之後又不時面對當地氐羌等部落的反叛，以及為「西通張駿，南服仇池」，接連發動征戰，可謂「窮兵極武，無復寧歲」。〔註22〕對經濟生產之影響可由322年，劉曜下令「禁無官者不聽乘馬，祿八百石已上婦女乃得衣錦繡，自季秋農功畢，乃聽飲酒，非宗廟社稷之祭不得殺牛，犯者皆死」觀之：〔註23〕蓋「無官者不聽乘馬」乃馬匹不足，必須禁絕平民乘用之象徵；「祿八百石已上婦女乃得衣錦繡」係絲綢生產不足，需強制使用其他替代物；「自季秋農功畢，乃聽飲酒」說明平時儲糧不足，僅秋收之後的短暫時間准予釀酒；「非宗廟社稷之祭不得殺牛」說明耕牛不足，僅可在祭祀時殺之，此亦有耕地開闢能力不足及產量有限之意涵。皆說明漢趙政權所在地區，儘管具相當有利條件，但受連年戰事影響，經濟產能無法擴充，只能對內節約消耗。之後既無解除此禁令或說明生產狀況改善之記載，恐怕直到漢趙滅亡率皆如此。

此外，在勞動力普遍不足的十六國時期，漢趙既已投入龐大兵力於人力掠奪、平亂與對外征戰，卻又耗費數以億計，「計六萬夫百日作，所用六百萬功」於劉曜父、妻陵墓之興建，〔註24〕無怪乎《晉書‧劉曜載記》會以「師

〔註19〕《史記》卷一百二十九〈貨殖列傳〉，頁3261。

〔註20〕朱大渭等，《中國歷代經濟史（二）》，頁51。

〔註21〕此可由325年，「石勒將石他自雁門出上郡，襲安國將軍、北羌王盆句除，俘三千餘落，獲牛馬羊百餘萬而歸。曜大怒，投袂而起。是日次于渭城，遣劉岳追之，曜次于富平，為岳聲援。岳及石他戰于河濱，敗之，斬他及其甲士一千五百級，赴河死者五千餘人，悉收所虜，振旅而歸」，印證劉曜控制下的河套地區對漢趙經濟之重要，及劉曜對此地開發所獲成效。參閱《晉書》卷一百三〈劉曜載記〉，頁2697。

〔註22〕《魏書》卷九十五〈匈奴劉聰列傳‧曜附傳〉，頁2047。

〔註23〕《晉書》卷一百三〈劉曜載記〉，頁2692。

〔註24〕參閱《晉書》卷一百三〈劉曜載記〉，頁2692。按表3所列之掠遷人口概有三十萬人之數，此次投入之「六萬夫」，當居住在長安附近者。假設他們全來自上述掠遷人口，說明有五分之一被漢趙政府投入陵墓的興建，其對民力的浪費或由此可見。

之所處，荊棘生焉」這等宛如只有破壞，〔註25〕卻毫無建設的字眼，來概括劉曜對經濟生產的輕忽了。

二、盈而後衰自毀成果的後趙（冉魏）政權

後趙雖始於 319 年石勒稱王之時，但其奠定霸業基礎，當以 313 年五月以後，石勒考慮到養活約二、三十萬軍士與官吏，必須有經久不斷的改革。〔註26〕乃於 314 年襲滅王峻後，「以幽冀漸平，始下州郡閱實人戶，戶貲二匹，租二斛」，〔註27〕整理戶籍、推行租調制，是徹底掌握社會人力及推行賦稅政策的開始。在此之前，充其量只能算是藉由劫掠及降附等方式，來滿足基本需求的胡漢混合集團，既無可資倚靠的根據地，爭霸所必須的人、物力來源亦不穩定。

此外，石勒在分遣流民各還故里的同時，也對襄國施行七次，至少有十餘萬人的遷徙。〔註28〕於是到了 319 年十一月，石勒即趙王位時，所轄計有河內等二十四郡，戶二十九萬，〔註29〕涵蓋範圍遍及西晉幽、并、冀、司、青、豫、兗、徐等州。然而，若以《晉書·地理志》記載，加總太康元年（280年）於上述各州，概為一百二十五萬戶之數，〔註30〕比較前述之二十九萬戶，兩者差距將近一百萬戶。說明當時至少有五百萬口不是死於戰亂，就是逃離華北，或淪為流民、投靠各塢堡壘壁等，成為政府掌握不到的人口。

因此，自後趙開國以來，石勒即不斷改善此等狀況，並以強化境內各堡壁掌握及對東晉用兵為主，然亦有增損。綜合史籍所載，彙整 319 至 328 年間之情況如表 4 所述。

〔註25〕《晉書》卷一百三〈劉曜載記〉，頁 2703。
〔註26〕雷家驥，〈後趙文化適應及其兩制統治〉，頁 201。
〔註27〕《晉書》卷一百四〈石勒載記〉，頁 2724。
〔註28〕雷家驥，〈後趙文化適應及其兩制統治〉，頁 202。
〔註29〕按雷家驥師之分析，此二十九萬戶概約一百五十萬口，應屬漢趙「嘉平體制」下之漢系編戶，若再加上石勒稱王前，轄下統領之羯、匈奴、烏桓、氐、羌等族，約八、九十萬口。說明 319 當時，石勒統治人口當有二百四十萬以上。參閱《晉書》卷一百四〈石勒載記〉，頁 2730；雷家驥，〈後趙文化適應及其兩制統治〉，頁 198。
〔註30〕一百二十五萬戶之數係就《晉書·地理志》所列數據，加總而得者。參閱《晉書》卷十五〈地理上〉，頁 415，418，421，423，425，428；《晉書》卷十六〈地理下〉，頁 449，451。

表4.3 19 至 328 年間後趙人口增減概況

時　間	人口增減概況	資料出處
320 年八月	石勒遣中山公虎率步騎四萬襲徐龕，龕送妻子為質，乞降，勒許之。蔡豹屯卞城，為徐龕所敗，虎徙士族三百家置襄國崇仁里，置公族大夫以領之。	《通鑑》卷九十一〈晉紀十三〉元帝太興三年八月條，頁2933。
321 年三月	石虎攻段匹磾於厭次，匹磾降，虎散諸流人三萬餘戶，復其本業，置守宰以撫之，於是冀、并、幽州、遼西巴西諸屯結皆併入後趙。	《晉書》卷一百五〈石勒載記〉，頁2737～2738。
322 年七月	晉琅邪內史孫默以郡降石勒，徐兗間壘壁多送任請降，後趙置守宰撫之。	《晉書》卷一百五〈石勒載記〉，頁2740。
323 年秋	石虎率步騎四萬討曹嶷，曹嶷降，青州諸郡縣壘壁皆入後趙。	《晉書》卷一百五〈石勒載記〉，頁2740。
323 年秋	司州刺史石生攻晉揚武將軍郭誦于陽翟，不克，進寇襄城，俘獲千餘而還。	《晉書》卷一百五〈石勒載記〉，頁2740。
324 年正月	石生擊漢趙河南太守尹平於新安，斬之，掠五千餘戶而歸，又寇許、穎，俘獲萬餘，降者二萬。	《通鑑》卷九十三〈晉紀十五〉明帝太寧二年正月條，頁2970～2971。《晉書》卷一百五〈石勒載記〉，頁2742。
325 年二月	石勒加宇文乞得龜官爵，使擊慕容廆，不克，民降附廆者數萬。	《通鑑》卷九十三〈晉紀十五〉明帝太寧三年二月條，頁2983。
325 年三月	北羌王盆句除附漢趙，後趙將石佗自鴈門出上郡襲之，俘三千餘落。	《通鑑》卷九十三〈晉紀十五〉明帝太寧三年三月條，頁2984。
328 年四月	後趙將石堪攻晉豫州刺史祖約于壽春，祖約諸將佐皆陰遣使附於勒，壽春遂陷，獲百姓二萬餘戶。	《晉書》卷一百五〈石勒載記〉，頁2744。

資料來源：筆者整理。

　　儘管有增有減，但上表所列，顯示後趙人口大抵仍呈增加趨勢，這固然與疆域逐漸擴展有關；然與漢趙不同的是，後趙對這些新增人口多置守宰以撫之，使其安於後趙統治；這些守宰既然由後趙政府派任，必然要服膺石勒的命令，並對其負責，這將有助於對新增人口的掌握，不僅能確保地方安定，且可爭取更多流民歸附。

　　由於後趙立國於「農業優勢區」與「漢文化核心區」，石勒以區區二、三十萬少數胡羯入主其中，〔註31〕加以開國未久，胡漢隔閡猶深，統治根基不穩。故早在石勒稱王時，便不繼續採行劉聰於 314 年推行，在國內分成兩個中央政府，並將境內胡漢人口皆予部落化之「嘉平體制」；而是由趙王兼「大單于鎮撫百蠻」，〔註32〕將胡、漢兩系事務分治於一人之下，但僅設治理漢族人戶之內史，不見專統六夷的都尉編制，而是由石勒從子虎擔任的單于元輔負責，〔註33〕協助趙王處理六夷諸事，施政顯然以漢制為主。不過，整個社會還是有地位高下之分，其「號胡為國人」即為一例；然為顧及廣大漢族的利益，卻也下令「不得侮易衣冠華族」，〔註34〕這些都說明後趙在治理上較漢趙更為細緻且因地制宜的一面。從 319 年至 329 年滅漢趙為止，除邊境大小戰事外，不見境內爆發如漢趙尹車謀反事件之大規模叛亂，應該與此有關。

　　329 年，石勒滅漢趙後，為強化對關東的治理，弱化關隴地區反叛力量，乃繼續遷徙人口至關東。包括 329 年九月，石虎「徙氐羌十五萬落于司、冀州」、〔註35〕333 年十月，又「徙秦、雍民及氐、羌十餘萬戶於關東」等。〔註36〕前述的苻洪與姚弋仲集團，即是因此而分處枋頭與灄頭，負責拱衛鄴城安全。

　　於是在上述經營下，後趙掌控的人口與動員能量逐漸增強，已具備在各州郡臨時徵召兵員達百餘萬人之能力。

　　不過，石勒與石虎畢竟是以胡羯少數民族入主中原，對待廣大的漢族人口仍有差別。按《晉書・劉琨列傳・羣附傳》載：「時勒及季龍得公卿人士多殺之，其見擢用，終至大官者，唯有河東裴憲，渤海石璞，滎陽鄭系，潁川荀綽，北地傅暢及羣、悅、諶等十餘人而已」，〔註37〕其對漢人士族如此，必將影響境內之胡漢關係。冉閔能迅速崛起並下令屠殺胡人，〔註38〕以及石虎死後，上述掠遷而來的諸氐、羌、胡、蠻各還本土，皆應與此有關。

〔註31〕 此「二、三十萬」概以 349 年，冉閔下令境內趙人誅殺胡人計二十餘萬之數
　　　　 為準；此「胡人」應該是指匈奴與羯人，由於數量本來就不多，增加幅度應
　　　　 該有限。參閱雷家驥，〈後趙文化適應及其兩制統治〉，頁 224。
〔註32〕 《晉書》卷一百四〈石勒載記〉，頁 2730。
〔註33〕 《晉書》卷一百六〈石季龍載記〉，頁 2762。
〔註34〕 《晉書》卷一百五〈石勒載記〉，頁 2735。
〔註35〕 《晉書》卷一百五〈石勒載記〉，頁 2745。
〔註36〕 《通鑑》卷九十五〈晉紀十七〉成帝咸和八年十月條，頁 3039。
〔註37〕 《晉書》卷六十二〈劉琨列傳・羣附傳〉，頁 1691。
〔註38〕 內田吟風，〈南匈奴に関する研究〉，《北アジア史研究——匈奴篇》，頁 313。

在經濟生產方面：314 年，石勒下令推行「戶貲二匹，租二斛」稅制，到了 319 年，更進一步「均百姓田租之半」。〔註39〕較西晉戶調式「丁男之戶，歲輸絹三匹，緜三斤，女及次丁男為戶者半輸。……男子一人占田七十畝，女子三十畝。其外丁男課田五十畝，丁女二十畝，次丁男半之，女則不課」的十分之七稅負不僅為寬，〔註40〕且對耕地佔有亦不設限，有鼓勵生產意涵。此或與政府欲營造社會恢復穩定形象，以爭取流民、塢堡支持有關；〔註41〕也可能藉恢復魏晉一貫採行的重農政策，以追求政治上的正統。〔註42〕與永嘉之禍前後的混亂情勢相較，可作為關東恢復生產的象徵。較先前仰賴諸降附塢堡、部落運糧或搶奪、擄獲敵陣營，以滿足後勤需求的作法，更上軌道。

不過當 319 年，石勒下令「鑄豐貨錢」，〔註43〕後因「巧利者賤買私錢，貴賣於官坐死者十數人，而錢終不行」；〔註44〕321 年，又「以百姓始復業，資儲未豐，於是重制禁釀，郊祀宗廟皆以醴酒，行之數年，無復釀者」，〔註45〕顯示在後趙建國之初，物資供應仍需藉政府禁令以落實管控。但到了 333 年，石勒死前遺令：「三日而葬，內外百僚既葬除服，無禁婚娶、祭祀、飲酒、食肉」，〔註46〕物資匱乏問題應該已有相當程度的改善。

雖然當石虎繼位之初，「以租入殷廣，轉輸勞煩，令中倉歲入百萬斛，餘皆儲之水次」、「下書令刑贖之家得以錢代財帛，無聽錢以穀麥，皆隨時價輸水次倉」，及令「有田疇不闢、桑業不修者，貶其守宰而還」，頗有一番氣象。然過不多久，即「荒遊廢政，多所營繕」。〔註47〕如「於鄴起臺觀四十

<hr>

〔註39〕《晉書》卷一百五〈石勒載記〉，頁 2735。

〔註40〕《晉書》卷二十六〈食貨志〉，頁 790；葉龍編錄，《錢穆講中國經濟史》（香港：商務印書館，2013 年 1 月），頁 127。

〔註41〕由於漢末魏晉以來長年戰亂，造成華北地區人口大量流失，連帶使不少農田淪為荒地；在當時「百室合戶，千丁共籍」，由大戶苞蔭的形式極為普遍。這種對耕地面積不設限且具鼓勵性質的生產措施自然容易受到歡迎，間接促使塢堡願提供部曲參與作戰。參閱唐長孺，《魏晉南北朝隋唐史三論——中國封建社會的形成和前期的變化》，頁 119。

〔註42〕王明前，〈十六國時期北方政治的新陳代謝〉，《寧夏大學學報（人文社會科學版）》，第 35 卷第 1 期（2013 年 1 月），頁 57。

〔註43〕《晉書》卷一百四〈石勒載記〉，頁 2729。

〔註44〕《晉書》卷一百五〈石勒載記〉，頁 2738。

〔註45〕《晉書》卷一百五〈石勒載記〉，頁 2739。

〔註46〕《晉書》卷一百五〈石勒載記〉，頁 2751。

〔註47〕《晉書》卷一百六〈石季龍載記〉，頁 2763～2764。

餘所，營長安、洛陽二宮，作者四十餘萬人。又欲自鄴起閣道，至於襄國」。而為南征北討之資，又下令「三五發卒，諸州造甲者五十萬人」。如此濫用民力使得「公侯牧宰競興私利，百姓失業，十室而七。船夫十七萬人為水所沒、猛獸所害，三分而一」，〔註48〕而「軍旅不息，加以久旱穀貴，金一斤直米二斗」，雖有「令長率丁壯隨山澤采橡捕魚以濟老弱，而復為權豪所奪，人無所得焉。又料殷富之家，配饑人以食之，公卿已下出穀以助振給」之救濟措施，但「姦吏因之侵割無已，雖有貸贍之名而無其實」，〔註49〕石勒的建設成果於是受石虎濫用民力與人謀不臧影響，造成生產力下降，嚴重破壞了社會經濟。〔註50〕

尤有甚者，當石勒之世，後趙還在適合產馬的朔州設置牧官，專營畜牧業生產，〔註51〕這與後趙擁有一支強大的騎兵部隊，並在兩趙爭霸時贏得一定優勢有關。但到了石虎，竟「以其國內少馬，乃禁畜私馬，匿者腰斬，收百姓馬四萬餘匹以入于公」，〔註52〕雖擁適合畜牧的河套地區，竟出現馬匹不足問題，其對畜牧業的忽視，由此可見。

於是到了石虎末年，華北最早恢復安定的司、冀地區又因賊盜蜂起、大饑，人相食而陷入動盪，斯時已開始握有權勢的石閔故能藉「盡散倉庫以樹私恩」之方式奪得大權，〔註53〕卻也讓混亂的情勢更加危殆，最後引來前燕入侵並亡於斯，此皆可見經濟情勢對後趙整體的影響。

三、以行國轉為定居形態的夏國政權

407 年，赫連勃勃於河套地區建立夏國，其地原為匈奴王國的「河南地」，既是匈奴的重要牧場，又是從事輔助性生業的重要地區，戰略地位十分重要。自 310 年，鐵弗劉虎在劉琨與拓跋猗盧的聯手討伐下，從并州退據至此以來，即一直掌控此地。之後雖在 391 年為北魏攻破，但當時在河套地區周邊的北魏與後秦卻都無法對其進行長期且有效的統治。因此，姚

〔註48〕《魏書》卷九十五〈羯胡石勒列傳・虎附傳〉，頁 2052；《晉書》卷一百六〈石季龍載記〉，頁 2772。
〔註49〕《晉書》卷一百六〈石季龍載記〉，頁 2764。
〔註50〕唐長孺，〈晉代北境各族「變亂」的性質及五胡政權在中國的統治〉，頁 155。
〔註51〕朱大渭等，《中國歷代經濟史（二）》，頁 51。
〔註52〕《晉書》卷一百六〈石季龍載記〉，頁 2772。
〔註53〕《晉書》卷一百七〈石季龍載記・閔附傳〉，頁 2795。

興派勃勃鎮守於此，等於是舊勢力復辟，對其開國與發展實力自有一定幫助。〔註54〕

當時，赫連勃勃以「三交五部鮮卑及雜虜二萬餘落」，至少約三萬餘眾為起事基礎，他們可能有不少是其父劉衛辰的舊屬，否則以其族類之複雜及前後時間之短，勢必難以發動群眾，遠距離「偽獵高平川，襲殺沒奕于而并其眾」。

按赫連勃勃稱天王・大單于時，「以其長兄右地代為丞相・代公，次兄力俟提為大將軍・魏公，叱干阿利為御史大夫・梁公，弟阿利羅引為征南將軍・司隸校尉」。夏國初建之時，至少已將所控制的三交、朔方、大城、高平等地劃為代、魏、司、梁（涼）四州，〔註55〕似乎仿效匈奴遊牧軍事封建王國的架構，使眾兄弟與勃勃曾投靠獲救的叱干部之叱干阿利等人，按「各有分地」原則，各別對轄內部眾負領兵與治民之責。

此後，由於其運動戰進展順利，疆域不斷擴大，也獲得寶貴的人力資源，成為爾後與後秦爭霸的保障。表5為赫連勃勃起事後，俘獲與遷掠人口概況。

表5. 夏國俘獲與遷掠人口概況

時　間	俘獲與遷掠人口概況	資料出處
407年十月	討鮮卑薛干等三部，破之，降眾萬數千。	《晉書》卷一百三十〈赫連勃勃載記〉，頁3202。
407年十一月	赫連勃勃率騎二萬伐禿髮傉檀，殺傷萬餘人，驅掠二萬七千口、牛馬羊數十萬而還。	《晉書》卷一百三十〈赫連勃勃載記〉，頁3203。
408年七月	姚興遣將齊難率眾二萬來伐，勃勃潛軍覆之，俘獲七千餘人。勃勃復追擊之，擒難，俘其將士萬有三千，戎馬萬匹。嶺北夷夏降附者數萬計。勃勃又率騎二萬入高岡，掠平涼雜胡七千餘戶以配後軍，進屯依力川。	《晉書》卷一百三十〈赫連勃勃載記〉，頁3204。

〔註54〕吳洪琳，《鐵弗匈奴與夏國史研究》，頁47。

〔註55〕按《魏書・地形志》載：「高平二漢屬安定，晉罷，後復屬」，《晉書・地理志》載：「勃勃……以梁州牧鎮安定」，《十六國疆域志・夏國》以「涼州今本誤作梁」，認為《晉書》之「梁州」乃「涼州」之誤。換言之，赫連勃勃於407年「偽獵高平川，襲殺沒奕于」後，即置涼州於高平。參閱《魏書》卷一百六下〈地形志下〉，頁2619；《晉書》卷十四〈地理志〉，頁432；《十六國疆域志》卷十六〈夏國〉，頁8。

409 年 九月	姚興來伐，勃勃乘虛奄至，秦兵大敗，又攻黃石固、我羅城，皆拔之，徙七千餘家於大城，以其丞相右地代領幽州牧以鎮之。	《晉書》卷一百三十〈赫連勃勃載記〉，頁 3204。
410 年 三月	勃勃兄子左將軍羅提率步騎一萬攻興將姚壽都于清水城，壽都奔上邽，徙其人萬六千家于大城	《晉書》卷一百三十〈赫連勃勃載記〉，頁 3204～3205。
411 年 正月	勃勃率騎三萬攻安定，與姚興將楊佛嵩戰于青石北原，敗之，降其眾四萬五千，獲戎馬二萬匹。進攻姚興將党智隆于東鄉，徙其三千餘戶于貳城	《晉書》卷一百三十〈赫連勃勃載記〉，頁 3205。

資料來源：筆者整理。

　　按《十六國疆域志‧夏國》載：「朔方、雲中、上郡、五原等郡自漢末至東晉久已荒廢。赫連氏雖據有其地，然細校諸書，自勃勃至昌、定世類，皆不置郡縣，惟以城為主，戰勝克敵則徙其降虜築城以處之」。〔註56〕對照表5有關遷徙降戶於某地諸記載，似與「戰勝克敵則徙其降虜築城以處」之說相符。然而，匈奴有「逐水草遷徙，毋城郭」傳統，鐵弗劉虎家族統治河套地區期間，既是以遊牧營生，居住形態當以部落為主；〔註57〕且夏國建國之初，基於「我若專固一城，彼必并力于我，眾非其敵，亡可立待」之考量，不置郡縣，又與「築城安置降虜」的作法相違。筆者認為，《十六國疆域志》所謂的「城」，應與匈奴王國的「龍城」類似，由許多帳幕聚集而成，而非固定建築的定居城鎮。〔註58〕加總自表5，概約俘獲與遷掠的二十萬口，應當就是如此處置。這和2018年，中國大陸與蒙古聯合組成的考古隊，於蒙古中部地區發掘疑似匈奴單于庭「龍城」遺址，當中只有供祭祀之用的建築臺基，並無其他建築遺蹟的情況吻合。〔註59〕上表的「大城」可能是統萬城建成前，赫連勃勃大本營所在，故多將降戶遷徙於此，〔註60〕其居住形態應與上述的龍城相去不遠。

〔註56〕《十六國疆域志》卷十六〈夏國〉，頁3～4。
〔註57〕吳洪琳，《鐵弗匈奴與夏國史研究》，頁148。
〔註58〕王明珂，《遊牧者的抉擇：面對漢帝國的北亞遊牧部落》，頁135。
〔註59〕李錛銅，〈2千年前匈奴遺址在蒙古現蹤〉，《中時電子報》，網址：https://www.chinatimes.com/newspapers/20180911000175-260309?chdtv，查詢日期：2019年5月24日。
〔註60〕牟發松等，《中國行政區劃通史：十六國北朝卷》，頁1123。

不過，隨著夏國逐漸深入以農耕為主的關中地區後，生活有逐漸朝定居形態轉變，一改先前「不置郡縣」原則的趨勢。《晉書・地理志》載：〔註61〕

> 勃勃僭號於統萬，是為夏。置幽州牧於大城，又平劉義真於長安，遣子璝鎮焉，號曰南臺。以朔州牧鎮三城，秦州刺史鎮杏城，雍州刺史鎮陰密，并州刺史鎮蒲阪，梁州牧鎮安定，北秦州刺史鎮武功，豫州牧鎮李閏，荊州刺史鎮陝，其州郡之名並不可知也。

即將最初劃為代、魏、司、梁的四州行政體系，擴大到幽、朔、秦、雍、并、梁、北秦、豫、荊，共九州的規模，且在各州均設置行政中心；州以下是否還設置郡、縣？《晉書》既未明確否認，就等於暗示有此可能。無論如何，這些應當可作為夏國地方行政從遊牧社會朝農業社會定居形態轉變的標誌。此可由 1992 年出土於內蒙古烏審旗的《田𡙁墓誌》載：「唯大夏二年歲庚申正/月丙戌朔廿八日癸丑/故建威將軍散騎侍郎/涼州都督護光烈將軍/北地尹將作大匠涼州/刺史武威田𡙁之銘」析之，〔註62〕蓋夏國於上述各州與治所外，另設置「北地尹」，說明尚有「北地」之地名未載於史冊，夏國設置城鎮顯然不再限於各州行政中心，數量顯有增加趨勢。其次，「大夏二年」究係何時？按三崎良章考證，應為夏國真興二年（420 年），〔註63〕若三崎氏的分析為對，此墓誌即說明自夏國進據關中要域與弘農以西的中原要域後，擴張已告一段落，原先因應運動戰方針的遊牧生活已因深入「農業優勢區」，開始改為定居形態，所領各州朝郡縣化發展是必然趨勢。但如此發展，也將喪失過往「利則進，不利則退，不羞遁走」的特性，轉變成具鈍重性的農業生活形態。

由於這種生活形態轉變是緩慢的，且需較長時間適應，期間必定出現許多調適問題：如南部的關中地區因屬「農業優勢區」，較早進入定居形態，北方的河套地區仍以遊牧部落為主，〔註64〕於是在國內自然形成一種彷彿是「一國兩制」的狀態。因夏國在勃勃死後數年即亡，根本無法見到其最後轉變的

〔註61〕《晉書》卷十四〈地理志〉，頁 432。

〔註62〕羅新等，《新出魏晉南北朝墓誌疏證》（北京：中華書局，2016 年 5 月），頁 33。

〔註63〕〔日〕三崎良章，〈十六国夏の年代について〉，《史観》，第 152 冊（2005 年 3 月），頁 50。

〔註64〕《魏書・高車列傳》載：「及平統萬，薛干種類皆得為編戶矣」，按赫連勃勃起事不久即征服薛干部，其皆居河套地區，直到夏國滅後才改為編戶，說明夏國當時在此地仍以部落形態為主。參閱《魏書》卷一百三〈高車列傳〉，頁 2313。

結果，而在歷史上留下諸如「其州郡之名並不可知」與「自勃勃至昌、定世類，皆不置郡縣」等似相互矛盾的說法，留待後人找出正確答案。

所以當夏魏爭霸之時，夏國不僅爆發內亂，將有限的國力分化，其正在轉變中的定居生活形態，亦影響其施展原先擅長的運動戰。換言之，當夏國於夏秦爭霸時所擁有的非對稱優勢，在北魏入侵前，已因上述轉變而喪失，不得不以有限的國力來和新興的北魏進行正面交鋒，焉能不敗！

在經濟生產方面：夏國所在的河套地區雖屬「農牧交錯區」，但較適合畜牧活動，〔註65〕故當赫連勃勃起事初期，夏國經濟生產仍以遊牧為主。由於遊牧業存在諸多限制，需藉掠奪、貿易等「輔助性生業」，以補其不足。從表5可知，夏國在遷掠人口的同時，還需奪取牛馬羊等多種牲畜，以滿足經濟上的需求；然投入過多人力於輔助性生業，會不會對其遊牧主業造成人力上的排擠，以致難以擴大經濟規模？這對一個日益擴大領土的國家而言，何嘗不是一種戰略上的自我設限？

也正由於此種自我設限，使得其經濟一直淪為軍事上的附庸，無法朝提振國力之方向發展。這可以勃勃放棄定都長安，乃基於「東魏與我同壤境，去北京裁數百餘里，若都長安，北京恐有不守之憂。朕在統萬，彼終不敢濟河」之軍事安全理由為證，〔註66〕說明勃勃即使已控領關中要域，仍未正視關中地區在政治、經濟上的重要性，故一直無法成為夏國的堅強後盾。〔註67〕這種「重北輕南」與「重牧輕農」的發展策略，適足將經濟重心集中在北方，反倒忽略關中地區既有優勢。〔註68〕所以當統萬城於427年失守後，其覆亡之命運亦在所難免。

〔註65〕《魏書·鐵弗劉虎列傳·衛辰附傳》載：「衛辰潛通苻堅，……遣使請堅，求田內地，春來秋去，堅許之」，儘管此「田」字乃代表狩獵之意的「畋」之異寫，但結合上述引文之上下文及關中地區適合農耕且人口稠密之特性，未必適合畋獵。筆者認為這段記載還是說明河套地區較不適農耕之謂。參閱《魏書》卷九十五〈鐵弗劉虎列傳·衛辰附傳〉，頁2055；吳洪琳，《鐵弗匈奴與夏國史研究》，頁149。

〔註66〕《晉書》卷一百三十〈赫連勃勃載記〉，頁3210。

〔註67〕吳洪琳，《鐵弗匈奴與夏國史研究》，頁92。

〔註68〕這種現象恰可以419年，夏國以統萬建成，刻石都南，頌其功德之言中，有「延王爾之奇工，命班輸之妙匠，搜文梓于鄧林，採繡石於恒嶽，九域貢以金銀，八方獻其瓌寶，親運神奇，參制規矩，營離宮於露寢之南，起別殿于永安之北。高構千尋，崇基萬仞」之辭，證明其過度集中生產力於北方之「重北輕南」情況。參閱《晉書》卷一百三十〈赫連勃勃載記〉，頁3211～3212。

尤有甚者，當赫連勃勃逐漸掌控河套與嶺北地區後，即重蹈劉曜、石虎濫用民力之覆轍，如《魏書·鐵弗劉虎列傳·屈孑附傳》載：〔註69〕

> 性驕虐，視民如草芥。蒸土以築都城，鐵錐刺入一寸，即殺作人而并築之。所造兵器，匠呈必死，射甲不入即斬弓人，如其入也便斬鎧匠，凡殺工匠數千人。常居城上，置弓劍於側，有所嫌忿，手自殺之。羣臣忤視者，鑿其目；笑者，決其脣；諫者，謂之誹謗，先截其舌，而後斬之。

按陝西省考古研究所與靖邊縣文管會對統萬城遺址進行化驗的結果，認定其主要成分乃「四成強的碳酸鈣，各兩成的石英、黏土，即明代以後常用的三合土」。由於這種築城方式需燒製大量石灰，故在其過程中，會釋放出大量蒸氣，故「蒸土築城」之說即由此而來。〔註70〕顯然，在赫連勃勃當時，夏國擁有相當先進的技術水準，但這些竟耗損在上述「所造兵器，匠呈必死，射甲不入即斬弓人，如其入也便斬鎧匠，凡殺工匠數千人」之無意義的屠殺上，亦適足凸顯其經濟生產之無遠見與不重視。

此外，1979 年 4 月，吐魯番出土一座十六國時期墓葬，當中有一份處理時間為真興六年（424 年），有關某人未完成征稅而身陷囹圄後的上書，內容為：〔註71〕

> 啟：去八月內被勑，當人輸莧□一斛，即往於山北，行索無處，今坐不輸□為幢，見閉在獄。遭遇節下，乞願賜教，聽於被輸□□□，蒙恩，付所典，謹啟。
>
> 十月五日上

雖然欠稅未繳而受到應有處罰乃理所當然，但從上書內容觀之，當事人欠繳的「莧□一斛」，數量似乎不大，竟因此而繫獄，最後還需上書請求加倍補繳，可見夏國稅法之嚴厲。無怪乎當北魏攻克統萬後，魏主拓跋燾見其城之豪奢，顧謂左右曰：「蕞爾小國，而用民如此，雖欲不亡，其可得乎」。〔註72〕纖芥之事即懲罰如此，其對民力之濫用，必定更肆無忌憚。

〔註69〕《魏書》卷九十五〈鐵弗劉虎列傳·屈孑附傳〉，頁 2057。
〔註70〕吳洪琳，《鐵弗匈奴與夏國史研究》，頁 203～204。
〔註71〕新疆吐魯番地區文管所，〈吐魯番出土十六國時期的文書——吐魯番阿斯塔那 382 號墓清理簡報〉，《文物》，1983 年第 1 期（1983 年 1 月），頁 20。
〔註72〕《魏書》卷九十五〈鐵弗劉虎列傳·昌附傳〉，頁 2059。

第二節　鮮卑政權的政治與經濟

西晉末年，鮮卑慕容部與拓跋部分別在遼東與內蒙古地區崛起，其後在337 年與淝水之戰後，先後建立前燕、後燕與北魏這三個力足以爭霸華北的鮮卑族系政權。與胡羯首先立足華北而後崛起不同的是：慕容部與拓跋部皆壯大於華北以外的邊緣地區。故進入華北後，必須以先前所建立的根據地為基礎，逐漸擴大力量，方能在爭霸中立居不敗之地。其中，這三個政權在滿足人、物力需求上，所採取的政、經作為，乃本節所要探討者。以下乃依前燕、後燕與北魏之順序，分論如後。

一、以尊晉漢化崛起的前燕政權

史家雖然以 337 年慕容皝稱王作為前燕建國的標誌，但就傳世史籍所載，其崛起當可追溯自慕容廆在遼東、遼西時期。就攸關爭霸之人力資源來說，因時值西晉末年，局勢混亂，既有大批漢人遠離中原之自發性移入，亦有與周邊部落交戰，掠奪而得的人口，還有出於鞏固統治需要所進行的強制性遷徙。〔註73〕如何有效掌控、利用以提高政治能力，乃有賴下列諸般作為。

自晉元帝即位江東後，慕容廆以「上則興復遼邦，下則併吞二部，忠義彰於本朝，私利歸於我國」的「假勤王行兼併」戰略，表面上承認晉朝宗主權，〔註74〕以遂其發展目的。尤其當 317 年，晉元帝「承制拜廆假節‧散騎常侍‧都督遼左雜夷流人諸軍事‧龍驤將軍‧大單于‧昌黎公」後，〔註75〕慕容廆得以「都督遼左雜夷流人諸軍事」一職，爭取到更多漢人歸附，及對華北各勢力發起戰事的正當性，可說是影響其日後發展最重要的任命。〔註76〕這讓他得到更多中原士庶的支持，且更進一步「立郡以統流人，冀州人為冀陽郡，豫州人為成周郡，青州人為營丘郡，并州人為唐國郡。於是選舉賢才，

〔註73〕陳鵬，〈論十六國時期前燕遼西地區的移民及民族交融〉，《佳木斯大學社會科學學報》，第 36 卷第 4 期（2018 年 8 月），頁 132～133。

〔註74〕例如 1992 年，於錦州市發掘刻有「燕國薊李廆 永昌三年正月廿六日」文字之墓表，按「永昌三年」應為「太寧二年（324 年）」之誤，蓋當時慕容部與東晉相隔遙遠，加上中原戰亂不止，將此種錯誤解釋為訊息不流暢是合理的，但亦可從年號的使用上看出慕容部在這方面對東晉朝廷的態度。參閱辛發等，〈錦州前燕李廆墓清理簡報〉，《文物》，1995 年第 6 期（1995 年 6 月），頁 44～46。

〔註75〕《晉書》卷一百八〈慕容廆載記〉，頁 2805。

〔註76〕谷川道雄，《隋唐帝國形成史論》，頁 53。

委以庶政」。〔註77〕這種「因地僑置、用漢治漢」方式，與兩趙的強迫移民相較，差異甚大，自然有助於爭取漢人支持。〔註78〕

尤其自劉琨、王浚敗亡後，慕容廆成為晉朝在黃河以北的唯一大員。他一方面加緊攻擊鄰近的宇文與段部鮮卑，一方面拒絕石勒通和的要求，既有助於提振內部眾多漢人之「滅羯寇、雪國恥」意志，也有利向東晉爭取更高的政治位望。〔註79〕此「安內攘外、遠交近攻」策略，使慕容皝在建立燕國後，即達到「流人之多舊土十倍有餘」規模。〔註80〕

不過對作戰所需之兵力而言，仍需要來自慕容部與鄰近部落的人力，即藉由與周邊部落交戰，得到可充當士兵與勞動力的人口。按史籍所載，其至350年入侵華北，獲得的人力概況如表6所示。

表6. 前燕迄350年伐趙前所獲人力概況

時 間	獲得的人力概況	資料出處
285年	慕容廆率眾東伐扶餘，扶餘王依慮自殺，廆夷其國城，驅萬餘人而歸。	《晉書》卷一百八〈慕容廆載記〉，頁2804。
302年	宇文屈雲別帥大素延率眾十萬圍棘城，廆躬貫甲冑，馳出擊之，素延大敗，追奔百里，俘斬萬餘人。	《晉書》卷一百八〈慕容廆載記〉，頁2805。
311年	慕容廆率騎討素連、木津部，大敗斬之，二部悉降，徙之棘城，立遼東郡而歸。	《晉書》卷一百八〈慕容廆載記〉，頁2805。
319年	晉東夷校尉崔毖陰結高句麗、宇文、段部，謀滅慕容部以分其地。廆以謀使高句麗、段部歸後，集中兵勢擊宇文部，廆悉降其眾。	《晉書》卷一百八〈慕容廆載記〉，頁2807。
319年	高句麗將加奴子據於河城，廆遣將軍張統掩擊，擒之，俘其眾千餘家。	《通鑑》卷九十一〈晉紀十三〉元帝太興二年條，頁2923。
322年	慕容廆遣其世子皝擊段末杯，入令支，掠其居民千餘家而還。	《通鑑》卷九十二〈晉紀十四〉元帝永昌元年條，頁2960。
325年	石勒遣使通和，廆距之，送其使於建鄴。勒怒，遣宇文乞得龜擊廆，廆遣皝距之，悉虜其眾，乘勝拔其國城，收其資用億計，徙其人數萬戶以歸。	《晉書》卷一百八〈慕容廆載記〉，頁2808。

〔註77〕《晉書》卷一百八〈慕容廆載記〉，頁2806。
〔註78〕雷家驥，〈慕容燕的漢化統治與適應〉，頁27。
〔註79〕雷家驥，〈慕容燕的漢化統治與適應〉，頁28。
〔註80〕《晉書》卷一百九〈慕容皝載記〉，頁2823。

337年三月	慕容皝築好城於乙連東，使將軍蘭勃戍之，以逼乙連，段遼輸之粟，蘭勃要擊獲之。遼遣將屈雲攻興國，與皝將慕容遵大戰於五官水上，雲敗，斬之，盡俘其眾。	《晉書》卷一百九〈慕容皝載記〉，頁2817。
338年三月	慕容皝引兵攻掠令支以北諸城，段悉將見眾追之，皝設伏以待之，大破蘭兵，斬首數千級，掠五千戶及畜產萬計以歸。	《通鑑》卷九十六〈晉紀十八〉成帝咸康四年三月條，頁3065。
338年	慕容恪伏精騎於密雲山，大敗後趙將麻秋，擁段遼及其部眾以歸。	《晉書》卷一百九〈慕容皝載記〉，頁2818。
339年四月	慕容評敗後趙將石成等於遼西，掠千餘戶以歸。	《晉書》卷一百九〈慕容皝載記〉，頁2818。
340年十月	慕容皝率騎二萬出蠮蜍塞，長驅至于薊城，進渡武遂津，入于高陽，所過焚燒積聚，掠徙幽冀三萬餘戶。	《晉書》卷一百九〈慕容皝載記〉，頁2821。
342年十一月	慕容皝率勁卒四萬伐宇文、高句麗，大敗之，乘勝遂入丸都，掠男女五萬餘口，毀丸都而歸。	《晉書》卷一百九〈慕容皝載記〉，頁2822。
343年二月	宇文歸遣其國相莫淺渾伐皝，皝遣翰率騎擊之，渾大敗，僅以身免，盡俘其眾。	《晉書》卷一百九〈慕容皝載記〉，頁2822。
344年正月	慕容皝率騎二萬親伐宇文歸，盡俘其眾，歸遠遁漠北。皝開地千餘里，徙其部人五萬餘落於昌黎。	《晉書》卷一百九〈慕容皝載記〉，頁2822。
346年正月	慕容皝遣世子儁與恪率騎萬七千東襲扶餘，克之，虜其王及部眾五萬餘口以還。	《晉書》卷一百九〈慕容皝載記〉，頁2826。

資料來源：筆者整理。

　　按封裕於345年上書曰：「句麗、百濟及宇文、段部之人，皆兵勢所徙，……今戶垂十萬」，[註81]此「戶垂十萬」，應該是上表所列，來自胡夷部落，可用為戰士的人力。按雷家驥師估算，前燕這時的總人口已約二百萬。[註82]較晉太康元年（280年）遼東、昌黎、遼西三郡共九千一百戶，概為五萬人之數，[註83]六十年來，人口已成長約四十倍。

　　在這龐大的人口中，漢人佔有不小比例。由於漢人擁有包括文化、思想、技術在內的種種優勢，在前燕建立前，即為慕容氏重用，這種源於重用漢人

〔註81〕《晉書》卷一百九〈慕容皝載記〉，頁2824。
〔註82〕雷家驥，〈慕容燕的漢化統治與適應〉，頁31。
〔註83〕此五萬口係以每戶五人乘上九千一百戶推算而得。參閱《晉書》卷十四〈地理志〉，頁426～427。

的漢化使其得以從弱小部落發展成一個強大國家，並在慕容儁稱帝後，成為一個全盤漢化的政府體制，〔註84〕與兩趙始終停滯在兼用胡漢體制的「一國兩制」格局，截然不同。這可從其建立一個仿效魏晉官制，且由漢人掌握大多數要職的政府一窺其貌：352年，慕容儁即皇帝位，「以封弈為太尉，慕容恪為侍中，陽騖為尚書令，皇甫真為尚書左僕射，張希為尚書右僕射，宋活為中書監，韓恒為中書令」，〔註85〕既不見慕容氏在遼西時期所置之大單于、左賢王等胡夷王長官位，上述重要人事派任又僅慕容恪一人出身胡夷，其餘全是漢人，前燕欲朝全面漢化之路發展的態勢甚明。〔註86〕因此，在350年展開趙燕爭霸前，前燕逐漸擴大並鞏固其在遼東、遼西地區的根據地，不僅較中原地區相對安定，其政府施政亦有利其國力增強，皆可謂慕容部與流亡遼西之漢族士人長期合作，及奉行魏晉政治制度的結果，即便國內族群結構複雜，但與兩趙相比，已大為緩和了。〔註87〕

然而，自350年，前燕伐後趙，迄370年為前秦所滅這二十年間，卻少有寧歲。按李海葉的分析，當中僅353、358、367、368四年沒有戰事；對前燕而言，維持一支強大的鮮卑部落兵部隊，乃十分必要。〔註88〕

不過在前燕全然採用魏晉舊制的情形下，從事征戰的鮮卑貴族無法再同過去可因軍功陞任胡夷王長。在軍事優先的大前提下，前燕乃不得不為這些鮮卑貴族擴大設置漢式官職，並壟斷包括地方牧刺在內的大小官位，〔註89〕造成「官司猥多」的浮濫現象，〔註90〕是政治腐敗的開始。尤其自360年慕容暐繼位後，中央重要官吏甚至改以鮮卑人為主，全然翻轉352年當時，及

〔註84〕余曼，〈試析前燕王國成長及其漢化〉，《南昌教育學院學報（文學藝術）》，第26卷第9期（2011年），頁36。

〔註85〕《晉書》卷一百十〈慕容儁載記〉，頁2834。

〔註86〕谷川道雄，《隋唐帝國形成史論》，頁58。

〔註87〕何德章，《中國魏晉南北朝政治史》，頁86～87。

〔註88〕李海葉，《慕容鮮卑的漢化與五燕政權——十六國少數民族發展史的個案研究》，頁62～63。

〔註89〕李海葉，《慕容鮮卑的漢化與五燕政權——十六國少數民族發展史的個案研究》，頁58。

〔註90〕此可以370年前秦滅燕，符堅閱其名籍，「凡郡百五十七，縣一千五百七十九」，比較晉武帝太康元年（280年），全國共有一百七十二郡國，一千二百三十一縣。當時前燕所據僅西晉平、幽、冀、并、司、青及豫、徐部分之地，然郡、縣數目竟與西晉全盛時相近，官司猥多由此可見。參閱《晉書》卷一百十三〈符堅載記〉，頁2893；雷家驥，〈慕容燕的漢化統治與適應〉，頁45。

之前重用漢人的情況，〔註91〕漢化推行到最後反倒重回鮮卑單一族群集權，是慕容儁當初所始料未及的，也代表原先的胡漢共治格局，又被拉回到胡漢對立局面。

尤有甚者，當前述軍封現象使政府掌控的戶口愈來愈少，致「風教陵弊，威綱不舉」，等於又將這二十餘萬戶，近百萬人口又分割成許多政府管控不到的部分。原先頗具成效的漢化竟於進入中原調適不良，導致分化、政亂、國危、祚亡之結果，殊為可惜。

在經濟生產方面：慕容部活躍的遼東、遼西地區，原係適合畜牧、狩獵或種植青稞、東牆等粗放農作之地區，生活環境與固有傳統使慕容氏較偏重牧獵，就連在龍城建都後，仍在當地設立巨大的國家牧場；〔註92〕但整體環境的改變，也推動慕容氏發展農業：晉惠帝元康四年（294 年），慕容廆徙居大棘城，「教以農桑，法制同於上國」，或可視為推廣農業的開始。因此當永寧元年（301 年），「燕垂大水，廆開倉振給，幽方獲濟」，〔註93〕說明慕容部已有相當存糧，可應付天災後的種種匱乏，較之遊牧民族以掠奪等輔助性生業以解窮困的傳統，顯然是物力狀況改善的標誌。這應與西晉末年，眾多漢人投靠慕容部，〔註94〕同時引進先進的農業生產技術有關。

投奔慕容部的漢人既「多舊土十倍有餘」，有助於經濟生產主流向農業經濟轉變，自然易發展成「胡夷負責作戰，漢人負責經濟」之社會分工，使鮮卑族人得以投入更多人力從事作戰，為數眾多的漢人流民恰可滿足其

〔註91〕按《晉書·慕容暐載記》載：暐繼位之時，「以慕容恪為太宰·錄尚書·行周公事；慕容評為太傅·副贊朝政；慕輿根為太師；慕容垂為河南大都督·征南將軍·兗州牧·荊州刺史·領護南蠻校尉，鎮梁國；孫希為安西將軍·并州刺史；傅顏為護軍將軍」，與 352 年，慕容儁即皇帝位時的重要人士派任相比，朝政已幾為慕容氏掌控。至於原尚書令陽騖，則改任具顧問性質的太保而已，前後差異極大。參閱《晉書》卷一百十一〈慕容暐載記〉，頁 2847；《通鑑》卷一百一〈晉紀二十三〉穆帝升平四年二月條，頁 3230。

〔註92〕朱大渭等，《中國歷代經濟史（二）》，頁 51。

〔註93〕《晉書》卷一百八〈慕容廆載記〉，頁 2804。

〔註94〕按《通鑑》載：「初，中國士民避亂者，多北依王浚，浚不能存撫，又政法不立，士民往往復去之。段氏兄弟專尚武勇，不禮士大夫。唯慕容廆政事脩明，愛重人物，故士民多歸之。廆舉其英俊，隨才授任」，當時幽、平等州既分成數股勢力，且多無法吸引中原漢人歸附，慕容氏自然成為他們尋求安定生活之首選。參閱《通鑑》卷八十八〈晉紀十〉愍帝建興元年四月條，頁2844。

農業生產與後勤支援需要，尤其當慕容皝於 345 年下達「勸農令」，規定：
〔註95〕

> 君以黎元為國，黎元以穀為命。然則農者，國之本也，而二千石令
> 長不遵孟春之令，惰農弗勸，宜以尤不修闢者措之刑法，肅厲屬城。
> 主者明詳推檢，具狀以聞。苑囿悉可罷之，以給百姓無田業者。貧
> 者全無資產，不能自存，各賜牧牛一頭。若私有餘力，樂取官牛墾
> 官田者，其依魏晉舊法。溝洫溉灌，有益官私，主者量造，務盡水
> 陸之勢。……百工商賈數，四佐與列將速定大員，餘者還農。學生
> 不任訓教者，亦除員錄。

　　不僅以國家領導人之尊，闡明農業的重要性，同時賦予地方首長勸農之
責，且又罷除鮮卑貴族佔有之苑囿，用以興農。此外，他還下令減輕租賦、增
加農業勞動人力、興修水利等，可謂前燕從遊牧而半農半牧經濟，進一步側
重農業之連串政策轉變：〔註96〕包括以龍城國家牧場所產，為農民提供耕牛，
使畜牧業對農業生產發揮促進作用等。此改變或可見於 1982 年發掘之「朝陽
袁臺子東晉墓壁畫」中，描繪一人左手扶犁，右手揚鞭趕牛景象的「牛耕圖」，
另有墓主身背箭囊，手持弓箭，騎馬追趕逃竄之鹿、羊群的「狩獵圖」，說明
當時社會對兩種經濟生產方式的重視及農耕技術的精進。〔註97〕

　　上述景象顯示慕容氏在遼東、遼西時期，生氣勃勃且致力發展的一面。
不過在併滅冉魏，進佔關東地區後，卻一改過去的積極進取，反變得安逸貪
樂。由武邑劉貴上疏力陳的時弊有十三件之多，並預感有「土崩之禍」的危
險性。前燕權貴階層的腐敗，已悄然侵蝕先前的成果。〔註98〕

　　慕容暐繼位後，上述現象有更加嚴重之勢。上行下效之風使達官貴人、
將相侯王莫不「侈麗相尚，風靡之化，積習成俗」，造成「帑藏虛竭，軍士無
襜褕之賚」弊害。〔註99〕而前述軍封造成的「百姓多有隱附」，也使重要的勞
動力無法投入國家建設。

〔註95〕《晉書》卷一百九〈慕容皝載記〉，頁 2825。
〔註96〕李春玲，〈論十六國時期遼西地區農業經濟的發展〉，《北方文物》，2009 年 02
　　　　期（2009 年 2 月），頁 81。
〔註97〕李慶發，〈朝陽袁臺子東晉墓壁畫〉，《文物》，1984 年第 6 期（1984 年 6 月），
　　　　頁 40，43。
〔註98〕蔣福亞，《前秦史》（北京：北京師範學院出版社，1993 年 4 月），頁 114。
〔註99〕《晉書》卷一百十一〈慕容暐載記〉，頁 2856。

尤有甚者，當 358 年，慕容儁「令州郡校閱見丁，精覆隱漏，率戶留一丁，餘悉發之，欲使步卒滿一百五十萬」，準備對東晉與關西用兵；連帶牽動遼東、遼西時期「胡夷負責作戰，漢人負責經濟」之分工架構。因為 349 年，慕容儁「簡精卒二十餘萬以待期」，即是以一成的人口伐趙，其他九成人口留在國內，從事各項後方之事。若以前述「征戰」與「後方留守」呈一比九之數，來推估前燕應投入後勤之總人口，則概為一千五百萬之數。此較 370 年苻堅滅燕，閱其名籍，凡「口九百九十八萬七千九百三十五」之數，〔註100〕滿足戰爭所需之總人口數尚缺三分之一，有五百萬人之多，這還不包含後來回歸郡縣的二十餘萬戶軍封在內。

儘管此議後來因劉貴極諫「恐人不堪命，有土崩之禍」，而改為較寬鬆的「三五占兵」，但民力仍處在耗用殆盡狀態，國用既然不足，藉「鄣固山泉，賣樵鬻水」以滿足軍隊後勤，必然是最不得以的結果。說明長年征戰及內部腐化已對經濟生產造成極大危害，連帶影響整體國力運用，也削弱了經濟能力。

二、復國道路艱辛的後燕政權

後燕與漢趙均屬異地重新建國的胡夷政權。不同的是，漢趙是既有政權仍在，但喪失原中樞所在地，於關隴重新建國，尚有部分可恃力量支撐；後燕則是原政權已滅，不得不在前秦的嚴密監控、壓制下展開復國，是完全從零開始。因此，慕容垂復國之初所倚靠者，乃四處爭取到的反秦力量，能獲得的人、物力支援並不穩定。爾後勢力漸增，政治運作與經濟生產始步入正軌。

自石勒統一華北四大要域後，人民生活逐漸恢復安定，各級政府亦同步落實對當地戶籍的掌握，這是後趙能一度穩居華北地區霸主的重要關鍵。儘管後趙末期關東地區發生戰亂，但在前燕的迅速攻略與重整下，秩序大致恢復，之後又在前秦的繼承下持續加強。其間雖戰事不斷，但多發生在邊緣地區，內部基本安定。然而，當苻堅於淝水戰敗後，整個華北地區又再陷入紛亂，由於紛亂涵蓋範圍甚廣，原已安居樂業的住民又步上逃難之路，前述糾合宗族鄉黨，聚居自保的現象，使得華北地區又重回塢堡、部落林立的局面。

〔註100〕《晉書》卷一百十三〈苻堅載記〉，頁 2893。

　　慕容垂在復國之初所憑藉者，即為這些塢堡與部落。他們一開始可能在圖謀自保與對未來懷抱希望的情形下，接受慕容垂「吾……內規興復。亂法者軍有常刑，奉命者賞不踰日。天下既定，封賞有差，不相負也」之號召，〔註101〕加入其陣營。而隨著軍事進展的順利，號召力量與陣容乃愈見增強。《通鑑》對慕容垂起事並取得「大敗秦兵，斬毛當」等成果的記載，即為此種現象的反映：〔註102〕

　　　　慕容農之奔列人也，止於烏桓魯利家，……農謂利曰：「吾欲集兵列人以圖興復，卿能從我乎？」利曰：「死生唯郎是從」。農乃詣烏桓張驤說之曰：「家王已舉大事，翟斌等咸相推奉，遠近響應，故來相告耳」。驤再拜曰：「得舊主而奉之，敢不盡死！」於是農驅列人居民為士卒，斬桑榆為兵，裂襜裳為旗，使趙秋說屠各畢聰。聰與屠各卜勝、張延、李白、郭超及東夷餘和、敕勃、易陽烏桓劉大各帥部眾數千赴之。……於是步騎雲集，眾至數萬，……隨才部署，上下肅然。……農號令嚴肅，軍無私掠，士女喜悅。

　　這是一支以鮮卑、丁零、烏桓、屠各等胡夷部落為主，因時局紛亂而結合的隊伍，較前燕以漢人為後盾，本族部眾為前驅，且已在遼東遼西立足，可按部就班發展截然不同。後燕復國之初，軍事作戰是生存之所繫，爭取胡夷部落支持乃國家施政之優先，原本在前燕時期之「胡系呈隱性，漢系呈顯性」狀態，因而轉成「胡系呈顯性」。〔註103〕388年四月，慕容垂「以太子寶領大單于」，〔註104〕說明後燕這時已掌控相當數量的胡、漢人口，採取胡漢分治，恢復慕容儁稱帝後未再設置的胡夷王長，以有效統壹百蠻，俾利軍事作戰遂行。

　　這種以慕容鮮卑以外的胡夷，來取代漢士族在前燕早期之地位的作法，〔註105〕事實上促成了鮮卑以外諸胡勢力的抬頭；加上鮮卑族系有「大人以

〔註101〕這種現象不只存在於慕容氏。當丁零翟斌反於河南，苻堅驛書使垂將兵討伐時，前秦驍騎將軍石越即言於苻丕曰：「王師新敗，民心未安，負罪亡匿之徒，思亂者眾，故丁零一唱，旬月之中，眾已數千，……」，顯見加入各方豪傑者，皆出於「民心未安」而來，極易為各種勢力所吸收、利用。參閱《晉書》卷一百二十三〈慕容垂載記〉，頁 3081；《通鑑》卷一百五〈晉紀二十七〉孝武帝太元八年十二月條，頁 3368。

〔註102〕《通鑑》卷一百五〈晉紀二十七〉孝武帝太元九年正月條，頁 3372～3373。

〔註103〕雷家驥，〈慕容燕的漢化統治與適應〉，頁 64～65。

〔註104〕《通鑑》卷一百七〈晉紀二十九〉孝武帝太元十三年四月條，頁 3436。

〔註105〕李海葉曾就後燕派任太師、太傅、都督中外諸軍事、大司馬、錄尚書事、太

下，各自畜牧營產，不相徭役」傳統，及「怒則殺父兄」遺風，〔註106〕這種統治結構事實上等於賦予諸胡挑戰君主與妨礙改革的潛力。〔註107〕於是，最早加入慕容垂復燕陣營的翟斌集團因「諷丁零及西人，請斌為尚書令」不成，即「密應苻丕，遣使丁零決防潰水。事洩，垂誅之。斌兄子真率其部眾北走邯鄲，引兵向鄴，欲與丕為內外之勢」，〔註108〕後燕於是在驅逐河北要域前秦殘存勢力的同時，還需處理丁零翟氏的叛變。為防此類事件再次發生，慕容氏可能因而恢復前燕末期廢除的軍封制度，來維持諸胡對他的支持，連帶恢復舊有的胡漢分治，即為此等現象的反映。

這種自我分裂的現象不僅反映在慕容鮮卑與諸胡之間，就連慕容氏本身，也分成後燕與西燕各自為政的情況。儘管後燕在參合陂之役前，已幾乎恢復前燕時期的規模，但伴隨其復國之路的，卻是不斷的戰爭，故難有機會休養生息，國力於是在如此消耗下日漸衰弱。甚至在慕容垂死後，後燕也因戰亂及內部傾軋，而分裂成慕容寶、詳、麟、會等數個陣營，徒使國家力量耗費在彼此相殺之中。這種受傳統文化與現實需要影響，衍生出的種種狀況，正是摧毀後燕的重要因素。

在經濟生產方面，當慕容垂復國之初，整個國家乃是一個大型戰鬥體。由於戰場分佈整個河北要域，加上連年戰亂，根本就不利生產。因此，「人相食，邑落蕭條。燕之軍士多餓死；燕王垂禁民養蠶，以桑椹為軍糧」便成為最普遍的寫照。〔註109〕直到385年，慕容農「進擊高句麗，復遼東、玄菟二郡」，之後又「創立法制，事從寬簡，清刑獄，省賦役，勸課農桑，居民富贍，四方流民前後至者數萬口」，〔註110〕以遼東、遼西作為「基地」的佈局，由是展開。迄389年，後燕「建留臺於龍城」，說明其前、後方部署已完成。

若以395年，後燕於參合陂戰敗，北魏擄獲「器甲、輜重、軍資雜財十

尉、司徒、司空、左僕射、右僕射等要職的狀況進行分析，發現除高慶、張崇外，上述職務皆為慕容氏及被吸納的諸胡王長把持。顯見後燕從一開始，其統治階層即為諸胡共治局面，較前燕直到後期才改以鮮卑人為主的情況又有不同。參閱李海葉，《慕容鮮卑的漢化與五燕政權——十六國少數民族發展史的個案研究》，122～123。

〔註106〕 《三國志》卷三十〈烏丸鮮卑東夷傳〉，頁832。
〔註107〕 雷家驥，〈慕容燕的漢化統治與適應〉，頁59。
〔註108〕 《晉書》卷一百二十三〈慕容垂載記〉，頁3085。
〔註109〕 《通鑑》卷一百六〈晉紀二十八〉孝武帝太元十年四月條，頁3395。
〔註110〕 《通鑑》卷一百六〈晉紀二十八〉孝武帝太元十年十一月條，頁3407～3408。

餘萬計」為例，﹝註111﹞後燕以遼東、遼西地區作為基地，似已改善早先物資不足窘境。不過再對照 396 年，慕容農率數萬口部曲進駐并州時，當地物資狀況卻是「素無儲待」、「民不能供其食」，說明後燕在併滅西燕後，其地尚待重建，加上遼東、遼西基地無力承擔國土擴大後隨之增加的需求，於是在分配上出現供應吃緊狀況。

此外，由於後燕的胡漢分治並未賦予漢人相當地位，他們可能也有相當數量被納入軍封制度，從事各部落所需的生產工作，連帶侷限漢人力量的發揮。於是能滿足國家物力需要者，恐怕只剩遼東、遼西地區。說明後燕儘管兵威甚盛，接連攻滅丁零翟氏與西燕，並攻入北魏腹地，但國力也在如此消耗下日漸衰弱，特別是在參合陂之役戰敗，造成整體國力巨大耗損，最後只能走向南、北燕分立的殘局。

三、由部落聯盟走向中央集權王國的北魏政權

北魏、前燕與上一節的夏國均為本文的八個霸權中，崛起於華北以外者。正因為如此，他們可遠離中原戰亂紛擾，逐步發展、壯大，並在對手衰弱之際，南下競逐霸主寶座。用軍事作戰前後方關係的角度來看這段歷程，亦可凸顯北魏最後統一華北，實繫於其在河套以北，即內蒙古西部之廣大地區，﹝註112﹞從事政治、經濟建設的成功。

不過在此之前，北魏也同後燕一樣走過艱辛的復國之路，根基纔逐漸穩固，方可與稱雄於關東及關西地區的後燕及夏國展開爭霸。其中，包括擴大部落聯盟規模、離散部落，朝漢式中央集權國家型態發展，及強化農牧生產等，皆可謂其在政、經方面取得爭霸優勢的舉措。

內田吟風曾就昭成帝拓跋什翼犍時代之拓跋部及加入其部落聯盟的各部族組合概況，推算當時的代國已擁有數百萬人口，﹝註113﹞儼然就是一個北方大國。惟於 376 年，被前秦所滅，國遭一分為二，原先加入代國的各部落也被遣散。故當拓跋珪復國之初，其立國態勢乃是以極有限的人力，按部落勝

﹝註111﹞《魏書》卷九十五〈徒河慕容廆列傳‧垂附傳〉，頁 2068。

﹝註112﹞依黃烈的考證，拓跋氏的基本統治區概為東起河北北部，南及山西北部，西至河套地區、陰山以南的內蒙南部所涵蓋的地區。由地緣關係與野戰戰略的概念來看，此地亦可視為北魏進軍華北，進而統一華北之所有行動的基地。參閱黃烈，《中國古代民族史研究》，頁 295。

﹝註113﹞〔日〕內田吟風，〈後魏の戶口數について〉，《北アジア史研究——鮮卑柔然篇》（京都市：同朋舍，昭和 63 年 1 月），頁 186。

兵之全民皆兵舊俗，〔註114〕在其舅賀訥的協助下，擊滅劉顯、劉衛辰等勢力，
虜掠大量人口並得到其他各部降附，勢力方始擴大。迄 395 年燕魏爭霸，其
周邊部落降附及獲得人力情況概如表 7 所示。

表 7. 迄燕魏爭霸北魏獲得周邊部落降附及人力概況

時　　間	獲得周邊部落降附及人力概況	資料出處
386 年 三月	劉顯自善無南走馬邑，其族奴真率所部來降。	《魏書》卷二〈太祖紀〉登國元年三月條，頁 20。
386 年 四至七月	乙弗部帥代題叛走，後又以部落來降。	《魏書》卷二〈太祖紀〉登國元年四、七月條，頁 20～21。
386 年 十月	劉顯以兵迎珪叔父窟咄，來逼北魏南境。珪在後燕協力下，大破窟咄，窟咄奔劉衛辰，珪悉收其眾。	《魏書》卷二〈太祖紀〉登國元年八、十月條，頁 21。
387 年 六月	珪親征劉顯於馬邑南，大破之，顯南奔西燕，珪盡收其部落。	《魏書》卷二〈太祖紀〉登國二年六月條，頁 21～22。
388 年 十二月	討高車解如部，大破之，獲男女雜畜十數萬。	《魏書》卷二〈太祖紀〉登國三年十二月條，頁 22。
389 年 正月	襲高車各部落，盡掠徙其部落畜產而還。	《魏書》卷二〈太祖紀〉登國四年正月條，頁 22。 《魏書》卷一百三〈高車列傳〉，頁 2312。
390 年 三月	珪率軍至鹿渾海，襲高車袁紇部，大破之，虜獲生口、馬牛羊二十餘萬。	《魏書》卷二〈太祖紀〉登國五年三月條，頁 23。
390 年 四月	與後燕聯合討賀蘭、紇突隣、紇奚諸部落，大破之，其皆舉部歸降。	《魏書》卷二〈太祖紀〉登國五年四月條，頁 23。 《魏書》卷一百三〈高車列傳〉，頁 2312。
391 年 十二月	滅劉衛辰部，河套地區諸部悉平；山胡酋大幡頹、業易于等率三千餘家降附，出居于馬邑。	《魏書》卷二〈太祖紀〉登國六年十二月條，頁 24。
394 年	柔然曷多汗與社崙帥部眾西走，長孫肥輕騎追之，斬曷多汗，盡殪其眾。	《魏書》卷一百三〈蠕蠕列傳〉，頁 2290。
386 至 395 年間	討柔然，柔然移部遁走，追及於大磧南牀山下，大破之，虜其半部。	《魏書》卷一百三〈蠕蠕列傳〉，頁 2289～2290。

資料來源：筆者整理。

〔註114〕雷家驥，《中古大軍制度緣起演變史論》（新北：花木蘭文化出版社，2019 年
　　　　3 月），頁 134。

　　上表顯示在燕魏爭霸前，北魏已從周邊各地的征戰，獲得大量人力，爭取到其他部落歸附，實力大幅提昇。然這些部落既有胡羯「其困敗，則瓦解雲散」特性，也有如鮮卑「不相徭役」的傳統。拓跋珪雖爭取到不少人力，但如匈奴「時大時小，別散分離」及鮮卑檀石槐部落聯盟為時甚短的狀況仍有可能發生，最明顯的例子即是前述「劉顯遣弟亢泥迎窟咄，以兵隨之，來逼南境。於是諸部騷動」，及北魏進軍河北要域時，「賀蘭部帥附力眷、紇突隣部帥匿物尼、紇奚部帥叱奴根聚黨反於陰館」等，說明北魏諸部落未皆可靠。〔註 115〕所以代國早在穆帝拓跋猗盧時代就企圖仿照中國專制皇朝的模式來行使權力，結果造成拓跋氏與各部的權利矛盾，致猗盧被殺，部落聯盟幾近瓦解。之後拓跋什翼犍確立法制，設置結合諸部大人及豪族良家子弟而成立的近侍集團，以緩和內部矛盾，但在能有效制約部落影響力前，即為前秦所滅。〔註 116〕

　　按《魏書‧官氏志》載：「登國初，太祖散諸部落，始同為編民」，〔註 117〕北魏顯然在拓跋珪復國之初，即開始推行離散部落政策，目的就是要完成拓跋猗盧以來改革未竟之事。其「離散諸部，分土定居，不聽遷徙，其君長大人皆同編戶」之作法，〔註 118〕即是令諸部落定居在一定地區，不許遷徙，部落大人及部落民均改由國家所任命的地方首長治理，亦即由部落聯盟形態朝建構漢式中央集權國家的方向發展，這種針對各族、部落林立，不時挑戰君主威權的現象進行徹底改革，是北魏與其他五胡國家在政治方面截然不同之處。〔註 119〕

　　只不過，《魏書‧外戚上‧賀訥附傳》繫「離散諸部，分土定居，不聽遷徙，其君長大人皆同編戶」的時間，在「（賀）訥從太祖平中原」，即取得燕魏爭霸勝利之後。《魏書‧官氏志》與《魏書‧外戚上‧賀訥附傳》的記載互相矛盾。〔註 120〕此外，當拓跋珪復國之初，國家根基未穩，拓跋部本身實力有

<hr>

〔註 115〕窟咄係拓跋珪叔父，於 376 年苻堅滅代後徙于長安，後追隨西燕主慕容永，任新興太守。就輩分與繼承拓跋部之資格言，似較珪為優，故當劉顯以兵隨窟咄來逼北魏南境，自然容易引發北魏內部的騷亂。

〔註 116〕唐長孺，〈拓跋國家的建立及其封建化〉，《魏晉南北朝史論叢》，頁 191～195。

〔註 117〕《魏書》卷一百一十三〈官氏志〉，頁 3014。

〔註 118〕《魏書》卷八十三上〈外戚上‧賀訥附傳〉，頁 1812。

〔註 119〕谷川道雄，《隋唐帝國形成史論》，頁 95。

〔註 120〕田餘慶在《拓跋史探》一書中，將拓跋珪離散賀蘭部及獨孤部的來由、經過等予以詳細的分析。認為「離散部落」政策乃迫於「拓跋復國前後，代北地

限，究竟有無能力進行如此大膽的改革？難免啟人疑竇。對此，筆者認為北魏大規模離散部落的時間，當在將後燕逐出河北要域的 398 年以後，〔註 121〕先前恐怕僅象徵性推動，目的在為日後推動此政策打好基礎。有關離散部落早期更進一步的作為，請容筆者於第五章第二節再述。

　　換言之，當拓跋珪復國至燕魏爭霸結束，北魏的政治型態基本上與後燕相差無幾，仍舊以部落為主體。拓跋珪統治基礎不穩，部落的權勢既大，前述「柏肆之戰」因「遠近流言」，衍生內部動亂，便成為不利爭霸的因子；這不僅發生在當時的北魏，就連以部落型態為主的諸霸權，如漢趙、前秦、後燕、後秦、夏國等也都有類似現象。所以當拓跋珪戰勝後燕，即大力推行離散部落政策。398 年，「置八部大夫、散騎常侍、待詔等官。其八部大夫於皇城四方四維面置一人，以擬八座，謂之八國。常侍、待詔侍直左右，出入王命」，〔註 122〕內田吟風指出此即北魏藉設置八國與賜爵手段，以化解改革的阻力；〔註 123〕谷川道雄認為這八國即是以解散後的北族部落民為對象而設置的特別行政區，他們在那裡從事農耕可受到獎勵，政府征發軍需品時也具備較漢人為優的待遇；〔註 124〕何德章則分析得更為具體：〔註 125〕

> 拓跋珪雖將聚集到平城附近的各部落的部落組織打散，但仍用部落的方式來管轄這些定居下來的鮮卑人，他在平城四面八方各置一名大夫，稱為八國，後又分別在八國置大師、小師，以辨明部族選舉

　　　區既有獨孤部劉顯坐大，又有賀蘭部賀訥兄弟功高難制。……不如此道武帝就找不到前進的道路」，故以《官氏志》把道武離散部落之事定在登國初年，我認為說得早了一點」之說，斷然否定《魏書·官氏志》的記載。筆者認為，離散部落既是拓跋猗盧以來所追求的目標，珪自然有繼續推動的可能。只不過受全般形勢影響，復國之初，實力尚弱時，僅能小規模推動，是極可能的。參閱田餘慶，《拓跋史探》，頁 58～59，65。

〔註 121〕筆者認同唐長孺「我以為離散諸部可能不是一時之事，但大規模的執行必在破燕之後」的說法，亦即揉合《魏書·官氏志》與《魏書·外戚上·賀訥附傳》的內容，論析其離散部落經過。參閱唐長孺，〈拓跋國家的建立及其封建化〉，頁 196。

〔註 122〕《魏書》卷一百一十三〈官氏志〉，頁 2972。

〔註 123〕內田吟風，〈南匈奴に関する研究〉，《北アジア史研究——匈奴篇》，頁 348。

〔註 124〕谷川道雄比較《魏書·太宗紀》載：「（泰常）六年……二月，調民二十戶輸戎馬一匹、大牛一頭。三月……乙亥，制六部民，羊滿百口輸戎馬一匹」，指出北魏對待舊部民的作法，顯然較漢人為優，認為這與離散部落，安撫原部落民有關。參閱谷川道雄，《隋唐帝國形成史論》，頁 97。

〔註 125〕何德章，《中國魏晉南北朝政治史》，頁 174。

人才。八國所轄的鮮卑人在政治上處於獨占地位,在法律上也與其
他民族區別對待,鮮卑族人有罪,由鮮卑貴族擔任的三都大夫根據
特別的法律條文處置。

亦即以種種特別優待、賦予權力,來換得各部落支持,以盡可能減少反
抗力量。此外,北魏亦藉由前述強徙被征服地區人口至平城周邊的辦法,一
方面改變當地住民結構,另方面也促進文化交流,皆能削弱傳統部落的影響。
〔註126〕然而,這些鮮卑貴族仍舊憑藉其殘存的部落勢力,阻撓拓跋珪改革,
〔註127〕致使離散部落政策在405年倒退。〔註128〕

但這只是一時的逆流。明元帝拓跋嗣繼位後,即於417年,「置六部大
人官,有天部,地部,東、西、南、北部,皆以諸公為之」,〔註129〕原先的
八部已縮減為六部;到了太武帝拓跋燾時代,又將六部縮為四部,〔註130〕
北魏朝漢式中央集權王國轉變的大方向依舊未變。這亦可以拓跋珪晚年「暴

〔註126〕 從發掘於五世紀中葉,平城周邊的北魏時期墓葬,無論是陪葬物、形式與葬
俗等方面,皆反映源於被征服地區的人口強徙,連帶造成當地文化交融,對
削弱傳統勢力的影響,當有一定功效。可參閱下列出土材料:大同市考古研
究所,〈山西大同文瀛路北魏壁畫墓發掘簡報〉,《文物》,2011 年第 12 期
(2011 年 12 月),頁 36;大同市考古研究所,〈山西大同陽高北魏尉遲定州
墓發掘簡報〉,《文物》,2011 年第 12 期(2011 年 12 月),頁 51;張慶捷等,
〈大同新發現兩座北魏壁畫墓年代初探〉,《文物》,2011 年第 12 期(2011
年 12 月),頁 52;山西省考古研究所等,〈山西大同南郊仝家灣北魏墓(M7、
M9)發掘簡報〉,《文物》,2015 年第 12 期(2015 年 12 月),頁 21。

〔註127〕 何德章,《中國魏晉南北朝政治史》,頁 174~175。

〔註128〕 此即 405 年進行包括「復罷尚書三十六曹」、「車駕有事于西郊,車旗盡黑」
等在內的措施。嚴耕望、何德章均以之作為北魏漢化倒退的標誌,並歸納其
原因為部落權勢仍大所造成的新舊鬥爭。這種矛盾與衝突即便到了漢化最高
峰的孝文帝時期仍不斷發生,無怪乎孝文帝乃有「移風易俗,信為甚難」之
嘆,道盡對此等現象的無奈。杜士鐸則認為此與拓跋珪晚年殘酷好殺,引起
宗室諸王等統治高層的疑慮,激化彼此之間的矛盾,致改革倒退有關。參閱
嚴耕望,〈北魏尚書制度〉,頁 393;何德章,〈北魏初年的漢化制度與天賜二
年的倒退〉,《中國史研究》,2001 年第 2 期(2001 年 2 月),頁 33~36;《魏
書》卷十九〈任城王列傳·澄附傳〉,頁 464;方高峰,〈魏晉南北朝時期南、
北民族融合之差異〉,《西北師大學報(社會科學版)》,第 47 卷第 5 期(2010
年 9 月),頁 50;杜士鐸,《北魏史》(太原:山西高校聯合出版社,1992 年
8 月),頁 115~116。

〔註129〕 《魏書》卷一百一十三〈官氏志〉,頁 2975。

〔註130〕 按《魏書·尉眷列傳》載:「世祖即位,命眷與散騎常侍劉庫仁等八人分典
四部」,明元帝時的六部顯然在太武帝時縮減為四部,可說是部落勢力衰微
的象徵。參閱《魏書》卷二十六〈尉眷列傳〉,頁 656。

虐好殺，民不堪命」之時，〔註131〕屬自由民社會型態且易群起反抗的鮮卑族系，竟無任何叛亂發生為證。說明上述離散部落政策確已發揮功效，既提高拓跋氏君權，有利朝中央集權王國轉型，〔註132〕也與北魏後來成功平定關中、河套地區，進而統一整個華北有關。

當376年苻堅滅代，什翼犍對堅曰：「漠北人能捕六畜，善馳走，逐水草而已」，說明游牧乃當時代國經濟生產的主要形態。嗣後，苻堅「散其部落於漢鄩邊故地，立尉、監行事，官僚領押，課之治業營生，三五取丁，優復三年無稅租。其渠帥歲終令朝獻，出入行來為之制限」，〔註133〕結合《南齊書·魏虜傳》「苻堅……分其部黨君雲中等四郡」之記載，〔註134〕說明當時各部落被分散至河套、并州以北周圍，且強制分地營生，改以農耕為主的情況。然從奉堅命「督攝河西雜類」的劉衛辰曾「遣使請堅，求田內地，春來秋去，堅許之」，〔註135〕及統河東部眾的劉庫仁既能「追至陰山西北千餘里」，又能「西征庫狄部，大獲畜產，徙其部落，置之桑乾川」來看，〔註136〕原屬代國的各部落雖被迫從事農耕，游牧生活並未全然捨棄；〔註137〕他們既能在「官僚領押」、「出入行來為之制限」下，還能千里遠征，說明諸部仍擁有不少畜產，苻堅的強制務農政策可能沒有落實，不少部眾仍在劉衛辰與劉庫仁的羽翼下，繼續從事游牧生業。

於是當386年拓跋珪復國時，其獲得物資方式顯然仍以游牧、掠奪居多。即使先前已具有一些農業生產經驗，但在復國之初戰事不斷、朝不保夕的當時，欲長時間駐留一地來從事農作，實不可能。換言之，當燕魏爭霸時，支撐

〔註131〕《宋書》卷九十五〈索虜列傳〉，頁2322。
〔註132〕孫同勛，《拓跋氏的漢化及其他——北魏史論文集》（臺北：稻鄉出版社，民國94年3月），頁42～43。
〔註133〕《晉書》卷一百十三〈苻堅載記〉，頁2899。
〔註134〕《南齊書》卷五十七〈魏虜列傳〉，頁983。
〔註135〕《魏書》卷九十五〈鐵弗劉虎傳·衛辰附傳〉，頁2055。
〔註136〕《魏書》卷二十三〈劉庫仁傳〉，頁605。
〔註137〕據逯耀東的研究：拓跋氏儘管處在農牧交錯區，但他們並未直接從事農業生產，而是由原居住在當地的「烏桓雜人」及「雁門」晉人負責。直到代國為苻堅所滅，拓跋部遭強迫定居，並在官員監視下，始自行從事農業生產。然前秦官員的管控、監視有否落實？拓跋部餘眾是否真正改變營生形態？筆者認為尚有斟酌之處。亦即從上引劉衛辰與劉庫仁的記載，他們似乎仍以游牧為主業，前秦官員的監管恐怕成效不彰。參閱逯耀東，《從平城到洛陽》（臺北：聯經出版，民國68年3月），頁6～7。

北魏軍作戰的軍糧，應當就是隨行的畜產，及截奪、擄獲而來的農作。不過從《魏書・崔逞傳》的記載，又可見到採用這種後勤模式的不足：〔註138〕

> 太祖攻中山未克，六軍乏糧，民多匿穀，問羣臣以取粟方略。逞曰：「取椹可以助糧。故飛鴞食椹而改音，詩稱其事。」太祖雖銜其侮慢，然兵既須食，乃聽以椹當租。逞又曰：「可使軍人及時自取，過時則落盡。」太祖怒曰：「內賊未平，兵人安可解甲仗入林野而收椹乎？是何言歟！」以中山未拔，故不加罪。

　　儘管北魏進攻河北要域不久，即迅速占領中山、鄴城、信都、薊城以外的廣大地區，但上述「六軍乏糧，民多匿穀」狀況，使其面臨持續戰力中斷的風險。在無糧可搶的情況下，只能聽從漢人士族建議，由魏軍自行摘取桑椹充當軍糧；同時拓跋珪又「以軍糧未繼，詔征東大將軍東平公元儀罷鄴圍，徙屯鉅鹿，積租陽城」。〔註139〕不僅影響作戰進程，也使戰事曠日費時；尤應注意的是，這種導因於補給中斷的挫折，將有加速官兵心理喪失平衡，造成軍心瓦解，甚至可能使到手的勝利由是逆轉的可能。〔註140〕北魏在燕魏爭霸節節勝利時，卻又爆發內部反叛，幾乎翻轉戰果，當與此有關。

　　拓跋珪正是基於此經驗，於戰後「接喪亂之弊，兵革並起，民廢農業。方事雖殷，然經略之先，以食為本」，深刻體認到發展農業的急迫性，於是進行下列措施：〔註141〕

> 使東平公儀墾闢河北，自五原至于棝陽塞外為屯田。初，登國六年破衛辰，收其珍寶、畜產，名馬三十餘萬、牛羊四百餘萬，漸增國用。既定中山，分徙吏民及徒何種人、工伎巧十萬餘家以充京都，各給耕牛，計口授田。天興初，制定京邑，東至代郡，西及善無，南極陰館，北盡參合，為畿內之田；其外四方四維置八部帥以監之，勸課農耕，量校收入，以為殿最。又躬耕籍田率先百姓。自後比歲

〔註138〕《魏書》卷三十二〈崔逞傳〉，頁758。
〔註139〕《魏書》卷二〈太祖紀〉皇始二年四月條，頁29。
〔註140〕大軍與小部隊對後勤依賴程度的區別，可由「一兵一卒縱吃樹皮草根飲泉水，也能活下去。若為成百成千成萬的部隊，僅賴草根樹皮泉水，則難以維生」，對照古今諸多與後勤有關的戰史，說明後勤補給順暢實乃大軍克敵致勝的保證。參閱李德哈特，《戰略論：間接路線》，頁410～411；〔日〕范健，《大軍統帥之理論與例證（第一卷）》（臺北：實踐學社，民國54年5月），頁4～5。
〔註141〕《魏書》卷一百一十〈食貨志〉，頁2849～2850。

　　大熟，匹中八十餘斛。是時戎車不息，雖頻有年，猶未足以久贍矣。

　　亦即在新占領的後燕舊土廣闢農田，並將獲自劉衛辰部的牛隻轉為耕牛，分配給 398 年遷徙至平城附近的「山東六州民吏及徒何、高麗雜夷三十六萬，百工伎巧十萬餘口」，以推廣農業，〔註 142〕之後更將農耕範圍擴大到「東至代郡，西及善無，南極陰館，北盡參合」。由於這個地區早在漢武帝擊敗匈奴後，即開郡縣、移民實邊，形成許多小農生產單位，〔註 143〕可作為這項政策推行的基礎；再加上「量校收入，以為殿最。又躬耕籍田」等方式，以刺激農業生產。

　　不過，上引「比歲大熟」恐不符其實。因為受連年與柔然等勢力交戰，及當時「人多隱冒，五十、三十家方為一戶，謂之蔭附，蔭附者皆無官役」等影響，〔註 144〕北魏仍無法完成滿足長時期需要的糧食儲備。儘管在拓跋珪平定河北後不久，即「詔採諸漏戶，令輸綸綿」，〔註 145〕以擴大稅收；然「自後諸逃戶占為細繭羅穀者甚眾。於是雜營戶帥遍於天下，不隸守宰，賦役不周，戶口錯亂」，反不利北魏改革現況，直到 426 年始「詔一切罷之，以屬郡縣」，〔註 146〕罷廢各種造成蔭戶的管道，才有所改善。

　　儘管經濟生產在北魏初期頗受勞動力不足影響，但整體而言，仍是處於成長狀態。此或可由甘肅靈台出土之 436 年的「苟頭赤魯地券」，及孝文帝延興二年（472 年）的「申洪之墓銘」，觀察北魏經濟發展。前者曰：

　　　　太延二年九月四日，苟頭赤魯從同軍民車阿姚買地五十畝，東齊瓦舍大道，西引白頭浴，顧布六匹。中有一邪道，次南。買車高興地卅畝，顧布四匹。

後者銘文記曰：

　　　　先地主文悷于吳提，賀賴吐伏延，賀賴吐根，高梨高鬱突，四人邊買地廿頃，官絹百匹，從來廿一年，今洪之喪靈，永安於此。故記之。

　　此皆顯示北魏至少在五世紀初，土地交易已有固定準則，且統一以官絹作為交易標的，與過去時局動蕩，毫無章法相較，顯然已大幅改善。〔註 147〕

〔註 142〕《魏書》卷二〈太祖紀〉天興元年正月條，頁 32。
〔註 143〕逯耀東，《從平城到洛陽》，頁 4～5。
〔註 144〕《魏書》卷一百一十〈食貨志〉，頁 2855。
〔註 145〕《通典》卷三〈食貨三〉，頁 61。
〔註 146〕《魏書》卷一百一十〈食貨志〉，頁 2850～2851。
〔註 147〕殷憲等，〈北魏尉遲定州墓石槨封門石銘文〉，《文物》，2011 年第 12 期（2011

此外，對於傳統的游牧經濟，北魏並未因推展農業而偏廢；相反的，當農產品不足維持生計的同時，人們仍然會仰賴畜牧。此即《魏書・崔浩傳》所謂：「國家居廣漠之地，民畜無算，號稱牛毛之眾。……至春草生，乳酪將出，兼有菜果，足接來秋」，〔註148〕說明游牧產品依然是北魏人民生活的重要資源。這也使北魏在適合騎兵作戰的河套地區與夏國爭霸時，能在戰馬的供應上不落人後。

第三節　氐羌政權的政治與經濟

前秦與後秦分別是十六國中、後期崛起的霸權，由於漢國與前、後趙時期不斷遷徙人民至其權力中樞，加上石虎死後中原大亂，先前遭強遷的人民又再遷往他處，或重返故里，使得華北地區的族群分佈較永嘉之禍前更為混亂。這也使當時的族群對抗從早先的漢族與胡夷之爭，轉變到以胡夷各族群間的衝突為主流。〔註149〕因此，兩秦政經實力所呈現的，不單只有氐族與羌族的作為，而是如何吸納，並將接受其統治的各族群予有效結合，轉為支持決勝的力量，其過程與運作之良窳，乃本節所欲探究者。

一、在部族聯合體基礎上建構漢式王朝的前秦政權

當苻健率苻洪集團返還關中時，所部是一支結合氐、羌、漢等族的「部族聯合體」。當時關中地區的族群分佈，是以氐、羌、匈奴為主，〔註150〕就血緣族屬而言，似乎有利苻健在此立足。然而，苻健既是以「晉征西大將軍・都督關中諸軍事・雍州刺史」的身分，於350年八月「盡眾西行」，〔註151〕一個月後取得「三輔郡縣堡壁皆降」的成果，〔註152〕說明當時的民心還是向著東晉。苻健「遣參軍杜山伯詣建康獻捷，并修好桓溫，於是秦、雍夷夏皆附之」，〔註153〕正是民心棄趙向晉的反映。

　　　年12月），頁49～50。

〔註148〕《魏書》卷三十五〈崔浩傳〉，頁808。

〔註149〕何德章，《中國魏晉南北朝政治史》，頁97。

〔註150〕馬長壽，《碑銘所見前秦至隋初的關中部族》（北京：中華書局，1985年1月），頁6。

〔註151〕《晉書》卷一百十二〈苻健載記〉，頁2869。

〔註152〕《通鑑》卷九十八〈晉紀二十〉穆帝永和六年九月條，頁3159。

〔註153〕《通鑑》卷九十八〈晉紀二十〉穆帝永和六年十一月條，頁3160。

不過當 351 年正月，苻健「稱天王‧大單于，赦境內死罪，建元皇始，繕宗廟社稷，置百官于長安」，〔註 154〕既切斷與東晉的形式關係，也等於違背關中民心所趨。苻健對此，則是在政體上儘可能地擺脫胡族色彩，朝單一漢式體制建構。他的作法是：〔註 155〕

> 以苻雄為都督中外諸軍事‧丞相‧領車騎大將軍‧雍州牧‧東海公；苻菁為衛大將軍‧平昌公‧宿衛二宮；雷弱兒為太尉，毛貴為司空，略陽姜伯周為尚書令，梁楞為左僕射，王墮為右僕射，魚遵為太子太師，強平為太傅，段純為太保，呂婆樓為散騎常侍。伯周，健之舅；平，王后之弟；婆樓，本略陽氐酋也。

此乃雷家驥師所謂之「皇始體制」，即因應關隴初定，民族複雜情況，暫循後趙之「雙兼君主」國體，同時採用大秦天王與大單于尊號；但為降低稱天王後所造成的衝擊，皇始體制實有擺脫後趙影響之意涵，大幅弱化單于體制，建立以將軍府領軍，尚書臺領政的「單一漢式型」治體，來強調其與東晉之無異。不過在高層人事結構上，又以苻氏宗室、舊幕及外戚為主。〔註 156〕換言之，前秦開國之初，所建立的即是一個以氐族為核心，結構類似漢式中央集權王朝的「部族聯合體」，以立足關西。

當然，單就政府體制進行改革，能爭取到的民心恐仍有限，一定要祭出更具體的行動方有成效可言。因此，苻健在建立皇始體制後不久，即「分遣使者問民疾苦，搜羅雋異，寬重斂之稅，弛離宮之禁，罷無用之器，去侈靡之服，凡趙之苛政不便於民者，皆除之」，〔註 157〕亦即將石虎時代施政的種種錯誤加以廢除，企圖以一種改革者的姿態來爭取民心。前述司馬勳率軍進犯秦川時，並未在關中地區出現響應，說明苻健的改革應該已取得相當的迴響。352 年正月，苻健更一步「即皇帝位于太極前殿，諸公進為王，以大單于授其子萇」，〔註 158〕當是獲得民心支持的反映。〔註 159〕

〔註 154〕《晉書》卷一百十二〈苻健載記〉，頁 2869。
〔註 155〕《通鑑》卷九十九〈晉紀二十一〉穆帝永和七年正月條，頁 3162。
〔註 156〕雷家驥師曾就上述高層人事內容進行分析：苻雄是苻健弟，苻菁是從子，以苻氏子弟掌軍支持政權。羌酋雷弱兒、氐酋毛貴為公官；母舅姜伯周、梁楞、王墮、呂婆樓皆為氐人，魚遵殆亦為氐，只有段純可能是漢人。參閱雷家驥，〈漢趙時期氐羌的東遷與返還建國〉，頁 209。
〔註 157〕《通鑑》卷九十九〈晉紀二十一〉穆帝永和七年三月條，頁 3166。
〔註 158〕《晉書》卷一百十二〈苻健載記〉，頁 2870。
〔註 159〕此可以 354 年桓溫北伐關中失利而撤退時，僅「徙關中三千餘戶而歸」，連

　　然而，上述「以氏族為核心，類似漢式中央集權王朝的部族聯合體」，亦不免帶有如漢趙與後趙一般的宗室軍事封建主義性質，較易引起身為中央將領且握有兵權的前秦宗室發動政變：苻菁、苻黃眉與苻堅兄弟皆可為例。〔註160〕所以前秦從開國到368年，苻堅平定苻柳等人的叛亂前，不時爆發的內變乃是影響前秦政治安定的重要因素。具體而言，法制不明、綱紀不立、中央集權王朝尚未確立，是當時面臨的最大弊害。〔註161〕

　　因此，當苻堅政變篡位後，首先即是將兼具部族聯合體與軍事封建主義性質的政體朝中央集權王朝轉變，亦即從「去皇帝之號，稱大秦天王」後，便廢除自苻健、苻生以來，幾乎有名無實的單于體制。儘管苻堅貶稱大秦天王，有效法石勒「稱趙天王，行皇帝事」，〔註162〕欲待建立功業後始正名號的可能，其實是內慚於弒主奪權，所採取的權變措施，但苻堅此舉已等於實質採用魏晉形式的政府組織，建立一個以苻氏宗室為主要成員的中央集權王朝。〔註163〕

　　而為改善法制不明與綱紀不立狀況，苻堅下令推行「修廢職，繼絕世，禮神祇，課農桑，立學校，鰥寡孤獨高年不自存者，賜穀帛有差，其殊才異行、孝友忠義、德業可稱者，令在所以聞」之相關政策，〔註164〕以傳承中國文化道統自居，積極推行儒家思想所宗的聖君賢相治國之道。〔註165〕因此，他吸收一批包括王猛在內的漢人進入官僚體系，同時針對當時關中地區「豪右縱橫，劫盜充斥」現象，用法家「明法峻刑，澄察善惡，禁勒強豪」

　　　　欲授予高官督護的王猛也不願隨溫俱還。王猛或許有考量到東晉門第森嚴，可能會使其難展抱負，故而拒絕；但從稍後苻健「與百姓約法三章，薄賦卑宮，垂心政事，優禮耆老，修尚儒學，而關右稱來蘇焉」觀之，大多數的秦人還是願意支持他的，這些皆可作為苻秦在關中日趨穩固的象徵。參閱雷家驥，〈漢趙時期氐羌的束邊與返還建國〉，頁211；蔣福亞，《前秦史》，頁78；《晉書》卷一百十二〈苻健載記〉，頁2871。

〔註160〕雷家驥，〈漢趙時期氐羌的束邊與返還建國〉，頁212。
〔註161〕蔣福亞，《前秦史》，頁78。事實上，儘管氐族遷徙至關中地區已數百年，但其原始部落特性仍極鮮明，部分氐族權貴甚至憑藉特權，漠視前秦法律，恣意違法亂紀，有賴苻堅大力整頓。參閱張旭輝等，〈民族融合背景下的苻堅治秦〉，《牡丹江教育學院學報》，總第117期（2009年5月），頁17。
〔註162〕《晉書》卷一百五〈石勒載記〉，頁2746。
〔註163〕雷家驥，〈前後秦的文化、國體、政策與其興亡的關係〉，頁229～231。
〔註164〕《晉書》卷一百十三〈苻堅載記〉，頁2885。
〔註165〕劉學銚，《五胡史論》，頁179。

的手段大加整頓，﹝註166﹞「數旬之間，貴戚強豪殊死者二十有餘人。於是百僚震肅，豪右屏氣，路不拾遺，風化大行」，苻堅由是嘆曰：「吾今始知天下之有法也，天子之為尊也」。﹝註167﹞亦即將開國初期的部落聯合體壓抑，並納入漢式政府法制，﹝註168﹞配合苻堅「牧伯守宰各舉孝悌、廉直、文學、政事，察其所舉，得人者賞之，非其人者罪之」的察舉、考核雙向政策以落實之。﹝註169﹞對此，《太平御覽‧羽族部三》將當時的情形描述曰：「苻堅之時，關隴人安，百姓豐樂，民人為之歌曰：長安大街，兩側種槐，下走朱輪，上有鸞栖」；﹝註170﹞谷川道雄也認為，前秦在苻堅時代確實是五胡政權中，最安定的時期。﹝註171﹞這些成就對其與前燕爭霸，及後來對代國、前涼等之用武，均發揮應有的政治效果。

不過當前秦從種族國家向普遍帝國發展之時，境內複雜的種族因素卻成為其改革的絆腳石。前述江統「關中人口百餘萬口，率其少多，戎狄居半」之說，已強調關中胡夷人數之眾，並不亞於漢族人口。至前秦滅燕前，關中地區胡夷各族的分布，則如馬長壽所述：﹝註172﹞

> 氐族分布于長安西北的汧、隴山區，羌族分布于馮翊郡內，馮翊和北地二郡的北部有馬蘭羌和盧水胡，貳城的東西有匈奴四萬多落，史稱為「東西曹」。此外，還有許多其他部族分布在關中的其他郡縣。

上列引文或許只有概略敘述，無法看透其嚴重性；更詳細的分布情形，可以前秦馮翊護軍鄭能進（邈）在367年所立的《鄧太尉祠碑》中一窺其貌：﹝註173﹞

> 大秦苻氏建元三年，……馮翊護軍、……華山鄭能進，……被除為護軍。……以北（地）接玄朔，給兵三百人，軍府吏屬一百五十人，統和甯戎、郿城、洛川、定陽五部領屠各，上郡夫施黑羌、白羌，

﹝註166﹞《晉書》卷一百十四〈苻堅載記‧王猛附傳〉，頁2930。
﹝註167﹞《晉書》卷一百十三〈苻堅載記〉，頁2887。
﹝註168﹞雷家驥，〈前後秦的文化、國體、政策與其興亡的關係〉，頁230。
﹝註169﹞《通鑑》卷一百一〈晉紀二十三〉穆帝升平五年十二月條，頁3238。
﹝註170﹞〔北宋〕李昉，《太平御覽（第八冊）》卷九百一十六〈羽族部三〉（石家莊：河北教育出版社，1994年7月），頁329。
﹝註171﹞谷川道雄，《隋唐帝國形成史論》，頁80。
﹝註172﹞馬長壽，《氐與羌》，頁46。
﹝註173﹞馬長壽，《碑銘所見前秦至隋初的關中部族》，頁12。

> 高涼西羌，盧水，白虜，支胡，粟特，苦水，雜戶七千，夷類十二
> 種。兼統夏陽治。……

馬長壽分析碑文，認為和戎、寧戎、鄜城、洛川、定陽五部與夏陽縣均
屬當年鄭能進的轄區，即今陝西省三原縣北部起，經富平、蒲城、洛川至宜
川之線以東，黃河以西，面積約一萬二千六百平方公里的區域，即有屠各、
羌、盧水胡、鮮卑、支胡、粟特、苦水人在內的「雜戶七千，夷類十二種」居
住於此，種族複雜程度由此可見。他們仍以部落形式生活，一般沒有耕地，
對政府只有服勞役的義務，〔註174〕前秦可能也沒有從中調集兵員，所以他們
的身分較普通平民為低，未必會心悅誠服忠於前秦；前述「姚襄遣姚蘭、王欽
盧等招動鄜城、定陽、北地、芹川諸羌胡，皆應之」，應當就是這種氛圍的反映。

雖然在苻堅思想意識裡，對這些非漢族群有潛在的蔑視心理；〔註175〕然
為求長治久安，他結合儒家「入中國則中國之，出中國則夷狄之」觀念，以
「和戎」為原則。此即《晉書‧苻堅載記》對360年，首次有夷狄來附時的
處置經過：〔註176〕

> 時匈奴左賢王（劉）衛辰遣使降于堅，遂請田內地，堅許之。雲中
> 護軍賈雍遣其司馬徐斌率騎襲之，因縱兵掠奪。堅怒曰：「朕方修魏
> 絳和戎之術，不可以小利忘大信。……夫怨不在大，事不在小，擾
> 邊動眾，非國之利也。所獲資產，其悉以歸之。」免雍官，以白衣
> 領護軍，遣使修和，示之信義。辰於是入居塞內，貢獻相尋，烏丸
> 獨孤、鮮卑沒奕于率眾數萬又降於堅。堅初欲處之塞內，苻融以「匈
> 奴為患，其興自古。比虜馬不敢南首者，畏威故也。今處之于內地，
> 見其弱矣，方當闚兵郡縣，為北邊之害。不如徙之塞外，以存荒服
> 之義。」堅從之。

上列引文顯示，苻堅即位之初，政權尚未穩固，他在貫徹「和戎」的同
時，還不忘注意國家安全，故對劉衛辰入居今內蒙呼和浩特至黃河間的雲中
地區之請求，〔註177〕予以同意；但對地近司隸之安定郡的烏丸獨孤及鮮卑沒

〔註174〕馬長壽，《碑銘所見前秦至隋初的關中部族》，頁14～15，36～37。

〔註175〕雷家驥，〈前後秦的文化、國體、政策與其興亡的關係〉，頁242。

〔註176〕《晉書》卷一百十三〈苻堅載記〉，頁2887。

〔註177〕按嚴耕望之考證，前秦時的雲中護軍，當位在今綏遠歸綏縣西南至黃河間地
　　　　區，就當今地名則為內蒙呼和浩特至黃河間地區。參閱嚴耕望，《中國地方
　　　　行政制度史乙部——魏晉南北朝地方行政制度》，頁825。

奕于，則依苻融的建議，不准內徙。說明當時苻堅對降附胡夷部落的安置，尚有基於距離京畿遠近的安全考量在內。〔註178〕

不過隨著前秦國勢日強，這種警覺卻逐漸鬆懈。雖然十六國時期人口流失嚴重，從各地徙民以充實政權中樞人口乃極普遍之事；但從表8所呈現的情況來看，迄376年併滅前涼，前秦共進行八次，估計有一百五十萬人左右被遷徙至關中或長安，〔註179〕這些數字不僅有愈來愈多趨勢，且總數已超過西晉末年的百餘萬口。雖對充實京畿根本之地的人力資源大有裨益，卻也造成關中地區淪為漢、氐、羌、鮮卑、烏桓、匈奴及其他雜夷聚居的混雜現象，這些非漢族群多仍過著部落生活，各族部落酋大間多存在矛盾，〔註180〕苻堅所進行的種種改革事實上只能算是由上而下的改革，並無針對部落、族群林立且存在矛盾的現象祭出適當措施，隱然為國家安全埋下不定變數。

表8. 前秦徙民至關中、長安地區概況

時　間	徙民原因及概況	人　數	族　屬	目的地
350年八月	苻健由關東率部西還，至長安，秦雍夷夏皆附之。	十餘萬人	氐、羌、漢	關中地區
352年七月	晉將張遇與謝尚相戰，苻雄救之，徙遇及陳、潁、許、洛之民五萬餘戶西還。	五萬餘戶	漢	關中地區
357年二月	姚襄率眾七萬餘與桓溫相攻大敗，西還屯杏城，招納附近羌胡秦民，與苻黃眉相戰，襄敗死，弟姚萇率眾降。	七萬人以下	羌、漢、休官	關中地區
358年二月	張平據并州叛，苻堅征之，徙其部民而歸。	三千餘戶	胡羯	長安
365年七月	匈奴右賢王曹轂叛，苻堅征之，徙其豪傑歸之。	六千餘戶	胡羯	長安
370年十二月	滅前燕，遷慕容氏后妃、王公、百官并鮮卑四萬餘戶于長安。	四萬餘戶	鮮卑	長安
371年正月	滅燕後第二波遷徙，處烏桓于馮翊、北地，丁零翟斌于新安、澠池。	十五萬戶	漢、雜夷、烏桓	以關中為主

〔註178〕雷家驥，〈前後秦的文化、國體、政策與其興亡的關係〉，頁243。
〔註179〕雷家驥，〈前後秦的文化、國體、政策與其興亡的關係〉，頁244～245。
〔註180〕馬長壽，《氐與羌》，頁52。

371年四月	滅仇池氏楊纂，徙其民於關中，空百頃之地。	不詳	氐	關中地區
376年九月	滅前涼，徙其豪右。	七千餘戶	以漢為主	關中地區

資料來源：雷家驥，〈前後秦的文化、國體、政策與其興亡的關係〉，頁 275。

　　尤有甚者，當前秦併滅前燕、仇池與前涼後，不僅將其王公、百官遷至長安等地，部分還授予具有相當實權的官職，如「封慕容暐為新興侯；以燕故臣慕容評為給事中，皇甫真為奉車都尉，李洪為駙馬都尉，……李邽為尚書，封衡為尚書郎，慕容德為張掖太守，燕國平叡為宣威將軍，悉羅騰為三署郎」，〔註181〕及「封（張）天錫為歸義侯．拜北部尚書。……天錫晉興太守隴西彭和正為黃門侍郎，治中從事武興蘇膺、敦煌太守張烈為尚書郎，西平太守金城趙凝為金城太守，高昌楊幹為高昌太守」。〔註182〕當中，以「慕容德為張掖太守」、「趙凝為金城太守」與「楊幹為高昌太守」，均屬地方郡守的任命，使他們得以掌握管轄數縣之實權；另以「李邽為尚書，封衡為尚書郎」、「張天錫拜北部尚書、彭和正為黃門侍郎，蘇膺、張烈為尚書郎」等，均屬負責國家重要行政工作的大員。〔註183〕這種不問忠誠、能力，均派任重要職位的作法，當然會引來質疑。《通鑑》另載慕容垂就慕容評任給事中乙事，對符堅意見具申的經過及結果：〔註184〕

　　冠軍將軍慕容垂言於秦王堅曰：「臣叔父評，燕之惡來輩也，不宜復污聖朝，願陛下為燕戮之。」堅乃出評為范陽太守，燕之諸王悉補邊郡。

　　按慕容評原先派任的給事中乃「掌顧問應對」，位「在散騎常侍下」。蓋散騎常侍「掌規諫，不典事，貂璫插右，騎而散從」，〔註185〕給事中當屬不具實權的顧問性質。評原已任官如此，卻因慕容垂的一次建議，竟改授鄰近薊城的范陽太守。薊城為河北要域進出遼西所必經，戰略地位重要，已如前述，符堅竟作如此處置，實屬不智。故司馬光對此評曰：〔註186〕

〔註181〕《通鑑》卷一百二〈晉紀二十四〉海西公太和五年十二月條，頁 3290～3291。

〔註182〕《通鑑》卷一百四〈晉紀二十六〉孝武帝太元元年九月條，頁 3326。

〔註183〕嚴耕望，《中國政治制度史綱》（上海：上海古籍出版社，2013 年 12 月），頁 101。

〔註184〕《通鑑》卷一百三〈晉紀二十五〉簡文帝咸安二年二月條，頁 3305～3306。

〔註185〕《晉書》卷二十四〈職官志〉，頁 733。

〔註186〕《通鑑》卷一百三〈晉紀二十五〉簡文帝咸安二年二月條，頁 3306。

古之人，滅人之國而人悅，何哉？為人除害故也。彼慕容評者，蔽君專政，忌賢疾功，愚闇貪虐以喪其國，國亡不死，逃遁見禽。秦王堅不以為誅首，又從而寵秩之，是愛一人而不愛一國之人也，其失人心多矣。是以施恩於人而人莫之恩，盡誠於人而人莫之誠，卒於功名不遂，容身無所，由不得其道故也。

類似的情形還有 382 年，苻堅對苻陽與王皮謀反事洩的處置：〔註187〕

堅兄法子東海公陽與王猛子散騎侍郎皮謀反，事洩，堅問反狀，……皆赦不誅，徙陽於高昌，皮於朔方之北。苻融以位忝宗正，不能肅遏姦萌，上疏請待罪私藩。堅不許。將以融為司徒，融固辭。堅銳意荊揚，將謀入寇，乃改授融征南大將軍、開府儀同三司。

可見，苻堅對慕容氏等的優待與縱容，已明顯顛覆王猛主政當時，「宰政公平，流放尸素，拔幽滯，顯賢才」及「無罪而不刑，無才而不任，庶績咸熙，百揆時敘」的慣例。〔註188〕然而，在苻堅仍未擺脫氐族種族政權色彩的情形下，既賦予這些降君附主重要官職，卻又無法全面與之分享政權，且未能貫徹法治，已失去應有的公理正義。〔註189〕換言之，氐族以外的族群雖受到中國傳統儒術的撫和化育，但受氐人大權在握，與上述諸多處置失當事例的影響，結果就是這些被征服人民無法心悅誠服地接受前秦統治。從 2000 年，高臺縣博物館於駱駝城遺址出土兩座前秦時期的墓葬中，墓主高俟的墓券內文或許可顯示這種不忘故國且不服前秦統治的心態：

敢問皇天后土、天赫地赫、丘丞墓伯：涼故涼州建康郡表是縣都鄉楊下里故/州吏高俟，俟妻朱吳桑，當今正月廿六日葬，……生/者屬長安。……建元十八年正月丁卯朔廿六日壬辰奏。

另一位墓主高容男的墓券則是：

敢問皇天后土、天赫地赫、丘丞墓伯：涼故涼州建康郡表是縣都鄉楊下里大女高容男/當今正月廿六日葬，……生/者屬長安。……建元十八年正月丁卯朔廿六日壬辰奏。

兩人雖出於同一家族，但從墓券完成的時間為建元十八年（382 年）來看，當時正是前秦鼎盛之時，距前涼被滅已經六年，但兩位墓主的墓券仍自

〔註187〕《晉書》卷一百十四〈苻堅載記〉，頁 2909～2910。

〔註188〕《晉書》卷一百十四〈苻堅載記・王猛附傳〉，頁 2932。

〔註189〕雷家驥，〈前後秦的文化、國體、政策與其興亡的關係〉，頁 262。

認為「故涼」，仍舊以前涼遺民自居，不願臣服前秦的心態相當明顯。〔註190〕

此外，前秦為鞏固新征服的地區，不惜將人口有限的氐族部落分遷各戰略要地。從淝水之戰前苻融的進諫觀之，已凸顯此對前秦國家安全的影響：〔註191〕

> 陛下寵育鮮卑、羌、羯，布諸畿甸，舊人族類，斥徙遐方。今傾國而去，如有風塵之變者，其如宗廟何！監國以弱卒數萬留守京師，鮮卑、羌、羯攢聚如林，此皆國之賊也，我之仇也。臣恐非但徒返而已，亦未必萬全。

淝水之戰前，前秦疆域雖涵蓋淮水以北，兼及巴、蜀，國力可謂極盛，但內部竟有「鮮卑、羌、羯，布諸畿甸，舊人族類，斥徙遐方」，說明集各族群而成的前秦，其根基仍未穩固。故當苻堅於淝水戰敗，國家即如慕容寶所謂「天厭亂德，凶眾土崩」般陷入戰亂。〔註192〕前秦於是在同時遭受東晉、後燕、西燕、後秦打擊之際，國家被切割為關東、隴右兩部；境內諸族又相繼起兵，或據堡壁自固，或循略土地稱帝稱王，旋興旋滅，不下數十百起。〔註193〕前秦先是失去關東，之後退守杏城，與隴右氐、羌、屠各諸部落及漢人堡壁集合而成的殘餘力量，同後秦頑抗。到了苻登在位後期，更只剩隴右一隅。受氐人「勇戇抵冒，貪貨死利」及羌人「其種自有豪，數相攻擊，勢不一也」之傳統影響，兩秦爭霸期間，諸如「（姚）萇扶風太守齊益男奔（苻）登。登將軍路柴、強武等並以眾降於萇」及「登之東也，留其弟司徒廣守雍，太子崇守胡空堡。廣、崇聞登敗，出奔，眾散」之類的情事則不斷重現，〔註194〕說明集部落、堡壁而成的前秦部落聯合體政權，正因這種不穩定性與未成熟，逐步走向敗亡。〔註195〕

房玄齡等人在《晉書‧苻登載記》最後，引史臣對前秦極盛時的評論，曰：「雖五胡之盛，莫之比也」，〔註196〕就當時形勢而言，確是如此。但為何

〔註190〕寇克紅，〈高臺駱駝城前秦墓出土墓券考釋〉，《敦煌研究》，2009 年第 4 期（總第 116 期），頁 91～93。

〔註191〕《晉書》卷一百十四〈苻堅載記〉，頁 2913。

〔註192〕《晉書》卷一百二十三〈慕容垂載記〉，頁 3079。

〔註193〕雷家驥，〈前後秦的文化、國體、政策與其興亡的關係〉，頁 250。

〔註194〕《晉書》卷一百十五〈苻登載記〉，頁 2952～2953。

〔註195〕雷家驥，〈前後秦的文化、國體、政策與其興亡的關係〉，頁 263。

〔註196〕《晉書》卷一百十五〈苻登載記〉，頁 2956。

在經歷一次戰敗後，國勢旋即崩潰瓦解？歷代對此曾做出不少論析，在此引葉適的評述如下：[註197]

> 堅雅有并包之度，綏懷之畧，雖暮年一敗，亦古今常有，而遂紛披摧折，魚爛土崩，不可救止者，蓋堅所取者廣，而所予者狹，其所以并包綏懷者，乃其所以失之也。……君臣豪俊，俱無堅凝之策，此正後世取天下之深忌。宜其一跌，而不足以免身也。

蔣福亞認為這當中的「無堅凝之策」，應當就是苻堅失敗的要因；即當苻堅略地愈廣，征服之民族愈多，需要更多的時間來融合。[註198] 從 376 年平定代國與前涼，到 383 年發動淝水之戰，當中僅七年時間，欲以之有效整合、消化先前征戰的成果，確實太短。

再與北魏最後長期統一華北相較，雖然北魏從 398 年征服關東地區，迄 426 年對夏國發動攻勢，用了將近三十年的時間整頓內部，其實也不算長，但結果卻與前秦大大不同。筆者認為時間長短固然重要，但整個的關鍵還是在於前秦並未根本改變部落分立的現象，儘管苻堅統一華北，並建立一個漢式政府，但這種僅僅由上至下，單向的改革根本不夠。換言之，部落、堡壁既存，族群間的藩籬就永遠難以打破，各族、各部落林立的現象也就一直存在，此乃前秦及其他五胡政權之所以不穩定與未成熟的真正原因；相反的，前述北魏的離散部落，及耗費較長時間以儘可能減低舊勢力反抗的作法，可謂是從根打破上述不穩定與未成熟的關鍵，其能長期穩居華北地區霸主，恰恰說明北魏結合由上至下，與從根本改革之兩個施政方向的正確。

在經濟生產方面：儘管石虎死後，中原大亂，但關中地區相對安定。故當苻健入關不久，即牢牢控制關中，並於 353 年九月，「於豐陽縣立荊州，引南金奇貨、弓竿漆蠟，通關市，來遠商，於是國用充足，而異賄盈積矣」，商賈不遠千里而來，以及通商導致國用充足，說明當時的關中已能正常從事農、商活動。[註199]

苻生繼位後，雖因殘酷好殺而遭篡弒，但國家根基尚屬穩定，有利苻堅推行「偃甲息兵，與境內休息」的政策，除勸課農桑外，其更「開山澤之利，

[註197] 〔南宋〕葉適，《習學記言》卷三十〈晉書載記〉（中國子學名著集成編印基金會，出版時地未載），頁 915～916。
[註198] 蔣福亞，《前秦史》，頁 254～255。
[註199] 《晉書》卷一百十二〈苻健載記〉，頁 2870。

公私共之」。〔註200〕自古以來，山林池澤即屬皇室所有，人民禁止私自闖入，雖然秦漢以來已配合征稅而有限度開放，〔註201〕但這還需以國家安定為前提。苻堅能推行這項政策，除證明前秦對國家的掌控已不僅限於人口稠密地區，更將生產內容予以多元化。與其他霸權相較，凸顯前秦在經濟建設的廣度與深度上，已大大超前。

此外，由於關中地區降水量少，易使農作收成減少。苻堅因之「課百姓區種」，〔註202〕推廣「區種法」，它是當時一種較先進的耕作技術。〔註203〕由於三國後期，魏將鄧艾「值歲凶旱，艾為區種，身被烏衣，手執耒耜，以率將士。上下相感，莫不盡力」，〔註204〕已為此打下基礎，自然有利苻堅推動此法；另對「關中水旱不時」問題，則是「發其王侯已下及豪望富室僮隸三萬人，開涇水上源，鑿山起堤，通渠引瀆，以溉岡鹵之田」，〔註205〕廣泛興修水利，亦有助於開闢水上交通。於是，「田疇修闢，帑藏充盈」，加上「運漕相繼」，〔註206〕物產已然充足，且能藉漕運以暢其流。

前秦在苻堅與王猛等人的治理下，國家安定且經濟發展順利，自然有助於攸關生產力的人口增長與掌握。按前燕尚書左丞申紹曾上疏於慕容暐曰：「中州豐實，戶兼二寇」，〔註207〕說明前燕在被前秦併滅前，其人口概為前秦與東晉之和。若以前燕的九百九十八萬七千九百三十五口扣除《通典・食貨典・歷代盛衰戶口》所載，宋孝武大明八年（464 年）之「口四百六十八萬五千五百一」，〔註208〕作為東晉人口的概數，前秦人口當為五百三十萬左右。與西晉太康元年雍、秦、梁三州共約二十萬戶，約一百萬口相較，在 370 年直前，關中地區人口已增為 280 年當時的五倍，這對前秦建軍與提高勞動力而言，皆有極大幫助。

〔註200〕《晉書》卷一百十三〈苻堅載記〉，頁 2885。

〔註201〕錢穆，《中國歷代政治得失》（臺北：東大圖書，2011 年 3 月），頁 21。

〔註202〕《晉書》卷一百十三〈苻堅載記〉，頁 2895。

〔註203〕按蔣福亞的考證、歸納，區種法是一種盡地力的耕作方式，講究選種、利用糞肥、等距種植、節約用水與經常除草等，在當時可謂是一種先進的農耕技術。參閱蔣福亞，《前秦史》，頁 103。

〔註204〕《三國志》卷二十八〈鄧艾傳〉，頁 782。

〔註205〕《晉書》卷一百十三〈苻堅載記〉，頁 2899。

〔註206〕《晉書》卷一百十三〈苻堅載記〉，頁 2888，2891。

〔註207〕《晉書》卷一百十一〈慕容暐載記〉，頁 2855。

〔註208〕《通典》卷七〈食貨七・歷代盛衰戶口〉，頁 146。

　　然而當苻堅敗於淝水之戰後，伴隨東晉北伐與前秦分裂，使得關隴與關東地區同時陷入戰禍，原本安定富足的景象旋又陷入永嘉之禍當時的境地，人人又重回堡壁聚居，政府自然難以再從中徵稅與獲得人力。由於正常的生產均因戰亂中止，不僅「長安大飢，人相食，諸將歸而吐肉以飴妻子」，與西燕、後秦交戰的秦軍也是「分其屍而食之」。〔註209〕從《晉書・苻堅載記》「馮翊諸堡壁猶有負糧冒難而至者，多為賊所殺」之記載來看，〔註210〕前秦此時只能仰賴各堡壁與部落的援助而已。當時各堡壁、部落多遊走交戰雙方，均非可靠力量，於是當糧食供應中斷，即又如《晉書・苻登載記》「是時歲旱眾飢，道殣相望，登每戰殺賊，名為熟食，謂軍人曰：『汝等朝戰，暮便飽肉，何憂於飢！』士眾從之，噉死人肉，輒飽健能鬥」，或「登軍中大饑，收葚以供兵士」等景象，〔註211〕說明前秦此時的物力已大不如前了。

二、承繼前秦不脫羌族本俗的後秦政權

　　357年，姚襄雖於三原一役兵敗被殺，弟姚萇繼承其位，所率領的集團被迫拆散，但仍以部落狀態安置各地，集團右部帥斂岐率部落四千餘家於略陽即為一例。〔註212〕此外，姚萇也與天水、南安尹氏等大姓保持良好關係。〔註213〕於是當淝水戰後，前秦境內戰火四起，西州豪族與各部落為求自保，便在姚萇棄軍潛逃渭北馬牧之際，由「（尹）緯與尹詳、龐演等扇動群豪，推萇為盟主」，〔註214〕姚萇於是在384年「自稱大將軍・大單于・萬年秦王，大赦境內，年號白雀，稱制行事」，宣告後秦開國。

　　姚萇一開始可能只是懼罪逃亡，未有強烈的起兵建國企圖。〔註215〕故可謂是在西州豪族尹詳、趙曜、尹緯等人的支持、勸說下，才得以建立。〔註216〕

〔註209〕《晉書》卷一百十四〈苻堅載記〉，頁2925。
〔註210〕《晉書》卷一百十四〈苻堅載記〉，頁2927。
〔註211〕《晉書》卷一百十五〈苻登載記〉，頁2948，2950。
〔註212〕《晉書》卷一百十三〈苻堅載記〉，頁2889。
〔註213〕唐長孺，〈晉代北境各族「變亂」的性質及五胡政權在中國的統治〉，頁175。
〔註214〕《晉書》卷一百十八〈姚興載記・尹緯附傳〉，頁3004。
〔註215〕這或許與其父姚弋仲生前告誡諸子：「自古以來未有戎狄作天子者。我死，汝便歸晉，當竭盡臣節，無為不義之事」，與之後姚萇長時間為前秦重用，心態上未有脫秦自立有關。參閱《晉書》卷一百十六〈姚弋仲載記〉，頁2961。
〔註216〕因此，從上引《晉書・姚興載記・尹緯附傳》「緯與尹詳、龐演等扇動群豪，推萇為盟主」，及《通鑑》「天水尹緯、尹詳、南安龐演等糾扇羌豪，帥其戶口歸萇者五萬餘家，推萇為盟主」兩筆記載的句型結構來看：尹緯、尹

當時，姚萇統治集團是由羌、胡、漢、氐、休官等族人士出任重要官僚，所憑藉者乃尹詳等人所率之五萬餘家；之後隨著戰事進展，又陸續收編「晉人李詳等數千戶」與「北地、新平、安定羌胡降者十餘萬戶」。故在其領域內之族群構成相當複雜，一如前秦。〔註217〕

儘管前秦因淝水戰敗，實力大幅削減，但境內仍部署著相當武力，尚能鞏固政權。此時對姚萇最重要者，乃是擁有足以抗衡的力量。因此，他以盟詛方式結合周邊羌族部落，及同樣為求自保的各族，將其改編為能同時從事戰鬥與生產的「大營」與「諸營」。這時的後秦，儼然就是一個部落聯盟，其保留前秦已廢除的大單于名號，目的在籠絡本族與其他各族，以盡可能地擴大陣容。〔註218〕

到了386年四月，「萇僭即皇帝位于長安，大赦，改元曰建初，國號大秦」後，〔註219〕並未師法苻健以大單于授其子萇，而是將此名號廢除。說明姚萇自進佔長安後，已取得關中地區支配者的地位。〔註220〕接下來的施政重點，應在改善族群複雜與權力分散狀態，而不是保持原先的胡漢二元體制，於是仿效苻堅時期所建立的漢式中央集權王朝。雖然他以姚氏宗屬及羌人控制軍隊，且派任征鎮方面大員來控制地方；但重要官職卻不像前秦集中在氐族與宗室，而是除尚書令等掌控政府中樞最高領導權之要職外，各族人士仍在其中佔有相當比例，此或與促成後秦開國乃西州豪族，及羌族文化乃五胡中較落後者，需仰賴他族人士協力有關。〔註221〕

這時的後秦，已掌控關中地區大部與秦州天水、略陽二郡，並與前秦相攻於安定、新平、扶風等地，〔註222〕境內陷入戰亂的範圍相當廣。為利於軍事進展與治理諸族，後秦乃因襲前秦，於族群複雜之要地採行軍政合

　　　　詳、龐演是主詞，「扇動」、「糾扇」是動詞，「群豪」、「羌豪」是主詞補語，姚萇是受詞，盟主是受詞補語。姚萇顯然是在尹緯等人糾扇群豪推舉下，才得以自立。參閱《通鑑》卷一百五〈晉紀二十七〉孝武帝太元九年四月條，頁3378。

〔註217〕雷家驥，〈前後秦的文化、國體、政策與其興亡的關係〉，頁249。

〔註218〕俄瓊卓瑪，《後秦史》（上海：上海古籍出版社，2018年3月），頁144。

〔註219〕《晉書》卷一百十六〈姚萇載記〉，頁2967。

〔註220〕〔日〕三崎良章，《五胡十六国──中国史上の民族大移動》（東京：東方書店，2002年2月），頁115。

〔註221〕雷家驥，〈前後秦的文化、國體、政策與其興亡的關係〉，頁250，253。

〔註222〕牟發松等，《中國行政區劃通史：十六國北朝卷》，頁332。

一的「護軍制」。前述「大營」、「諸營」就一種以軍統民、軍政合一的組織，所治理者，謂之堡民或鎮民，他們在營中從事農業生產以供應軍糧，或隨軍出戰。〔註223〕

因此，從384到394年之兩秦爭霸時期，由於雙方陣線犬牙交錯，其實力高下，乃繫於境內各堡壁與部落的支持程度。故彙整史籍記載，將後秦於這段期間所獲得的人力概況臚列於表9，可一窺姚萇所獲得之支持。

表9. 兩秦爭霸期間後秦所獲人力概況

時　間	獲得部落降附及人力概況	資料出處
384年四月	西州豪族尹詳、趙曜、王欽盧、牛雙、狄廣、張乾等率五萬餘家，咸推萇為盟主。	《晉書》卷一百十六〈姚萇載記〉，頁2965。
384年五月	北地、新平、安定羌胡十餘萬戶降於萇，堅率諸將攻之，不能克。	《晉書》卷一百十六〈姚萇載記〉，頁2966。
385年四月	萇遣諸將攻新平，克之，因略地至安定，嶺北諸城盡降之。	《晉書》卷一百十六〈姚萇載記〉，頁2966。
385年七月	慕容沖入長安。堅司隸校尉權翼、尚書趙遷、大鴻臚皇甫覆、光祿大夫薛讚、扶風太守段鏗等文武數百人奔於萇。	《晉書》卷一百十六〈姚萇載記〉，頁2966。
385年十月	慕容沖遣其車騎大將軍高蓋率眾五萬來伐，戰於新平南，大破之，蓋率麾下數千人來降。	《晉書》卷一百十六〈姚萇載記〉，頁2966。
386年七至九月	姚萇如安定，擊前秦平涼胡金熙、鮮卑沒奕于，大破之。遂如秦州，與苻堅秦州刺史王統相持，天水屠各、略陽羌胡應萇者二萬餘戶，統懼，乃降。	《晉書》卷一百十六〈姚萇載記〉，頁2967。
387年十二月	慕容永征西將軍王宣率眾降萇。	《晉書》卷一百十六〈姚萇載記〉，頁2968。
392年二月	苻登驃騎將軍沒奕于率戶六千降。	《晉書》卷一百十六〈姚萇載記〉，頁2971。
393年七月	晉平遠將軍、護氐校尉楊佛嵩率胡蜀三千餘戶降于萇。	《晉書》卷一百十六〈姚萇載記〉，頁2972。

資料來源：筆者整理。

〔註223〕俄瓊卓瑪，《後秦史》，頁143。

　　由表 9 可知，儘管姚萇於兩秦爭霸期間，爭取到包括嶺北諸城及天水屠
各、略陽羌胡諸族部落，約二十萬戶的降附，掌握關中地區約一百萬口的人
力；與上述前秦將約一百五十萬人遷至關中或長安相較，前後秦概約三與二
之比，前秦掌握較多人口。不過受到族群分布複雜與前述氐、羌諸族之傳統
文化影響，叛亂不時而起，這個比例應當是不斷在變動中，端賴何方勢盛而
定。據《通鑑》載，388 年，「關西豪桀以後秦久無成功，多去而附（前）秦」；
〔註 224〕390 年，「馮翊人郭質起兵於廣鄉以應秦，……於是三輔壁壘皆應之」；
〔註 225〕392 年，「巴蜀人在關中者皆叛後秦，據弘農以附秦」等，〔註 226〕顯
然後秦在人口爭取上不如前秦。即使 389 年姚萇於大界一役，使苻登遭到興
兵以來未有之慘敗，成為雙方爭霸形勢的轉捩點後，對此現象的影響似乎也
不大。或許姚萇下達「有復私仇者，皆誅之」的命令，〔註 227〕與「萇死，
興秘不發喪，以其叔父緒鎮安定，碩德鎮陰密，弟崇守長安」，〔註 228〕皆與
受到支持的程度不如前秦有關。

　　綜觀姚萇在位的九年間，皆處在與前秦爭霸的時期，政情不穩。儘管接
受古成詵「陛下宜散秦州金帛以施六軍，旌賢表善以副鄖州之望」、「願布德
行仁，招賢納士，厲兵秣馬，以候天機」之建議，及採取「修德政，布惠化，
省非急需之費，以救時弊」、「下書令留臺諸鎮各置學官，勿有所廢，考試優
劣，隨才擢敘」等政策，〔註 229〕但由上述各項記載觀之，後秦整個施政仍
以達成軍事勝利為重心，有關厚植國力與促進國家安定等方面的作為仍屬
有限，再加上羌族不易團結的傳統，或許與其爭取到的支持始終不如前秦，
內部又經常有部落叛出之情形有關。

　　直到姚興繼位並滅亡前秦後，關隴地區才開始轉趨安定。他不僅「遣使
與燕結好」，〔註 230〕之後也在燕魏爭霸中保持中立，並藉東晉內亂的機會，
向弘農、洛陽方面用兵，使勢力推進到淮、漢以北。〔註 231〕如此環境自然有

〔註 224〕《通鑑》卷一百七〈晉紀二十九〉孝武帝太元十三年六月條，頁 3437。
〔註 225〕《通鑑》卷一百七〈晉紀二十九〉孝武帝太元十五年七月條，頁 3449。
〔註 226〕《通鑑》卷一百八〈晉紀三十〉孝武帝太元十七年十月條，頁 3460。
〔註 227〕《晉書》卷一百十六〈姚萇載記〉，頁 2970。
〔註 228〕《晉書》卷一百十七〈姚興載記〉，頁 2975。
〔註 229〕《晉書》卷一百十六〈姚萇載記〉，頁 2967，2969，2971。
〔註 230〕《通鑑》卷一百八〈晉紀三十〉孝武帝太元十九年十二月條，頁 3471。
〔註 231〕俄瓊卓瑪，《後秦史》，頁 82，86。

利姚興留心內政，他除「令郡國各歲貢清行孝廉一人」，〔註232〕以暢通人事管道外，《晉書·姚興載記》亦對其確立政制、興文立學等之經過記述如下：〔註233〕

> 興留心政事，苞容廣納，一言之善，咸見禮異。京兆杜瑾、馮翊吉默、始平周寶等上陳時事，皆擢處美官。天水姜龕、東平淳于岐、馮翊郭高等皆耆儒碩德，經明行修，各門徒數百，教授長安，諸生自遠而至者萬數千人。興每於聽政之暇，引龕等于東堂，講論道藝，錯綜名理。涼州胡辯，苻堅之末，東徙洛陽，講授弟子千有餘人，關中後進多赴之請業。興敕關尉曰：「諸生諮訪道藝，修己屬身，往來出入，勿拘常限。」於是學者咸勸，儒風盛焉。給事黃門侍郎古成詵、中書侍郎王尚、尚書郎馬岱等，以文章雅正，參管機密。詵風韵秀舉，確然不羣，每以天下是非為己任。

直到407年，赫連勃勃起事叛秦為止，這段期間可謂後秦的黃金時期。當中就人口而言，概約有三百萬人之數，〔註234〕已較兩秦爭霸當時大幅增長。姚興同時也禮敬鳩摩羅什等高僧，潛心佛學，且大力支持佛經印製。只可惜，他缺乏像苻堅般的雄圖壯志，也未藉此良機推動後秦向強國之路發展，增強的只是文餘武弱特色。〔註235〕無怪乎史臣批評他：「豈宜騁彼雄圖，被深恩於介士；翻崇詭說，加殊禮於桑門！當有為之時，肆無為之業，麗衣腴食，殆將萬數，析實談空，靡然成俗」，〔註236〕思索後秦由盛而衰，可謂良有以也！

姚興未有效改善國家受部落牽制、影響的體質，整體結構還是處在相當鬆散的狀態，不僅無法與夏國相抗，本身也可能有自我瓦解風險。414年，姚興病重，「太子泓屯兵于東華門，侍疾於諮議堂。姚弼潛謀為亂，招集數千人，被甲伏于其第。撫軍姚紹……並典禁兵，宿衛于內。……鎮東、豫州牧姚洸起兵洛陽，平西姚諶起兵於雍，將以赴泓之難」，〔註237〕姚興諸子圍繞著太子之位，紛爭不休。待姚泓繼位，情勢又更加惡化。這時，劉裕挾平孫恩、桓

〔註232〕《晉書》卷一百十七〈姚興載記〉，頁2977。
〔註233〕《晉書》卷一百十七〈姚興載記〉，頁2979。
〔註234〕三崎良章，《五胡十六国——中国史上の民族大移動》，頁116。
〔註235〕雷家驥，〈前後秦的文化、國體、政策與其興亡的關係〉，頁252。
〔註236〕《晉書》卷一百十九〈姚泓載記〉，頁3018，史臣曰。
〔註237〕《晉書》卷一百十八〈姚興載記〉，頁2998～2999。

玄、南燕之功，率師伐秦，雖有提高自身威望，以收晉人民心目的，〔註238〕
卻也在對秦開戰中，先期獲得極有利態勢。

　　淝水之戰後，前秦與後秦、西燕戰禍連年，致「關中士民流散，道路斷
絕，千里無煙」，〔註239〕社會經濟受到重創。自姚萇占領長安後，即以為爭
霸基地，歷萇、興、泓三世，先後徙民二十一次，共遷徙約三十四萬戶，至少
有一百六十萬口至長安周邊地區。其中在姚萇之世計四次，約九萬戶，〔註240〕
數量較少，應與當時的大營與諸營兼責作戰及後勤，所得人力多投入軍事作
戰有關。但整體的供給效能仍然有限，故另派如彌姐高地與杜成等諸部之豪
負責管理的辦法乃應運而生，已如前述。說明在兩秦爭霸時，後秦的物力仍
極有限，大抵皆仰賴各部落的生產所得。

　　所以後秦的經濟發展，當是從姚興滅前秦，平定關隴地區後，才有機會
步上軌道，包括解散苻登部眾，「歸復農業」及「徙陰密三萬戶于長安」在內。
儘管後者由改編成的「四軍」所領，但也是從事經濟生產工作。〔註241〕

　　此外，自姚興繼位起，一直到 417 年，後秦又先後從各地遷徙二十五萬
戶至關中，有助於將此地營造為對外發展基地。而為改善當時常見的「蔭戶」
現象，姚興於 399 年下令：「百姓因荒自賣為奴婢者，悉免為良人」，〔註242〕
不僅增加政府掌控的人口，也有利稅收與提高各地的生產潛能。

　　不過在羌族部落組織猶存的情況下，互相仇殺之風仍難根除，對經濟生
產必定會帶來不良影響。此外，身為國君的姚興，其「好游田，頗損農要」，
儘管臣下曾多次進諫，但「皆覽而善之，賜以金帛，然終弗能改」，〔註243〕對
農政似乎不大重視。〔註244〕此雖影響有限，但與苻堅積極提振經濟生產相比，
姚興顯然不如苻堅。

　　於是當赫連勃勃起事之後，後秦在無法有效剋制其運動戰之餘，生產力
必當因之下降。於是，「興以國用不足，增關津之稅，鹽竹山木皆有賦焉」，雖
然「羣臣咸諫」，但從姚興對此覆以「能蹸關梁通利於山水者，皆豪富之家。

〔註238〕中國歷代戰爭史編纂委員會，《中國歷代戰爭史（第六冊）》，頁 77。
〔註239〕《通鑑》卷一百六〈晉紀二十八〉孝武帝太元十年五月條，頁 3396。
〔註240〕俄瓊卓瑪，《後秦史》，頁 155～160。
〔註241〕《晉書》卷一百十七〈姚興載記〉，頁 2976。
〔註242〕《晉書》卷一百十七〈姚興載記〉，頁 2979。
〔註243〕《晉書》卷一百十七〈姚興載記〉，頁 2983。
〔註244〕雷家驥，〈前後秦的文化、國體、政策與其興亡的關係〉，頁 253。

吾損有餘以裨不足，有何不可！」，〔註245〕顯見當時的經濟形勢已不得不對工商業加重稅負，代表物資供應出現捉襟見肘現象。不過從 418 年九月，劉裕率軍攻入長安，見「長安豐全，帑藏盈積」析之，〔註246〕或可說是後秦增稅聚斂的結果，〔註247〕亦可解釋為物資分配不均或流通管道不暢，此皆嚴重影響前線軍隊的持續戰力，或許這與其無法剋制夏國運動戰有關。然無論如何，在夏秦爭霸之時，後秦儘管擁有生產潛力雄厚的關隴地區，但施政的不當，未能有效發揮功能，且將產出集中於政權中樞所在，使得實際從事征戰的第一線將士，得不到應有的後勤支援，在決戰關鍵時刻自然處在諸多不利之狀態中。

第四節　爭霸雙方的政治與經濟能力比較

以上三節已就「人力掠遷」、「政府施政」與「國家安定程度」，以及「生產能力」與「政策支持程度」，論述各霸權的政治與經濟情況。接下來同樣以表 1 之政治、經濟能力分析架構，按第三章第五節之評量方式，就筆者研究所見，粗略分析、比較各霸權在決勝當時的政治與經濟能力。

一、兩趙爭霸中的政治與經濟能力比較

兩趙爭霸時，漢趙於關隴地區重建其國，除因應各方勢力的挑戰外，還需儘可能地擴增人口。按三崎良章的統計，後趙自 329 至 333 年，共「遷徙漢族九千餘人至襄國，長安周邊的氐、羌三百萬人遷至冀州，秦州的氐、羌又有五十萬人遷至關東」，〔註248〕可見在漢趙末年，關隴地區人口至少有三百五十萬人。不過漢趙對他們的治理並不穩固，前述「尹車謀反事件」即為一例，加上接連不斷的戰事，亦不利其內部安定。尤有甚者，當 325 年漢趙敗於新安一役，為重建國家動員系統，乃不得不分權予胡、羯、鮮卑、氐、羌豪傑；雖有助於增加人力，卻只得到一種廣土眾民表象，未必真有實效。國家內部種族形勢如此，劉曜又無有效對策以化解之，反倒自陷入不利形勢。其政治能力由此可見。

〔註245〕《晉書》卷一百十八〈姚興載記〉，頁 2994。

〔註246〕《宋書》卷二〈武帝中〉，頁 42。

〔註247〕雷家驥，〈前後秦的文化、國體、政策與其興亡的關係〉，頁 253。

〔註248〕三崎良章，《五胡十六国——中国史上の民族大移動》，頁 194。

　　後趙自石勒於 314 年「始下州郡閱實人口」以來，掌控的人口逐漸增多。迄 319 年建立後趙，已統治包括各族在內共約二百四十萬口，之後隨著對外擴張，人口基本仍呈增加趨勢。

　　此外，石勒一方面對新增人口多置守宰以撫之，一方面揚棄嘉平體制，特別是罷廢專統六夷的都尉編制，將胡漢事務統一。有瓦解諸族、部落分立現象之意涵，對安定內部與推行政令言，影響尤大，此可以石勒在位期間，國家基本安定為證。

　　在經濟方面同樣也有漢趙劣於後趙之勢：蓋漢趙既控領產能豐厚的關中地區，但長年的戰亂卻使其無法致力經濟建設，所造成的物資不足現象已如前述，加上對勞動力的浮濫運用，只有讓經濟情勢更加惡化。相對的，後趙一開始即訂下較西晉盛時更寬鬆的稅制，對提振當時的經濟定有助益。所以從石勒死前下達無禁祭祀、飲酒、食肉的遺令反推到 328 年，關東地區應已恢復至一定程度，經濟能力當優於漢趙。

　　故比較兩趙「政治能力」的「人力」數值，漢趙雖人口較多，但族屬複雜且力量分散，未必優於後趙，故整體而言，概為 1：1；「政府施政」與「國家安定程度」則如先前所述，可以 1：3 與 1：2 概之；故漢趙與後趙的「政治能力比」為（1+1+1）比（1+3+2），即 1：2，就第三章以「3：1」為懸殊，「2：1」為略有差距，「1：1」為概等之形象析之，此「1：2」可謂漢趙的政治能力略劣於後趙。而就「經濟能力」的「生產能力」，漢趙與後趙所在皆屬生產潛能豐厚之地，故可曰 1：1；但「政策支持程度」可由比較劉曜與石勒之施政中，發現有極大差別，可曰 1：3，故兩趙「經濟能力比」為（1+1）比（1+3），即 1：2，說明漢趙的經濟能力亦略劣於後趙。

二、趙燕爭霸中的政治與經濟能力比較

　　儘管後趙在石勒與石虎初期國力強大，恢復長年戰亂所造成的殘破，但石虎過不了多久卻「荒游廢政」，將大權交由諸子代行，然諸子亦多好玩輕忽之輩，加上其窮兵黷武，多次發兵進犯前燕與前涼；而為入侵東晉，「又敕河南四州具南師之備，并、朔、秦、雍嚴西討之資，青、冀、幽州三五發卒，諸州造甲者五十萬人」，連帶造成「公侯牧宰競興私利」與「百姓失業」後果。〔註 249〕所以當石虎一死，諸子相攻篡弒，國家陷入大亂。與建設遼

<hr>

〔註 249〕《晉書》卷一百六〈石季龍載記〉，頁 2772。

東、遼西基地有成，且正在崛起的前燕相較，前燕人口概約二百萬，雖少於後趙的四百萬甚多，〔註 250〕但前燕國內安定，後趙則是境內大亂，人口大量流失。由此比較兩方政治能力，高下立判。

而石虎與諸子的窮奢極侈，以及公侯牧宰競興私利，不僅將有限的勞動力耗費殆盡，嚴重衝擊社會經濟，原先糧足馬壯的富足景象，也隨著政亂與內戰而全面倒退，陷入賊盜蜂起、大饑、人相食之窘境。相反的，前燕則是在強化牧業的同時，又有「多舊土十倍有餘」的漢人加入，刺激農業發展；而慕容皝「勸農令」的頒布，又發揮了促進作用。於是在趙燕爭霸之際，前燕得以遼東、遼西基地為資，迅即取得軍事作戰優勢，此與經濟生產之功密切相關。

故比較趙燕「政治能力」的「人力」數值，後趙人口雖倍於前燕，但當時的處境似與漢趙後期相近，甚至更為嚴重，與新興的前燕恰恰相反，可保守評曰雙方實際掌握人力相差無幾，概為 1：1；趙燕在 351 年當時的「政府施政」與「國家安定程度」同樣也因一治一亂而差距甚大，均為 1：3；故後趙與前燕的「政治能力比」為（1+1+1）比（1+3+3），即 3：7，此「3：7」之差距略高於代表「略有差距」形象的「1：2」，說明後趙的政治能力劣於前燕。在「經濟能力」方面，儘管遼東、遼西位處華北邊陲，但在慕容廆、皝兩代的經營，及大批漢人的協力建設下，「生產能力」已不輸華北內地，再加上後趙陷入戰亂，此數據可以 1：1 概之；「政策支持程度」則如前所述，約為 1：3；故趙燕「經濟能力比」為（1+1）比（1+3），即 1：2，說明後趙的經濟能力略劣於前燕。

三、燕秦爭霸中的政治與經濟能力比較

前燕儘管順利進佔河北要域，但由於後趙的迅速瓦解，域內仍有諸多殘餘勢力，他們或自成一格，或遊走於前燕、東晉、前秦之間，前燕不久雖控制關東地區之大部，卻少有寧歲，「軍事優先」的情況依舊未變。儘管在慕容恪輔政時期，前燕政治尚稱清明，但當 367 年慕容恪一死，國政便

〔註250〕此數字係前引雷家驥師估算之 319 年石勒統治之二百四十萬人，加上表 4 之人口增減情形，與後來從關隴遷來約三百五十萬人，再扣除前引「季龍末年……青、雍、幽、荊州徙戶及諸氐、羌、胡、蠻數百餘萬，各還本土」的總數，推論趙燕爭霸當時，後趙總人口應不會少於四百萬人。

急轉直下，〔註251〕「內則暗母亂政，評等貪冒，政以賄成，官非才舉，羣下切齒」，〔註252〕人口雖近千萬，但內政腐敗已開始動搖國本。此時，位在關隴，但崛起稍晚的前秦則是在苻堅與王猛等人的銳意經營下，逐漸改善法制不明、綱紀不立等弊病，不僅「百僚震肅，豪右屏氣，路不拾遺，風化大行」，苻堅也因之發出「吾今始知天下之有法也，天子之為尊也」的感嘆。與前燕相較，前秦採用漢式政府，推行法制，顯然已在政治方面後來居上；儘管前秦人口僅約前燕之半，但前述諸般作為恰可彌補人口方面的不足。

前燕滅亡冉魏，雖需承擔石虎後期種種弊政的後果，但以關東地大物博，生產潛力雄厚，若潛心經營，欲作為爾後擴張的基礎，當不成問題；石勒能以十數年時間，成功重建此地，並營造成併滅漢趙的基地，即為一例。然前燕受限於連年戰事，加上前述「暗母亂政，評等貪冒」等內部因素催化，連帶對經濟造成不良後果。申紹的上疏，即呈現了當時的經濟情況：〔註253〕

> 百姓窮弊，侵賕無已，兵士逋逃，乃相招為賊盜。……廢棄農業，
> 公私驅擾，人無聊生。……謹案後宮四千有餘，僮侍廝養通兼十倍，
> 日費之重，價盈萬金，綺縠羅紈，歲增常調，戎器弗營，奢玩是務。
> 今帑藏虛竭，軍士無襦袴之資，宰相侯王迭以侈麗相尚，風靡之化，
> 積習成俗，……

儘管申紹用「中州豐實」，來形容前燕當時的經濟情勢，但對照上述情況，恐怕只是虛美之詞。直言之，在燕秦爭霸前，前燕已是一個貧富不均、盜賊公行、農業荒廢、民不聊生，在上位者奢靡成風致國用不足，軍隊不得不「鄣固山泉，賣樵鬻水」的國家。相反的，前秦自立足關中以來，國家基本安定且經濟發展順利，加上澄清吏治、廣闢財源與利用新技術等，已造成一種「田疇修闢，帑藏充盈」及「漕運相繼」景象，皆較前燕在關東地區的種種作為為優。

〔註251〕慕容恪對前燕之重要性，誠如王夫之在《讀通鑑論》一書中：「五胡旋起旋滅，而中原之死於兵刃者不可殫計。殫中原之民於兵刃，而其旋起者亦必旋滅。其能有人之心而因以自全者，唯慕容恪乎！」之評語。而從恪死後前燕國勢急速衰退來看，更凸顯十六國時期之種種紛亂現象。參閱《讀通鑑論》卷十三〈穆帝〉，頁 427。

〔註252〕《晉書》卷一百十一〈慕容暐載記〉，頁 2855。

〔註253〕《晉書》卷一百十一〈慕容暐載記〉，頁 2855～2856。

故比較燕秦「政治能力」的「人力」數值，前燕人口雖為前秦之兩倍，差距較大，但前燕內政腐敗，失卻民心，已降低此方面對前秦的優勢，故評以代表「概等」的 1：1；「政府施政」則如前所述是 1：3；但前秦因剛平定苻柳等人的叛亂，內部尚待穩固，應與前燕後期相差不大，「國家安定程度」概為 1：1；故前燕與前秦的「政治能力比」為（1+1+1）比（1+3+1），即 3：5，說明前燕的政治能力略劣於前秦。而「經濟能力」的「生產能力」，前燕與前秦分處關東、關西，兩地產能均優，為 1：1；「政策支持程度」如前所述，為 1：2；故燕秦「經濟能力比」為（1+1）比（1+2），即 2：3，顯示前燕的經濟能力亦略劣於前秦。

四、兩秦爭霸中的政治與經濟能力比較

前秦雖於 376 年統一華北，成為華北地區霸主，但國政也在這時開始腐敗，加上域內種族形勢複雜且臣服程度不一，苻堅在無有效對策的情況下，均予平等對待，不僅將一萬五千餘戶氐族遷徙關東，分散了最可靠的氐人力量，同時也授予慕容評、慕容沖、張天錫等人具實權的官職。其弟征南大將軍苻融早就對堅缺乏民族警覺性，發出警訊。顯見早在淝水之戰前，前秦早已潛存不少動亂因子，只是尚未引爆而已。〔註254〕因此，當丁零翟斌一叛，境內諸族相繼起事，最後造成全國動亂。前秦先是失去關東，之後以關中地區同時抵擋西燕與後秦的攻勢，到最後只剩隴右一隅，實力愈見薄弱，內部各部落則不少遊走兩秦之間。儘管前秦仍能爭取到不少部落支持，但整體而言，由於苻堅、姚萇已多次將人口遷至長安周邊或關中地區，這片區域遠離戰火，較為安定且易於控制。後秦控領此地區，故能在人口數量取得一定優勢；再加上姚萇「多計略，善御人」，〔註255〕對其後來居上甚有助益。

前秦在苻堅後期雖仍控領長安周邊地區，但受戰亂影響，正常的生產早已停止，只能用「人相食」這種最不得已的手段來解決糧食問題，到了苻登

〔註254〕因此，雷家驥師否定前秦「分封氐戶」與「優待慕容」兩政策，乃其它國之關鍵因素的說法，論證造成前秦瓦解的慕容氏反叛有成，應與淝水之戰及其戰後情勢有關。但苻堅的缺乏民族警覺性，於併滅前燕後即「徙關東豪傑十萬戶於關中，處烏丸雜類於馮翊、北地，丁零翟斌于新安，徙陳留、東阿萬戶以實青州」之措施，正是淝水之亂後，境內爆發戰亂的遠因。參閱雷家驥，〈前後秦的文化、國體、政策與其興亡的關係〉，頁 244～245。

〔註255〕《晉書》卷一百十五〈苻登載記〉，頁 2952。

時期仍舊如此，顯見其對經濟生產著力不夠。其後雖從歸附的部落中獲得解決，但以諸部落叛服不定，再加上後來大界輜重的喪失，糧食問題恐怕一直到前秦滅亡都無法有效解決。前秦糧食供應既是如此，任何有利經濟發展的措施也就更難以推動了。相反的，後秦一方面將關中地區建設為雙方爭霸的基地，〔註256〕另方面所部各營率皆「留子弟守營，供繼軍糧」、「隨莨征伐」，〔註257〕後秦既能在關中地區恢復生產，各營並能在部落的直接支援下從事作戰，糧食獲得與經濟發展方面顯然優於前秦。

故比較兩秦「政治能力」的「人力」數值，前秦雖在各部落歸附程度優於後秦，但後秦自姚莨 386 年進佔長安以來，由於不斷將前線人口遷徙至此，加上距離戰地較遠，當地百姓自然較不會再有遷徙他處之想，故儘管符登能得到較多部落歸附，但以其多在兩秦間游移不定，彼此人口應當處在伯仲之間，或可概為 1：1；而雙方長年交戰且陣線犬牙交錯，欲求安定、進步皆不易，其「政府施政」與「國家安定程度」儘管以後秦較優，但就全般情況言，差距並非懸殊，或以「略有差距」的 1：2 概之；故前秦與後秦的「政治能力比」為（1+1+1）比（1+2+2），即 3：5，說明前秦的政治能力略劣於後秦。而「經濟能力」中的「生產能力」，因長安周邊瀕臨渭水流域，有充足的水源利於農耕，加上遠離戰火，糧食獲得較僅賴部落供給的前秦為優。此外，從史籍所載，亦未見後秦有「人相食」之類的記載。儘管後秦有上述有利跡象，但以前秦爭取部落支持情形較後秦為優，應能相當程度地縮小雙方差距，前、後秦在此或可以 1：2 之「略有差距」表示，似較合理；「政策支持程度」亦如前述，為 1：2；故兩秦「經濟能力比」為（1+1）比（2+2），即 1：2，前秦的經濟能力亦略劣於後秦。

〔註256〕雷家驥師認為：「姚莨在位的八年期間，一直處於開國征戰狀態，常年駐在安定大營，連長安也甚少回去，焉能全力推動內政建設」。但由《晉書・姚莨載記》「太元十一年莨僭即皇帝位于長安，……以弟征虜緒為司隸校尉，鎮長安。……拜弟碩德都督隴右諸軍事・……鎮上邽」，及《晉書・姚興載記》「莨出征討，常留統後事。及鎮長安，甚有威惠」等記載觀之，姚莨以最高領導人身分，將其國分由姚緒、姚碩德與姚興等宗室鎮守；即使姚莨常駐安定大營，有他們對姚莨負責，相關工作還是能推動下去。另從姚興「鎮長安，甚有威惠」來看，與負責長安這塊基地的建設顯然頗有成效，這與符登還停留在依賴部落提供糧食相比，後秦在這方面明顯較優。參閱雷家驥，〈前後秦的文化、國體、政策與其興亡的關係〉，頁 251；《晉書》卷一百十六〈姚莨載記〉，頁 2967；《晉書》卷一百十七〈姚興載記〉，頁 2975。

〔註257〕《晉書》卷一百十六〈姚莨載記〉，頁 2968。

五、燕魏爭霸中的政治與經濟能力比較

後燕為淝水之戰後，關東陷入紛擾之際，得域內諸族支持而成者；儘管慕容垂可藉時局紛亂，各部皆謀自保之機會，從而擴大力量。但前燕的治理僅二十年，根基未穩，加上後期政治腐敗，之後改由前秦治理期間又無失政，欲以「鮮卑、烏桓及冀州之民，本皆燕臣」之號召爭取支持，〔註258〕效果恐怕有限。故採胡漢分治，恢復胡夷王長設置，並給予百蠻適當的籠絡，乃不得已之作法。然籠絡未必見效，再加上後燕建國以來戰事不斷，幾無機會從事建設，國家欲求安定，實不可得。不過，與之同時復國的北魏，事實上也因拓跋氏與諸部間的矛盾，潛藏著分裂因子。不同的是，拓跋珪有效延續什翼鍵以來諸般緩和內部矛盾的作法，建立漢式的中央集權機構、著手離散部落，將各部納入珪直接統治之下。雖然在395年，燕魏展開爭霸之時，離散部落政策可能只象徵性推動而已，卻是一種由根進行改革的劃時代創舉，至少已在柏肆之戰後，因遠近流言衍生內部動亂時，尚有足資倚賴的力量力挽狂瀾，未讓分裂危機擴大，也未影響後方安定，可見拓跋珪當時施政是有一定成效的。

在經濟能力的比較方面，後燕復國之初，關東地區普遍陷入戰亂，「人相食」及「以桑椹為軍糧」說明物力之困窘已相當嚴重。後來雖在慕容農的經營下，將遼東、遼西建成後燕爭霸基地，始有所改善，這可從參合陂戰後，北魏虜獲後燕物資之豐為證。但完全依靠此地的供給畢竟也有極限，前述396年慕容農率數萬部曲進駐并州，出現「民不能供其食」等狀況，即暴露遼東、遼西基地無力承擔併滅西燕後，新增加的負擔，這也影響其後來與北魏的戰事。相反的，代國在遭前秦併滅，雖被迫改務農耕，但傳統的游牧生活仍在，兩種生產方式對糧食的獲得應該只會增加而無減少，加上拓跋珪復國之初，戰事多發生在邊境，位在後方的河套南北一帶相對安定，亦有利北魏在燕魏爭霸之時，於經濟方面取得優勢。

由於燕魏爭霸當時，有關雙方「人力」數值因史籍無載，只能以前秦併滅前燕所獲人口為基礎，加上淝水之戰後，種種紛亂之影響，推論後燕可能人口；同時也以漢代匈奴位於塞北之人口概況，推論北魏可能人口應與之相近，燕魏實際掌控的人口應該差距不大，概為1：1。〔註259〕另從雙方政權中

〔註258〕《通鑑》卷一百五〈晉紀二十七〉孝武帝太元九年二月條，頁3376。
〔註259〕由於當時雙方的實際人口已不可得，故以370年，前秦獲得近一千萬前燕人口的數字為基礎，假設受淝水之戰出兵與戰後人民淪為蔭戶等因素的影響，

樞所在地概呈一亂一治狀態，雖然北魏內部仍有一些足可蘊釀分裂的因素存在，但較後燕征戰連年，「政府施政」與「國家安定程度」還是以相對安定的北魏較優，可以 1：2 概之；故後燕與北魏的「政治能力比」為（1+1+1）比（1+2+2），即 3：5，說明後燕的政治能力略劣於北魏。而在「經濟能力」的「生產能力」方面，從《魏書·崔逞傳》所載河北缺乏食糧，魏軍不得不以桑椹果腹之狀態，反推後燕在參合陂之戰前的生產能力，可知當地雖生產潛力雄厚，過去亦有「中州豐實」美譽，但在慕容垂當政的十年間，因長年戰亂致少有建設，過度仰賴遼東、遼西基地的援助，總體生產能力顯然難以超越遠較安定，但產能有限的河套南北地區。故就「生產能力」言，雙方或可保守概為 1：1。不過相較於後燕單靠遼東、遼西，對強化河北要域生產潛能難有作為，「政策支持程度」當以北魏略優，呈 1：2 之比；故燕魏「經濟能力比」為（1+1）比（1+2），即 2：3，顯示後燕的經濟能力亦略劣於北魏。

六、夏秦爭霸中的政治與經濟能力比較

　　赫連勃勃以「三交五部鮮卑及雜虜二萬餘落」為基礎，不到一年，勢力範圍就由朔方一地擴展到「三城以北諸戍」。等於以二萬餘落，概約十萬人之力，與後秦的三百萬人相抗，差距不可謂之不大，即使將加總自表 5 的二十萬口一併列計，夏秦雙方人力比仍約一比十。因此，採用「長期運動戰」與「全民皆兵」方針與之爭霸，是夏國贏得不對稱優勢的關鍵。而赫連勃勃的殘暴管理與對後秦的連戰連勝，則有助於抵消「時大時小，別散分離」之不利團結傳統。相較於羌人「更相抄暴，以力為雄」、氐人「勇戇抵冒，貪貨死利」及鮮卑「部落林立且不相統屬」等傳統，已隨後秦軍事接連失利而逐漸發酵，連帶使其「政府施政」與「國家安定程度」漸走下坡。然而，夏國儘管長期以軍事優先作為施政主軸，對待人民均以殘暴方式統治，人民在無形之

使人口減少三分之二（前述永嘉之禍前後長期戰亂，關東地區人口較 280 年減少五百萬口，減少比率為六分之五。淝水之戰後，關東地區雖也爆發戰亂，但時間與破壞程度未如西晉末年嚴重，故保守估計為三分之二），後燕當有三百萬口為其掌控。另以拓跋部進入之匈奴故地，其空間與產量所能滋養的人眾為一常數，前引第二章匈奴「人眾不能當漢一郡」，人口概為二百萬之說，做為北魏復國當時人口的一部分，似屬合理。由於北魏在與後燕決戰參合陂前，尚且降服高車、庫莫奚等諸多勢力，疆域亦有擴增，實際人口應多於二百萬。故推論在燕魏爭霸之時，後燕與北魏實際掌握的人口應相差不大。

中也容易滋生不滿，這與叱干阿利主持統萬城興建，用「殘忍刻暴」方式對待工匠，應有因果關係存在。因此，對夏國「政府施政」與「國家安定程度」的評估也不應太高，至少在後秦滅亡前，夏國基本上是略居優勢的。

在經濟能力方面，由於夏國舉全國之力，對後秦行長期運動戰，整個國家可說是一個處在移動狀態的大軍營，這種狀態只有游牧社會才可因應；即使在此從事農耕，整體環境也只能侷限在極有限的規模而已。因此，第二章註 2 所述之種種風險，必然會在夏國重現。換言之，夏國所在的河套地區儘管適於發展牧業，但還需諸般「輔助性生業」支撐，方能維持生計。然而，在人口不足與軍事優先之情形下，欲從事游牧主業或輔助性生業皆倍受限制，經濟產出必然不易滿足實需。到頭來還是要從人民身上課征重稅來獲得解決，前引吐魯番出土文件或許就是物資匱乏的一種反映。

相較於後秦自姚興以來，經濟生產隨著關隴地區平定，而漸漸步上軌道，加上 399 年推行將奴婢「悉免為良人」政策，所擁有的勞動力、生產能力與政策支持程度雖不如前秦盛時，但顯較夏國為優。此外，互夏秦爭霸全期，作為後秦基地所在的長安周邊地區較少陷入戰火，既有產能尚可維持；與夏國直到 415 年占領杏城，始完全鞏固橫山山脈以北地區之安全相比，供給夏國持續戰力的基地顯然在 415 年以前還是時常處於危險狀態。

故比較夏秦爭霸「政治能力」的「人力」數值，可知後秦以約十倍的人口，明顯優於夏國，數值之比當為 1：3；夏國儘管用嚴刑峻法治民以支持軍事作戰，也為爾後埋下動亂因子，但在夏秦爭霸期間，國家大抵安定且能貫徹赫連勃勃的施政主軸，與後秦在姚興主政下相去不遠，故其「政府施政」與「國家安定程度」應皆為 1：1；故計算夏國與後秦的「政治能力比」為（1+1+1）比（3+1+1），即 3：5，說明夏國的政治能力略劣於後秦。而「經濟能力」的「生產能力」，因 415 年，夏國取得杏城前，位在河套地區的基地易遭威脅，人口的不足也會影響勞動力發揮，連帶不利整體經濟產出，這與較安定的長安周邊相比，高下立判。此外，游牧生業本身所具限制也較農耕為多，皆說明夏國生產能力之不如後秦，故可以 1：2 之「略有差距」形象概之；而夏國在一切以軍事為優先的前提下，政策支持應當也不如勞動人口較多、後方相對安定、政策推行較為靈活的後秦；故比較夏秦的「政策支持程度」，應為代表「懸殊」的 1：3，故合計夏國與後秦的「經濟能力比」為（1+1）比（2+3），即 2：5，代表夏國的經濟能力劣於後秦。

七、夏魏爭霸中的政治與經濟能力比較

　　夏國以長期運動戰不斷削弱後秦國力，並在東晉滅秦後，抓緊其內鬥良機，一舉奪得關中要域與河東部分地區，成為夏秦爭霸的勝利者。這時，後秦的三百萬人口改屬夏國，人力大幅增加，是其稱霸關隴地區的憑藉。不過，從赫連勃勃著眼於國家安全，仍以軍事優先為考量，未有效利用新獲得的關中地區致力綜合國力提昇，先前為求軍事勝利，加諸在人民身上的種種桎梏也未改變。此外，從勃勃「徵隱士京兆韋祖恩。既至而恭懼過禮，……遂殺之」來看，〔註260〕雖不知韋祖恩究係何種人才，但對治國當有助益，勃勃因細故殺之，不僅暴露其殘暴本質，對如何謀求國家長治久安，恐怕也缺乏一套具體構想。此外，當人民不滿意志持續存在的同時，夏國的安定，可能只有繫於政權穩定。因此，當赫連勃勃死後，擁兵權的諸子彼此相殺，也催化人民對政府的不滿，為後來北魏的入侵營造有利態勢。

　　北魏自進佔關東以來，接收後燕遺留人口，而為促進地方之恢復，乃「詔大軍所經州郡，復貲租一年，除山東民租賦之半」，〔註261〕之後又祭出「命諸官循行州郡，觀民風俗，察舉不法」等多項重建措施，〔註262〕歷拓跋珪、嗣、燾三世率皆如此。若以 395 年後燕人口三百萬，北魏二百萬計，至 426 年夏魏爭霸直前，即便北魏在北方舊土人口的增長幅度有限，其在關東地區應有相當程度增長。若以 370 年前燕遭併滅前近一千萬為頂點，經過拓跋氏自 398 到 426 年，近三十年的建設，應當也恢復不少，至少會優於夏國。假設 426 年當時北魏掌握的關東人口倍於後燕當時，為六百萬，加上北方舊土的二百萬口，當二倍於夏國的人口。

　　此外，自後燕滅亡以來，北魏雖仍有事於柔然，但影響範圍僅及邊陲，對國內的安定與治理影響較小。史臣稱拓跋嗣「隆基固本，內和外輯」，〔註263〕拓跋燾「藉二世之資，奮征伐之氣」，〔註264〕皆可謂進佔關東之近三十年間，乃北魏一片祥和且有效蓄積國力的時代，對平定夏國，自有絕對助益。

　　在經濟生產同樣也有相同情況：夏國雖獲得號稱天府的關隴地區，有助於加速生產，提振國力。然赫連勃勃顯然未予應有的關注，仍將有限的資源

〔註260〕《晉書》卷一百三十〈赫連勃勃載記〉，頁 3209。
〔註261〕《魏書》卷二〈太祖紀〉天興元年正月條，頁 31。
〔註262〕《魏書》卷二〈太祖紀〉天興三年正月條，頁 36。
〔註263〕《魏書》卷三〈太宗紀〉，頁 64，史臣曰。
〔註264〕《魏書》卷四下〈世祖紀下〉，頁 109，史臣曰。

耗費在國防與無益國力增長的建設，對物力匱乏的改善仍極有限，這從加諸人民賦稅的有增無減，及濫用民力可一窺其貌。相較於北魏在後燕舊土廣闢農田，同時又將農業推廣到前述「東至代郡，西及善無，南極陰館，北盡參合」之廣大地域，且仍持續專心於游牧經濟，北魏顯然在經濟政策支持程度上，勝過夏國不少。

綜合以上所述，比較夏魏爭霸時的「政治能力」，夏魏人口分別為三百萬對八百餘萬，加上夏國自赫連勃勃死後內部紛亂，北魏顯然在此取得極大的優勢，故比較雙方的人力，可以代表「懸殊」的 1：3 概之；另在 426年當時，兩國「政府施政」與「國家安定程度」正因一亂一治，故有相當差距，亦可以 1：3 表示；故統計夏國與北魏的「政治能力比」為（1+1+1）比（3+3+3），即 1：3，說明夏國的政治能力遠劣於北魏。在「經濟能力」的「生產能力」方面，雖然關隴地區先後遭東晉與夏國入侵，但為時甚短，姚興時代的種種恢復及建設成果應當仍能保存，儘管赫連勃勃後來未再繼續維持，至少不會與姚興時期的水準相差太遠。但與北魏在北方推廣農業，又在關東著力建設相比，代北舊土與關東地區的產能應該會有所增加。故夏魏「生產能力」之比，至少可以「略有差距」的 1：2 概之；而在「政策支持程度」方面，北魏的作為顯較夏國勝出甚多，加上夏國後來陷入紛亂，即使曾推出任何有利的政策，屆時恐怕也都遭到破壞；故夏魏「政策支持程度」，應為 1：3，故合計夏國與北魏的「經濟能力比」為（1+1）比（2+3），即 2：5，夏國的經濟能力劣於北魏。

綜合比較上述七次爭霸有關政治與經濟能力之各項指標，可將之彙整如表 10。

表 10. 七次爭霸中之各霸權政治與經濟能力比較

爭霸名稱	參與霸權	估量指標與比較數值		政治與經濟能力數值		數值差距	比較結果
兩趙爭霸	漢趙	人力掠遷	1	政治能力數值	1	政治能力：漢趙 1 後趙 2	漢趙政治與經濟能力皆略劣於後趙
		政府施政	1				
		國家安定程度	1				
		生產能力	1	經濟能力數值	1	經濟能力：漢趙 1 後趙 2	
		政策支持程度	1				

		人力掠遷	1	政治能力數值	2		
	後趙	政府施政	3				
		國家安定程度	2				
		生產能力	1	經濟能力數值	2		
		政策支持程度	3				
趙燕爭霸	後趙	人力掠遷	1	政治能力數值	3	政治能力：後趙3　前燕7	後趙政治能力劣於前燕
		政府施政	1				
		國家安定程度	1				
		生產能力	1	經濟能力數值	1		
		政策支持程度	1				
	前燕	人力掠遷	1	政治能力數值	7	經濟能力：趙1　前燕2	後趙經濟能力略劣於前燕
		政府施政	3				
		國家安定程度	2				
		生產能力	1	經濟能力數值	2		
		政策支持程度	3				
燕秦爭霸	前燕	人力掠遷	1	政治能力數值	3	政治能力：前燕3　前秦5	前燕政治與經濟能力皆略劣於前秦
		政府施政	1				
		國家安定程度	1				
		生產能力	1	經濟能力數值	2		
		政策支持程度	1				
	前秦	人力掠遷	1	政治能力數值	5	經濟能力：前燕2　前秦3	
		政府施政	3				
		國家安定程度	1				
		生產能力	1	經濟能力數值	3		
		政策支持程度	2				
兩秦爭霸	前秦	人力掠遷	1	政治能力數值	3	政治能力：前秦3　後秦5	前秦政治與經濟能力皆略劣於後秦
		政府施政	1				
		國家安定程度	1				
		生產能力	1	經濟能力數值	1	經濟能力：前秦1　後秦2	
		政策支持程度	1				

		人力掠遷	1	政治能力數值	5	
	後秦	政府施政	2			
		國家安定程度	2			
		生產能力	2	經濟能力數值	2	
		政策支持程度	2			
燕魏爭霸	後燕	人力掠遷	1	政治能力數值	3	政治能力：後燕 3 北魏 5 經濟能力：後燕 2 北魏 3	後燕政治與經濟能力皆略劣於北魏
		政府施政	1			
		國家安定程度	1			
		生產能力	1	經濟能力數值	2	
		政策支持程度	1			
	北魏	人力掠遷	1	政治能力數值	5	
		政府施政	2			
		國家安定程度	2			
		生產能力	1	經濟能力數值	3	
		政策支持程度	2			
夏秦爭霸	夏國	人力掠遷	1	政治能力數值	3	政治能力：夏國 3 後秦 5 經濟能力：夏國 2 後秦 5	夏國政治能力略劣於後秦 夏國經濟能力劣於後秦
		政府施政	1			
		國家安定程度	1			
		生產能力	1	經濟能力數值	2	
		政策支持程度	1			
	後秦	人力掠遷	3	政治能力數值	5	
		政府施政	1			
		國家安定程度	1			
		生產能力	2	經濟能力數值	5	
		政策支持程度	3			
夏魏爭霸	夏國	人力掠遷	1	政治能力數值	1	政治能力：夏國 1 北魏 3 經濟能力：夏國 2 北魏 5	夏國政治能力遠劣於北魏 夏國經濟能力劣於北魏
		政府施政	1			
		國家安定程度	1			
		生產能力	1	經濟能力數值	2	
		政策支持程度	1			

	人力掠遷	3	政治能力數值	3		
	政府施政	3				
北魏	國家安定程度	3				
	生產能力	2	經濟能力數值	5		
	政策支持程度	3				

資料來源：筆者整理。

本章小結

　　十六國時期華北地區戰亂不斷，人口流失嚴重，經濟產能不易提振，在此建立政權的各霸權民族欲圖擴張，除應強化軍事能力外，維繫戰力於不墜的人、物力因素亦不可偏廢；這對人口本極有限，游牧所獲亦未隨時滿足，且欲在華北建立霸業的各族、各部落而言，如何在人、物力方面超敵勝敵，實乃不容忽視之重要課題。其中，人力與政府掌控人口多寡有關，這決定於治下安定與否，與施政良窳又密切相關；物力與當地產能及勞動力相關，然在軍事作戰多重於一切的當時，能否具備足供生產所需的勞動力，則有賴政策上的配合。經由上述一連串觀察、比較八個霸權在這兩方面的作為後，皆可看出彼此的落差，亦可判定其政治與經濟能力高下。

　　比較七次爭霸的雙方，其在政治與經濟能力多差距不大，或可謂連年戰亂，各國皆難以在此著力有關。其中，差距較大者僅趙燕爭霸的政治能力比與夏秦爭霸的經濟能力比，前者係石虎死後，後趙國內大亂所致；後者乃繫於朔方與關中地區的產能及人口本來即有較大之落差。而夏魏爭霸之所以在政治與經濟能力分別有懸殊與較大之差距，此係決於夏魏兩國一亂一治，且北魏有長期經營關東之助，致夏國難以匹敵。

　　第三、四章所探討者均屬有形國力，所代表的政治、經濟、軍事能力或可由種種外在表象與作為一究其詳，但未必能保證居優勢者能贏得爭霸；需併入較難掌握的無形國力要素，始可完整綜合國力比較及找出致勝關鍵因素。以下，筆者將於第五章，分就「戰略目標」與「意志」面向，分析並比較霸權的無形國力。

第五章　霸權民族的戰略目標與意志

　　在第三、四章所探討的軍事、政治與經濟能力，皆為有形國力，是爭霸的最直接因素，它可讓我們輕易判定雙方之強弱形勢與勝負誰屬。然而，歷史上有不少成功以弱擊強、以少勝多案例，說明勝利的一方未必是強國、大國。〔註1〕換言之，完整的國力計算，不應只算到有形國力而已，不易觀察的無形國力，往往才是勝負關鍵。前述克萊恩綜合國力公式所揭櫫的「戰略目標」與「意志」，都屬無形國力範疇。其中，「戰略目標」是一種可以認清的概略方向或趨勢，包括有利自身安全與增進全體利益的政策；〔註2〕「意志」是追求戰略目標時，表現在國家領導人與全民身上的精神表現。〔註3〕

　　由於本文所論的八個國家都是十六國時期各據一方的霸權，他們有無引導其擴張的「戰略目標」？或者空有目標，未切實貫徹？還是未見目標，只憑領導人好惡恣意妄為？這種表現在「目標的有無」及「目標貫徹程度」，可作為觀察霸權是否有一目標指引，來同其他勢力爭霸？它涉及綜合國力被利用的水準；「意志」主要表現在心理方面，包括主政者與大多數人民在決勝當時究係積極進取、頹喪低迷或各有所圖，使心理層面呈現四分五裂狀態？

〔註1〕例如李德哈特曾綜合分析發生在二十世紀前之二十五個世紀，西方世界所發生過的三十次戰爭，當中又包括二百八十次以上的個別會戰，其中只有六次會戰是對敵主力行直接戰略，因而獲得決定性戰果者。其他均屬間接性的戰略，即上述「以弱擊強、以少勝多」者。參閱李德哈特，《戰略論：間接路線》，頁 195～197。

〔註2〕克萊恩，《世界各國國力評估》，頁 151。

〔註3〕雷家驥，〈隋平陳之戰析論──周隋府兵改革成效的一個觀察〉，頁 129。

　　以下同樣就胡羯、鮮卑與氐羌族系之分，各別探究其主要政權的戰略目標與意志。最後再歸納、比較七次爭霸中，各霸權的無形國力，據以論析各別呈現的狀態。

第一節　胡羯政權的戰略目標與意志

　　當漢趙、後趙與夏國在起事之初，實力均極有限，但皆一度成為華北或關隴地區霸主，卻也在最後為競爭對手併滅，儘管皆受到胡羯族系「時大時小，別散分離」、「自有君長，往往而聚者百有餘戎」與「莫能相壹」等遺風影響，然爭霸究竟能否成功，關鍵在於上述遺風是否破除？以下謹以此為中心，論析三個胡羯政權之有形國力被利用的水準，及在意志方面的表現。

一、於漢高與魏氏之業進退的漢趙

　　西晉末年，中原大亂，居住在并州的五部匈奴因中原王朝長期壓迫，且在惡劣經濟狀態的推波助瀾下，連帶失去傳統部落所能提供的保障力量，激起匈奴人尋求自我復興的渴望。此時，成都王穎接受劉淵「還說五部，以赴國難」建議，授淵為北單于，為匈奴的復興帶來曙光。〔註4〕於是在從祖左賢王劉宣的號召下，共推劉淵為大單于，並以「晉為無道，奴隸御我」為由，呼籲「興我邦族，復呼韓邪之業」。然而，深受漢文化影響的劉淵並不以此為滿足，他有志成為天下的共主，遂訂下「上可成漢高之業，下不失為魏氏」目標，並以「夫帝王豈有常哉，大禹出於西戎，文王生於東夷，顧惟德所授耳」，〔註5〕強調起事的正當性。

　　「上可成漢高之業，下不失為魏氏」係劉淵起事時的戰略目標。它確立了兩個方向：一是以複製劉邦建立漢朝所創造的榮景，重建一統天下的漢式政權；若此目標不可得，至少也要達到第二個目標，也就是仿效曹魏，立足於中國大陸內地，以割據一方為滿足。這兩個目標，若以劉淵起事地點遠近與奪取範圍大小區分，或可視前者為「最終目標」，後者為「近程目標」。

　　劉淵於是藉「史緣戰略」以懷人望，結合民間猶存之「漢有天下世長，恩德結於人心」氛圍，效法「昭烈崎嶇於一州之地，而能抗衡天下」經驗，〔註6〕

〔註 4〕谷川道雄，《隋唐帝國形成史論》，頁 26～29。
〔註 5〕《晉書》卷一百一〈劉元海載記〉，頁 2647～2649。
〔註 6〕《晉書》卷一百一〈劉元海載記〉，頁 2649。

兼用冒頓單于與漢朝的和親關係，及匈奴「兄終弟及」傳統，以漢室的繼承者自詡。〔註7〕儘管爭取到「遠人歸附者數萬」，或曰有迫於生存需要而追隨劉淵起事之可能，卻也說明此號召確能爭取到不少人響應。

惟當此目標確立後不久，劉淵因受挫於劉琨，無法向北方的晉陽發展，只能固守并州南部諸郡。〔註8〕這時，他接受侍中劉殷、王育「誠能命將四出，決機一擲，梟劉琨，定河東，建帝號，鼓行而南，克長安而都之，以關中之眾席卷洛陽」之進諫，將作戰線一分為二：一為向南發展，由劉淵及其宗室率前述之「核心武力」進行太行山以西的主作戰；另由剛剛降附的石勒、王彌、劉靈等將，率「非核心武力」展開太行山以東的支作戰。這種將作戰軸線區分主、支的方式，在古今戰史上極為常見，但需在統一的指揮下，方可將主、支力量發揮到極致。

然比較《晉書‧劉元海載記》對主支作戰的記載，卻發現這兩方面的作戰有著極大反差：主作戰方面僅見純軍事的攻殺經過，未見戰後有任何安撫或政戰措施，〔註9〕諸如「縱兵大掠，悉收宮人、珍寶。……害諸王公及百官已下三萬餘人，於洛水北築為京觀」等記載，〔註10〕說明以劉淵、劉聰宗室為主的「核心武力」顯然只有破壞而少有建設。但在「非核心武力」的石勒方面，卻是在作戰勝利之餘，使「老弱安堵如故，軍無私掠，百姓懷之」，且將

〔註7〕雷家驥師認為劉淵提出此戰略，或許與東嬴公馬騰及并州刺史劉琨當時皆聯盟拓跋鮮卑制壓其北境，致無法北返塞北，不得不放棄劉宣的提議有關。但以劉淵長年住在中原，且綜覽史、漢、諸子，即使曾學武事，卻也頗受年輕時觀書傳影響。既處於此種環境，自然不大可能會對完全漢生的塞外生活抱持期待，所以筆者認為劉淵的「上可成漢高之業，下不失為魏氏」，實乃淵長年接受漢文化影響的結果。參閱雷家驥，〈漢趙國策及其一國兩制下的單于體制〉，頁 58；《晉書》卷一百一〈劉元海載記〉，頁 2645～2646。

〔註8〕周偉州，《漢趙國史》，頁 58。

〔註9〕按《晉書‧劉元海載記》「命其子聰與王彌進寇洛陽」、「聰恃連勝，不設備」、「遣聰、彌與劉曜、劉景等率精騎五萬寇洛陽」，及《晉書‧劉聰載記》「署其衛尉呼延晏為使持節……配禁兵二萬七千，自宜陽入洛川，……彌等未至，晏留輜重于張方故壘，遂寇洛陽，攻陷平昌門，焚東陽、宣陽諸門及諸府寺。……掠王公已下子女二百餘人而去。……時城內饑甚，人皆相食，……」等記載，僅見劉淵等所率之核心武力致力於軍事攻伐，毫無任何安撫百姓之類的記載，這或許與匈奴過去常藉掠奪等輔助性生業獲得生活所需，目的達到即揚長而去有關；但以劉淵及其諸子皆深受漢文化影響，似也凸顯其無遠見與殘忍好殺習性。參閱《晉書》卷一百一〈劉元海載記〉，頁 2651；《晉書》卷一百二〈劉聰載記〉，頁 2658～2659。

〔註10〕《晉書》卷一百二〈劉聰載記〉，頁 2659。

「衣冠人物集為君子營」。〔註11〕當時中原漢族士庶最企盼的，不過就是衣食無缺、人盡其才之安定生活而已，石勒既由此著手，等於切合人民最基本的需求，故實力得以不斷增強，致有超越「核心武力」之勢。

因此，當劉聰攻陷洛陽之後，未採納征東大將軍王彌「洛陽天下之中，山河四險之固，城池宮室無假營造，可徙平陽都之」的建議，顯然不顧劉淵訂下的最終目標，以據有平陽、河東、洛陽等地，止於「下不失為魏氏」之近程目標為滿足。無怪乎王彌隨即發出「屠各子，豈有帝王之意乎！汝奈天下何！」之嘆。〔註12〕比較其核心與非核心武力的作為，可看出早在劉淵時期將戰區一分為二，放任其各自發展，已為此種自我限縮留下伏筆，劉聰只不過是因循其舊。對此，呂思勉評以：「自來創業之主，必能躬擐甲冑，四征不庭，獨胡劉則不然。當淵之世，即蟄居河東，不能一出。其時傾覆晉室者，實王彌、石勒等為之」，〔註13〕更說明這種目標限縮，事實上已為漢趙埋下自我分裂的種子，且在太行山東西，出現一消一長形勢。

這種形勢，恰予以石勒為主的「非核心武力」坐大的機會，形成日後與漢趙朝廷相抗局面。〔註14〕特別是劉淵子劉和「內多猜忌，馭下無恩」，繼位不久即因內爭遭弟劉聰篡弒；〔註15〕劉聰繼位後又是廣納後宮、殘暴好殺且「游獵無度」。在上位者的腐敗不僅成為後來靳準之難與前、後趙分裂的張本，〔註16〕更讓「上可成漢高之業」變得遙不可及，甚至危及「下不失為魏氏」之施展空間，使漢趙無以自存。

所以當靳準之難爆發後，劉曜只能以極有限的力量，於關中重建政權。當時的華北地區由「非核心武力」所撐起的大帝國假象已經破滅，再度陷入分裂割據局面：以劉曜所在的關中地區為中心，向東直到河北要域及關中以

〔註11〕《晉書》卷一百四〈石勒載記〉，頁2710。
〔註12〕《晉書》卷一百〈王彌列傳〉，頁2611。
〔註13〕呂思勉，《兩晉南北朝史》（長春：吉林大學出版社，2018年8月），頁113。
〔註14〕從319年，石勒知悉其左長史王脩於獻捷劉曜，反遭殺害後，遂下令：「孤兄弟之奉劉家，人臣之道過矣，若微孤兄弟，豈能南面稱朕哉！根基既立，便欲相圖。……帝王之起，復何常邪！趙王、趙帝，孤自取之，名號大小，豈其所節邪」，說明石勒深知漢趙之有天下，實乃其與「孤兄弟」所構成的非核心武力所為；而「趙王、趙帝，孤自取之，名號大小，豈其所節邪」，更是凸顯石勒的實力，早就非漢趙所能遏制了。參閱《晉書》卷一百四〈石勒載記〉，頁2728～2729。
〔註15〕《晉書》卷一百一〈劉元海載記·和附傳〉，頁2652～2653。
〔註16〕《晉書》卷一百二〈劉聰載記〉，頁2660～2666。

北的朔方地區皆屬石勒的後趙政權，今山東一帶則是曹嶷的勢力範圍。四週
則有位在淮水以南的東晉、今四川一帶的成漢與仇池、今甘肅河西地區的前
涼，以及在秦州自稱晉王的司馬保勢力，〔註17〕形勢如圖21示意。這時的劉
曜，等於是陷入四面楚歌的不利境地，他不能再重蹈劉聰、劉粲的覆轍，只
能以帶入關中的有限力量延續漢趙國祚。這時，他除在關中推行「下不失為
魏氏」之戰略目標外，別無他途。

圖21. 靳準之難後，漢趙周邊形勢示意圖

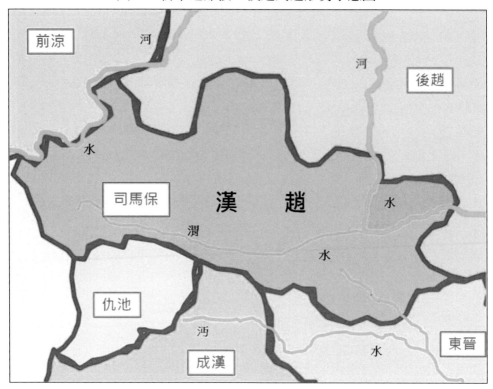

資料來源：筆者參考下列資料自繪：
　　　　1. 周偉州，《漢趙國史》，頁111～112。
　　　　2. 譚其驤，《中國歷史地圖集（第四冊）》，頁7～8。

　　劉曜於是下令「除宗廟，改國號，復以大單于為太祖」，「以水行承晉金
行，國號曰趙」，及「以冒頓配天，（劉）淵配上帝」。〔註18〕引用中國政權交
替理論宣告晉朝滅亡，將國家政策從祧漢變為繼晉。此外，他鑒於劉聰在位

〔註17〕周偉州，《漢趙國史》，頁111～112。
〔註18〕《十六國春秋輯補》卷六〈前趙錄六〉，頁45。

時的種種失當，特別下書要求「自今政法有不便於時，不利社稷者，其詣闕極言，勿有所諱」，〔註19〕表現出開明的一面。不過在他設立太學、小學，置國子祭酒、崇文祭酒等凸顯對漢文化的接受時，也推動匈奴民族主義，將前趙定性為匈奴政權，〔註20〕有團結境內匈奴人一致對外的意涵。

　　從319年起，劉曜致力於穩定關中地區，擊滅司馬保勢力、平定境內巴、氐、羌等族的反叛，置重心於穩定漢趙西部，作為他貫徹「下不失為魏氏」之近程目標的第一步。至323年，向西已推進至今甘肅蘭州黃河一帶，可謂其極盛時期。〔註21〕然與此同時，後趙也鞏固了其東部疆域，開始將注意力轉向西方的漢趙，兩趙由是展開中原要域的爭奪，並發展成攸關存亡的戰爭。325年爆發的洛陽大戰，即揭開兩趙爭霸序幕。對劉曜而言，本戰亦是其戰略目標朝「上可成漢高之業」轉變的標誌，雖說這種轉變源於後趙進犯關中，屬被動性質，卻也讓漢趙的擴張軸線此後一直指向後趙。換言之，若劉曜併滅後趙，將成為華北地區霸主，這會是他遂行「上可成漢高之業」的重大成就。雖然劉曜最後兵敗身死，國家不旋踵即亡於後趙，但不該只以成敗論英雄，需就整個方面再予審視。從史臣對曜評以「承基醜類，或有可稱」，講得比較抽象，至少還有可稱許之處，再比較其對劉淵與劉聰分別評以「至於不遠儒風，虛襟正直，則昔賢所謂并仁義而盜之者焉」，及「是以災氣呈形，賊臣苞亂，政荒民散，可以危亡」，〔註22〕顯然對曜的評價高於淵、聰父子，或許可將此視為對曜貫徹戰略目標，始終如一的肯定。

　　在意志方面：劉曜從靳準之難的荒亂中，於關中重建漢趙，雖不得不將戰略目標轉為「下不失為魏氏」，然內心仍有朝「上可成漢高之業」轉變的企圖。這時，追隨劉曜重建漢趙者，多來自平陽，他們多有同屬一個群體，且榮辱與共的自覺。也因此，「上可成漢高之業」較容易被劉曜用來發展成同來關中之漢國軍民的共同目標。此可見於劉曜「命起酆明觀，立西宮，建陵霄臺於滈池，又將於霸陵西南營壽陵」時，侍中喬豫、和苞上疏進諫及劉曜的處置：〔註23〕

〔註19〕《晉書》卷一百三〈劉曜載記〉，頁2689。
〔註20〕雷家驥，〈漢趙國策及其一國兩制下的單于體制〉，頁66；三崎良章，《五胡十六国──中国史上の民族大移動》，頁60～61。
〔註21〕周偉州，《漢趙國史》，頁126。
〔註22〕《晉書》卷一百三〈劉曜載記〉，頁2702～2703，史臣曰。
〔註23〕《晉書》卷一百三〈劉曜載記〉，頁2688～2689。

侍中喬豫、和苞上疏諫曰：「……奉詔書將營酆明觀，市道芻蕘咸以
非之，曰一觀之功可以平涼州矣。又奉敕旨復欲擬阿房而建西宮，
模瓊臺而起陵霄，此則費萬酆明，功億前役也。以此功費，亦可以
吞吳蜀，翦齊魏矣。陛下何為於中興之日而蹤亡國之事！」曜大悅，
下書曰：「二侍中懇懇有古人之風烈矣，可謂社稷之臣也。非二君，
朕安聞此言乎！……今敕悉停壽陵制度，……」省酆水囿以與貧戶。

　　喬豫可能出於并州喬氏，屬匈奴屠各種，〔註24〕和苞雖族屬不明，但兩
人應該都是追隨劉曜在關中重建漢趙的官僚。既有同舟一命的共識，皆知興
邦強國乃當前急務，故上疏進諫「平涼州」及「吞吳蜀，翦齊魏」的重要性遠
高於興建酆明觀、西宮、陵霄臺與壽陵諸事。從曜欣然接受，且下令「省酆水
囿以與貧戶」來看，顯見「平涼州」、「吞吳蜀，翦齊魏」確為劉曜及其核心官
僚所宗。

　　推動此目標對劉曜順利擊敗司馬保，及平定秦隴氐、羌，當有相當助益。
不過，這對其他新降附的關中部眾來說，未必有足夠的號召力。特別當這些
部落有不少是遭漢趙掠遷而來，心態上本已存有反抗心態，生活安定才是他們
最期盼的；其對漢趙政權的效忠程度，也就可想而知了。因此當 323 年八月，
劉曜率戎卒二十八萬五千遠征前涼時，前涼參軍陳珍即以「曜兵雖多，精卒至
少，大抵皆氐、羌烏合之眾，恩信未恰」，〔註25〕向前涼主張茂說明漢趙內情。
當中的「恩信未恰」四字，道盡了漢趙深陷意志分歧與叛服不定之窘境。

　　漢趙內部對國家推動戰略既有兩種截然不同的態度，必然會影響其意志
集中與有形國力運用；尤其當最可靠的核心武力已皆疲老，所能倚賴者將以
上述新降附的關中氐羌諸族為主。325 年五月，漢趙中山王劉岳率軍攻石生於
洛陽，為石虎援軍所敗，「曜親率軍援岳」，竟「夜無故大驚，軍中潰散，乃退
如澠池。夜中又驚，士卒奔潰，遂歸長安。季龍執劉岳及其將王騰等八十餘
人，并氐羌三千餘人，送于襄國，坑士卒一萬六千」，〔註26〕即說明以新降附
諸族所組成的軍隊，因意志分歧、士氣低落，致影響作戰成敗。

　　此役不僅改變兩趙在圖 11 示意之三川河谷對峙態勢，也重創漢趙的精
銳，不得不更加仰賴關中胡、羯、鮮卑、氐、羌諸族提供兵力。尤有甚者，

〔註24〕姚薇元，《北朝胡姓考》，頁 300。
〔註25〕《通鑑》卷九十二〈晉紀十四〉明帝太寧元年八月條，頁 2965。
〔註26〕《晉書》卷一百三〈劉曜載記〉，頁 2697～2698。

當戰事接連失利之時，也使劉曜變得驕躁易怒。〔註27〕328 年，兩趙於金墉決戰，「曜盡中外精銳水陸赴之」，但「曜不撫士眾，專與嬖臣飲博，左右或諫，曜怒，以為妖言，斬之」，兩軍交戰時，漢趙軍「大潰。曜昏醉奔退，馬陷石渠，墜于冰上，被瘡十餘，通中者三，為堪所執，送于勒所」。〔註28〕按劉曜既盡中外精銳赴戰，其「墜于冰上」，身旁既無兵將捨身保護，以致兵敗身死，漢趙軍士氣顯然已相當低落；若再將此現象放大到整個漢趙，其整體的衰頹程度也就可想而知了。

二、稱王建霸止於半途的後趙

304 年，石勒為謀生存，與汲桑「結壯士為羣盜」，之後在 307 年投奔漢趙，成為其「非核心武力」的一部，在太行山以東發展。儘管如劉琨所謂「席卷兗豫，飲馬江淮，折衝漢沔」，卻「攻城而不有其人，略地而不有其土，翕爾雲合，忽復星散」，〔註29〕無明確的據地稱雄企圖。然受劉淵、劉聰將「上可成漢高之業」目標的自我限縮影響，給予石勒發展實力的機會，逐漸在漢趙非核心武力之中崛起。

312 年二月，石勒「於葛陂繕室宇，課農造舟，將寇建鄴。會霖雨歷三月不止，元帝使諸將率江南之眾大集壽春，勒軍中飢疫死者太半」，遂在顧問張賓「鄴有三臺之固，西接平陽，四塞山河，有喉衿之勢，宜北徙據」的建議下，〔註30〕轉往河北發展。

從張賓同時提出「河朔既定，莫有處將軍之右者」之分析來看，〔註31〕他顯已洞悉劉聰將戰略目標自我限縮，乃石勒發展實力的良機。於是，他進一步提出「邯鄲、襄國，趙之舊都，依山憑險，形勝之國，可擇此二邑而都之，然後命將四出，授以奇略，推亡固存，兼弱攻昧，則羣凶可除，王業可圖矣」之建議，〔註32〕為石勒定下三階段戰略目標：

第一階段：於邯鄲或襄國擇一都之。

〔註27〕何寧生，〈十六國時期前趙的法制〉，《西北大學學報（哲學社會科學版）》，第36 卷第 3 期（2006 年 5 月），頁 72。

〔註28〕《晉書》卷一百三〈劉曜載記〉，頁 2700。

〔註29〕《晉書》卷一百四〈石勒載記〉，頁 2715。

〔註30〕《晉書》卷一百四〈石勒載記〉，頁 2716。

〔註31〕《晉書》卷一百四〈石勒載記〉，頁 2716。

〔註32〕《晉書》卷一百四〈石勒載記〉，頁 2717。

第二階段：命將四出，授以奇略，推亡固存，兼弱攻昧。

第三階段：消滅羣凶，建立王業。

第一階段係於邯鄲或襄國，擇一建立基地；完成後便進入第二階段，利用各大小勢力林立，無強大對手的機會，以「奇略」逐一滅之；當成功消滅羣凶後，即進入成就霸業之第三階段。儘管石勒當時仍是漢趙的一員，但他既認同張賓「得地者昌，失地者亡」的觀點，顯然早有建國自立的構想。〔註33〕從 312 至 319 年才短短七年，他即掌控二十四個郡，就是上述戰略目標的貫徹，之後發展成兩趙爭霸格局亦與此有關。

若以成為華北地區霸主視同王業的建立，石勒在 319 年建立後趙，可說即將達成第二階段戰略目標。這段期間，他擊滅、吞併今河北、山東、河南之各方勢力，將統治區域擴展到淮河以北，也下達「赦殊死已下，均百姓田租之半，賜孝悌力田死義之孤帛各有差」、「建社稷，立宗廟，營東西宮」、「遣使巡行州郡，勸課農桑」、「始制軒懸之樂，八佾之舞，為金根大輅，黃屋左纛，天子車旗，禮樂備矣」及「清定五品，以張賓領選。復續定九品。……令羣僚及州郡歲各舉秀才、至孝、廉清、賢良、直言、武勇之士各一人。置署都部從事各一部一州，秩二千石，職準丞相司直」等多道詔令，〔註34〕其實就是在執行第二階段中的「推亡固存」工作，以完備一個國家應有的各項施政。迄 325 年兩趙爭霸進入白熱化，代表第二階段已經完成。此時，後趙挾優勢的有形國力，與漢趙決戰於中原要域，直到 329 年併滅漢趙，始完成第三階段戰略目標。

儘管張賓提出「建立王業」之三階段目標時，並沒有明確將東晉列為「羣凶」之一，他或許與王猛一樣，對晉室皆懷有情感。〔註35〕但從石勒死前與

〔註33〕雷家驥，〈後趙文化適應及其兩制統治〉，頁 200。

〔註34〕《晉書》卷一百五〈石勒載記·弘附傳〉，頁 2735～2737。

〔註35〕從王猛死前向苻堅提出「晉雖僻陋吳越，乃正朔相承。親仁善鄰，國之寶也。臣沒之後，願不以晉為圖。鮮卑、羌虜，我之仇也，終為人患，宜漸除之，以便社稷」之建議來看，儘管是針對當時的族群危機，建議苻堅應優先處理。若猛對東晉毫無情感，希望前秦能予併滅，他大可建議苻堅將此列為爾後目標，而不是請求苻堅完全放棄有關圖謀東晉的想法。這與張賓建議石勒調轉作戰線至華北，且只提「消滅羣凶，建立王業」，藉以模糊焦點的作法，似有異曲同工之妙。畢竟以晉室初遷建康之時的處境，遠較華北地區危殆，既有內部尚待安撫，軍力亦難匹敵胡夷部落兵，顯然是較王浚等軍閥容易剷滅的對象。張賓指引石勒轉攻華北諸軍閥，或許有暗助東晉渡過難關的可能。參閱《晉書》卷一百十四〈苻堅載記·王猛附傳〉，頁 2933。

中書令徐光的對話中，卻可看出石勒其實對劉淵「上可成漢高之業」的戰略目標存有期待：〔註36〕

> （徐）光復承間言於勒曰：「陛下廓平八州，帝有海內，而神色不悅者何也？」勒曰：「吳蜀未平，書軌不一，司馬家猶不絕於丹陽，恐後之人將以吾為不應符籙。每一思之，不覺見於神色。」

顯然，石勒希望能併滅東晉，成為他期望的天下共主。〔註37〕不過直到死前，他仍未達成這項目標。之後的石虎儘管被史臣評為「戎狄殘獷，斯為甚乎」，〔註38〕論者往往只注意他私生活糜爛與殘暴的一面；但就其先後對遼西段部鮮卑、前燕、前涼用武，且準備入侵東晉等作為來看，倒是延續了石勒真正期望的「消滅羣凶，建立王業」目標。只不過，他進行得太過急促，也幾乎在同一時間展開太多行動。

比較圖22所示之石勒與石虎時期的對外用兵，可看出後趙在石勒時期的用武，概略沿著「先東後西」，方向大致固定的擴張軸線發展：即在十四次的用兵中，除第十次外，第一到第十一次用武均屬強化實力或擴大地域性質，或者是將目標指向威脅較小的對手，第十二到第十四次才是與漢趙的決勝階段；但到了石虎時期卻是方向不一的多重目標併立，幾乎在同一時間，對段部鮮卑、前燕、東晉、仇池、前涼用武，範圍涵蓋遼西、涼州、華東、華中。他並非如石勒先輩固東邊側翼再與漢趙決戰，而是未在一目標取得決定性戰果前，即又調轉至另一目標，幾乎各次行動都投入龐大的兵、物力，明顯違背戰略上應遵守之「力量的合理應用（The Rational Application of Force）」原則。〔註39〕因此，後趙爆發「眾役煩興，軍旅不

〔註36〕《晉書》卷一百五〈石勒載記・弘附傳〉，頁2753。

〔註37〕按《晉書・石勒載記》載：「勒雅好文學，雖在軍旅，常令儒生讀史書而聽之，每以其意論古帝王善惡，朝賢儒士聽者莫不歸美焉。嘗使人讀漢書，聞酈食其勸立六國後，大驚曰：『此法當失，何得遂成天下！』至留侯諫，乃曰：『賴有此耳。』」。勒顯然受中國傳統典籍所揭櫫的大一統觀點影響，既能歸美朝賢儒士所論之古帝王善惡，自然會產生心嚮往之的渴望，尤其當他併滅漢趙，成為與東晉對峙的最強勢力時，這種心理極可能會推動他繼續向南發展，進而統一全天下的企圖。參閱《晉書》卷一百五〈石勒載記〉，頁2741。

〔註38〕《晉書》卷一百七〈石季龍載記〉，頁2798，史臣曰。

〔註39〕薄富爾（Andre Beaufre）認為在執行戰略時，必須遵守「力量的合理應用」原則：即在一定實力下，選擇行動路線時，必須設法使此種力量能夠產生最大效果；欲產生最大效果，則須將主力集中指向敵方最強之點。不過，

息，加以久旱穀貴，金一斤直米二斗，百姓嗷然無生賴矣」之種種弊害，皆與此有關。

尤有甚者，當他下令「使令長率丁壯隨山澤采橡捕魚以濟老弱，而復為權豪所奪，人無所得焉。又料殷富之家，配饑人以食之，公卿已下出穀以助振給，姦吏因之侵割無已，雖有貸贍之名而無其實」，〔註40〕造成國力不堪負荷，而官吏的貪腐又把種種補救措施破壞殆盡，反倒造成更多弊害。

於是到了石虎晚年，諸子相殺、繼承人的接連更替與東宮謫卒之亂，使他根本無力繼續對外用兵。而石世、石遵、石鑒、石（冉）閔的先後篡弒，及與石祇的相攻，更是耗盡行將枯竭的國力，加快後趙的滅亡。

圖 22. 後趙於石勒及石虎時期之對外用武概況

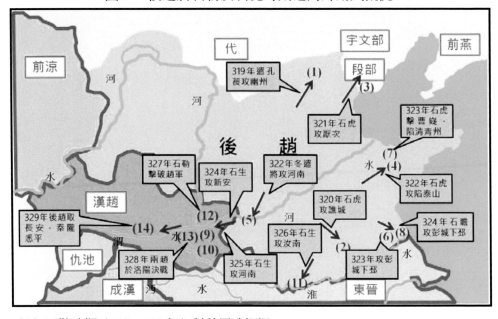

（1）石勒時期（319～333 年）對外用武概況

筆者認為集中主力不一定只有敵方最強之點這個選項，打擊敵人弱點也可能會取得更佳效果，應權衡全般形勢方可決定，不可拘泥一格。但無論如何，力量的集中絕對是克敵致勝的重要原則，李德哈特甚至稱「幾乎所有的戰爭原則，都可以化約成一個名詞，那就是『集中』」，其對「集中」的重視由此可見。參閱〔法〕薄富爾（Andre Beaufre）著，鈕先鍾譯，《戰略緒論》（臺北：麥田出版，1996 年 9 月），頁 56；李德哈特，《戰略論：間接路線》，頁 421。

〔註40〕《晉書》卷一百六〈石季龍載記〉，頁 2764。

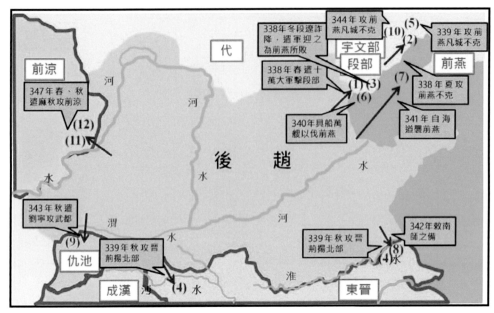

（2）石虎時期（333～349年）對外用武概況

資料來源：筆者參考下列資料自繪：
1. 〔清〕龔士炯，《增補歷代紀事年表》卷四十一（臺北：華國出版社，民國48年4月），頁8～57。
2. 《增補歷代紀事年表》卷四十二，頁2～6。
3. 譚其驤，《中國歷史地圖集（第四冊）》，頁7～8。
4. 牟發松等，《中國行政區劃通史：十六國北朝卷》，頁78。

　　石虎儘管犯了上述戰略錯誤，但基本還是走在「消滅羣凶，建立王業」之大方向上，但最後為何僅止於華北地區霸主，而非石勒內心真正希望的統一全天下目標？筆者認為問題的關鍵還是在於石虎將有限國力作無限度的消耗，再加上內部種種問題的催化，反倒使戰略目標無法貫徹，最後成為遙不可及的夢想。

　　在意志方面：石勒的祖先係「匈奴別部羌渠之冑」，〔註41〕源於西域的石國，曾以康居為宗主國。因康居曾向匈奴稱臣或同盟，故匈奴有羌渠別部。〔註42〕既屬別部，與匈奴統治核心的關係必然疏遠，受包括冒頓之英雄崇拜在內的匈奴集體記憶影響亦當較弱，甚至未有同屬一族的認同。這或許與劉淵起事時，石勒未立即響應，反而去追隨屬漢人的公師藩起事有關。〔註43〕

〔註41〕《晉書》卷一百四〈石勒載記〉，頁2707。
〔註42〕雷家驥，〈後趙文化適應及其兩制統治〉，頁182。
〔註43〕《晉書》卷一百四〈石勒載記〉，頁2709。

也因此，石勒、石虎既有能力先後成為後趙君主，卻在即位後皆捨皇帝位號不用，只分別稱趙王與大趙天王。石勒直到 330 年，才在稱「趙天王‧行皇帝事」後不久，在「羣臣固請」下，〔註44〕即皇帝位，斯時距其死亡，僅三年時間；石虎更是到了 349 年正月才即皇帝位，距死亡時間更短，僅三個月。〔註45〕兩人或皆有種族自卑意識，才會如此地長期自貶。〔註46〕對同屬匈奴的認同度不夠，可能也是他未如劉曜於關中重新建國的同時，即承接劉淵留下來的「上可成漢高之業」遺願一般；而是早在接受張賓「王業可圖」之建議時，就準備走向爭霸之路，說明羯人與匈奴對族源的認同不盡相同。

此外，就「組織行為學」而言，有自卑意識者，通常較高度自尊的人，更難面對失敗；〔註47〕一旦克服種種挑戰，抑鬱之氣，乃得伸展吐揚。〔註48〕石勒與石虎或許也受到此種心理因素影響，當面對強敵時，皆表現出頑強的一面，藉以超敵勝敵。

於是當石勒建立後趙時，他將國內人口一分為二，「號胡為國人」，把最可信賴的匈奴與羯人稱為「國人」，並以「中壘支雄、遊擊王陽並領門臣祭酒，專明胡人辭訟，以張離、張良、劉羣、劉謨等為門生主書，司典胡人出內，重其禁法」，〔註49〕維護胡人利益。但對其他非胡人民雖「制法令甚嚴，諱胡尤峻」，卻也下令「不得侮易衣冠華族」。顯然有顧及境內以趙人（漢人）佔極大多數的現況，偏重漢式中央和地方制度運作、軍隊建制漢制化，且推行漢文化教育、重農及整理戶口租賦等重大政策。〔註50〕較劉聰推行「嘉平體制」，採胡漢兩制對等設計的模式，石羯的作法似更面面俱到，應該也與石勒不願接受失敗的心理因素有關。

因此在兩趙爭霸時，石勒一方面籠絡國人，給予特殊待遇，以提振士氣，但對趙人等胡羯以外的族群，則在充分利用其價值的同時，還以嚴刑峻法約

〔註44〕《晉書》卷一百五〈石勒載記〉，頁 2746。
〔註45〕按《通鑑》記載，石虎於穆帝永和五年正月即皇帝位，同年四月病卒，期間僅三個月。參閱《通鑑》卷九十八〈晉紀二十〉穆帝永和五年正、四月條，頁 3135，3139。
〔註46〕雷家驥，〈後趙文化適應及其兩制統治〉，頁 215。
〔註47〕余朝權，《組織行為學》（臺北：五南出版，2003 年 7 月），頁 47。
〔註48〕雷家驥，〈論暴君性格──自信之暴與自卑之暴〉，《鵝湖》，第 6 卷第 3 期（1980 年 9 月），頁 33。
〔註49〕《晉書》卷一百五〈石勒載記〉，頁 2735。
〔註50〕雷家驥，〈後趙文化適應及其兩制統治〉，頁 226。

束。只不過當石勒在位時期，因有先前種種建設、恢復的成果支撐，故能維持士氣在一定程度，並表現在意志的集中上，對併滅漢趙發揮一定效果。但到了石虎時期，則因連番征戰、內政腐敗與治安惡化，逐漸陷入紛亂。而為加強內部管控，又於 346 年「立私論之條，偶語之律，聽吏告其君，奴告其主，威刑日濫，公卿已下，朝會以目，吉凶之問，自此而絕」；〔註51〕尤其當冉閔掌權後，以「胡之不為己用」，下令內外趙人大肆殺胡，把早已存在的族群鴻溝大加撕裂，整體意志可謂陷入崩解狀態。

350 年二月，前燕兵分三路伐趙，最前線的「趙征東將軍鄧恆惶怖，焚倉庫，棄安樂遁去」，之後雖「與幽州刺史王午共保薊」。但到了次月，即因燕軍攻勢，而又「走保魯口」，抗敵意志顯已蕩然無存。另方面，前燕也利用此機會對後趙境內，以地緣、血緣關係發揮政治作戰效果，《通鑑》將此經過記載如下：〔註52〕

> 渤海人逢約因趙亂，擁眾數千家，附於魏，魏以約為渤海太守。故太守劉準，隗之兄子也；土豪封放，奕之從弟也；別聚眾自守。閔以為幽州刺史，與約中分渤海。燕王儁使封奕討約，使昌黎太守高開討準、放。……奕引兵直抵約壘，……說之曰：「……燕王奕世載德，奉義討亂，所征無敵。今已都薊，南臨趙、魏，遠近之民，襁負歸之。民厭荼毒，咸思有道。冉閔之亡，匪朝伊夕，成敗之形，昭然易見。……」約聞之，悵然不言。奕給使張安，……因挾之而馳。……高開至渤海，準、放迎降。

據小林聰的考證：封奕、高開均出身渤海，為早年追隨慕容氏的士人，當時奉命對逢約、封放、劉準勸降。奕、開之所以成功，乃藉其地緣、血緣關係所致。〔註53〕儘管小林氏已點出前燕政治作戰的特質，然若無後趙、冉魏當時情勢的推波助瀾，這項行動恐怕也不易成功。不過從逢約、高開、劉準、封放四人之中，有三人主動，一人被動投降來看，亦可說明當時後趙、冉魏的內部意志已大幅向前燕傾斜了。

〔註51〕《晉書》卷一百六〈石季龍載記〉，頁 2778。
〔註52〕《通鑑》卷九十九〈晉紀二十一〉穆帝永和七年四月條，頁 3167～3168。
〔註53〕〔日〕小林聰，〈慕容政權の支配構造の特質〉，《九州大学東洋史論集》16 期（1988 年），頁 46。

三、以復大禹之業為中心的夏國

　　407 年，赫連勃勃以配自後秦的「三交五部鮮卑及雜虜二萬餘落」，概約十萬人之力，反抗有三百萬人口的後秦，雙方實力之懸殊由此可見。然而，後秦受困於夏國的長期運動戰，國力漸衰，引來東晉劉裕率軍滅之。〔註54〕此後，勃勃利用東晉留守關中之劉義真部爆發內鬥的機會，又從中奪下關中，成為夏、後秦、東晉三方角力的最後勝利者。夏國成功地以小搏大，與他所制定的戰略及執行密切相關。

　　在第三章曾提到赫連勃勃採「雲騎風馳，出其不意；救前則擊其後，救後則擊其前，使彼疲于奔命，我則游食自若」的運動戰方針，從中取得不對稱優勢，達到「彼消我長」結果。這是針對野戰用兵層次所下達的戰略指導，屬軍事戰略範疇。不過這段話接下來的「不及十年，嶺北、河東盡我有也。待姚興死後，徐取長安」，〔註55〕則是夏國的戰略目標：即在進行運動戰的同時，使後秦將寶貴力量虛擲於無意義方面，自己則掌握主動，不斷增強實力，待有利時機來臨，一舉奪下關中要域。

　　然上述戰略目標僅設定在奪取嶺北、河東、長安等地，並無發展成華北地區霸主的意涵。不過，從《晉書・赫連勃勃載記》有關 411 年，後秦鎮北參軍王買德來奔，與勃勃對話的內容來看，或可洞悉其欲達成的最終目標：〔註56〕

　　　　勃勃謂買德曰：「朕大禹之後，……中世不競，受制于人。逮朕不肖，不能紹隆先構，國破家亡，流離漂虜。今將應運而興，復大禹之業，卿以為何如？」買德曰：「自皇晉失統，神器南移，羣雄岳峙，人懷問鼎，……今秦政雖衰，藩鎮猶固，深願蓄力待時，詳而後舉。」勃勃善之，拜軍師中郎將。

　　上述「復大禹之業」，應該就是赫連勃勃的最終目標。然「大禹之業」究係為何？筆者認為，《史記・夏本紀》所載「禹……以開九州，通九道，陂九澤，度九山。……乃行相地宜所有以貢，及山川之便利。……於是九州攸同，四奧既居，九山栞旅，九川滌原，九澤既陂，四海會同」，〔註57〕說明大禹所

〔註54〕徐冲撰，〔日〕板橋曉子訳，〈赫連勃勃──「五胡十六国」史への省察を起点として〉，〔日〕窪添慶文編，《魏晋南北朝史のいま》（東京：勉誠出版，2017 年 8 月），頁 34。

〔註55〕《晉書》卷一百三十〈赫連勃勃載記〉，頁 3203。

〔註56〕《晉書》卷一百三十〈赫連勃勃載記〉，頁 3205。

〔註57〕《史記》卷二〈夏本紀〉，頁 51、75。

為，旨在藉九州間之往來順暢，從而打破彼此的隔閡，朝一個「九州攸同」的統一大國發展。以 411 年，夏國已在夏秦爭霸取得一定成果來看，他已具備「復大禹之業」之一定實力。不過就中國自遠古以來，從萬國併存，一直到秦漢建立大一統中央集權王朝的歷程來看，夏朝當時實際僅發展至近乎邦聯的封建制型態；〔註 58〕上引《史記·夏本紀》對大禹的記載，應當就是建設一個結構鬆散，以保持各部連繫為滿足的邦聯制王國。因此，赫連勃勃的「復大禹之業」，雖與劉淵的「上可成漢高之業」及石勒的「消滅羣凶，建立王業」一樣，都致力於統一全天下，但勃勃與劉、石二人的目標並不全然相同，〔註 59〕因為劉淵與石勒追求的都是一個中央集權王國。

　　而王買德建議的「蓄力待時，詳而後舉」，則是基於後秦國力尚強，夏國仍未取得絕對優勢，需以積蓄國力為要；但當中的「待時」、「後舉」似乎有等待有利形勢，續向更深遠目標發展的意涵。說明勃勃欲貫徹「復大禹之業」目標，關鍵仍在力量的積累。

　　對此，儘管史籍記載相當貧乏，但仍可從中找出一些赫連勃勃強化有、無形力量的蛛絲馬跡：在無形力量方面，他調整了先前不專一城的運動戰策

〔註 58〕雷家驥，〈略論中國分合的窾白〉，《歷史月刊》，第 5 期（民國 77 年 6 月），頁 46。雷師雖說夏朝是一結構鬆散的邦聯式型態，但對夏朝究竟是否已形成一個國家？持懷疑態度者仍舊不少。據 1959 年以來，陸續發掘自偃師二里頭之「夏墟」遺址顯示，當時已有大、小夯土宮殿建築基礎數十座，面積甚至有達到 4000 平方公尺者，各基礎之間還設有排水管道。因此，方酉生就出土史料規模所見，認為夏朝當可視為一個國家。參閱方酉生，〈論二里頭遺址的文化性質——兼論夏代國家的形成〉，《華夏考古》，1994 年第 1 期（1994 年 1 月），頁 64。

〔註 59〕要凸顯赫連勃勃與劉、石二人對統一天下所存在的差異，還可以 419 年，統萬城完工時，勃勃「名其南門曰朝宋門，東門曰招魏門，西門曰服涼門，北門曰平朔門」之意涵予以分析。雖然三崎良章已將其進一步釋義為「南方的宋國能來朝貢，使東方的北魏能夠服從，西方的北涼能夠服屬，北方的柔然能予征服」，但就勃勃所欲建立的政體性質而言，三崎氏的說法仍略嫌不足。蓋這四座城門名稱的第一個字，除「北門曰平朔門」的「平」，有明確的平定、征服之義，其他三座城門開頭第一個字皆較不具武攻意涵的動詞：「朝」有朝貢之義、「招」有招撫之義、「服」有臣服、服從之義，似有和南朝宋（當時仍為東晉，但劉裕已封宋王，掌大權）、北魏、北涼建較鬆散之臣屬關係的期望。這種期望，與石勒的「消滅羣凶」差距極大，也與劉淵期待的「漢高之業」不同，或可說明赫連勃勃當時期望建立的是一個結構較鬆散的邦聯制王國，故稱其目標為「復大禹之業」。參閱《晉書》卷一百三十〈赫連勃勃載記〉，頁 3213；三崎良章，《五胡十六国——中国史上の民族大移動》，頁 126。

略，於 413 年興建統萬城，準備作為國都。〔註60〕筆者認為這與心理層面的力量積累有關，包括樹立勃勃個人的威權。〔註61〕此或可由 319 年，統萬城完工時，秘書監胡義周「刻石都南，頌其功德」之文字一窺其貌：〔註62〕

> 夫庸大德盛者，必建不刊之業；道積慶隆者，必享無窮之祚。……
> 乃遠惟周文，啟經始之基；近詳山川，究形勝之地，遂營起都城，
> 開建京邑。……固以遠邁於咸陽，超美於周洛。……可以蔭映萬邦，
> 光覆四海，……于是延王爾之奇工，命班輸之妙匠，搜文梓于鄧林，
> 採繡石于恒嶽，九域貢以金銀，八方獻其瓌寶，親運神奇，參制規
> 矩，營離宮于露寢之南，起別殿于永安之北。高構千尋，崇基萬
> 仞。……邁軌三五，貽則霸王。永世垂範，億載彌光。

就當中「遠惟周文」、「遠邁於咸陽，超美於周洛」、「蔭映萬邦，光覆四海」及「永世垂範，億載彌光」等辭句的意義來看，皆表露出赫連勃勃想超越三皇五帝，並建立後世典範的雄心，於是用「延王爾之奇工，命班輸之妙匠，……」之高標準興建統萬城，就是要建立一座能發揮心理效果，使天下萬民皆能仰慕的城池，並作為成就霸業的精神象徵。

而在有形力量方面，則是 415 年「遣其御史中丞烏洛孤盟于沮渠蒙遜」，與北涼建立同盟。就結盟時，烏洛蒙所曰「息風塵之警，同克濟之誠，勠力一心，共濟六合。若天下有事，則雙振義旗；區域既清，則並敦魯衛。夷險相赴，交易有無」來看，〔註63〕可知其目的主在「共濟六合」、「雙振義旗」與「交易有無」，雖可能僅共謀聯手對西秦用武而已，〔註64〕但這亦有助於確保夏國西部安全，事實上有利夏國厚植國力、集中力量，並取得更佳戰略態勢的效果在內。

因此，整個來看夏秦爭霸期間，夏國在赫連勃勃領導下，以十一年的時間，從朔方一隅到進佔整個關中，雖然族群複雜，統合戰力發揮不易，但在

〔註60〕吳洪琳，《鐵弗匈奴與夏國史研究》，頁 57。

〔註61〕蓋城池的出現既代表國家起源，亦與領導者欲鞏固對外及對內的威權有關。這與其征戰日久，掠奪物品愈多，已與下屬及其他勢力形成一種鮮明對比，必須加以保護有關。赫連勃勃既由長期運動戰中收獲甚豐，建立城池以作為威權象徵，亦屬極自然的結果。參閱楊肇清，〈試論中原地區國家的起源〉，《華夏考古》，1993 年第 1 期（1993 年 1 月），頁 78。

〔註62〕《晉書》卷一百三十〈赫連勃勃載記〉，頁 3210～3213。

〔註63〕《晉書》卷一百三十〈赫連勃勃載記〉，頁 3207。

〔註64〕吳洪琳，《鐵弗匈奴與夏國史研究》，頁 79。

勃勃殘酷領導與豐厚賞賜的推動下，的確能彌補這方面的不足，並在爭霸中逐漸取得優勢，成為最後的勝利者，對「徐取長安」之目標的貫徹，可謂可圈可點。不過，當赫連勃勃占領長安並即皇帝位後，是否繼續向更深遠的目標邁進？由於《魏書》、《晉書》與《通鑑》對此後至 426 年北魏入侵前，所記載者只有對其父祖等之追尊，及大興土木、殘暴統治等，並無任何有關「復大禹之業」的後續作為。這或許與夏國正由原先的游牧生活，逐漸朝定居型態轉變，以及經歷多年的戰爭，應休養生息有關。然就前述魏主見統萬之豪奢後曰：「蕞爾小國，而用民如此，雖欲不亡，其可得乎」來看，勃勃可能真的沒有再繼續貫徹其戰略目標的意志。勃勃在位期間既是如此，死後諸子相爭，最後引來北魏入侵，就更不可能有餘力去實踐「復大禹之業」了。

在意志方面：赫連勃勃出身鐵弗部，其部名乃得自北人對「胡父鮮卑母」之血緣關係的說法。〔註65〕儘管如此，鐵弗部與拓跋氏卻長期處在敵對狀態：後者於 391 年，「收衛辰子弟宗黨無少長五千餘人，盡殺之」，〔註66〕牽動當地長期在鐵弗劉氏的領導下，尚能維持穩定的形勢，也造成當地部眾對北魏的敵意。407 年，北魏釋歸 402 年於「柴壁之戰」中，被俘的後秦將領狄伯支、姚伯禽、唐小方、姚良國等人。〔註67〕赫連勃勃見兩國通好，「乃謀叛秦」，〔註68〕遂成為起事的引爆點。蓋此番秦魏通好，易使當地部眾將對北魏的敵意轉移到後秦方面。〔註69〕尤其以鮮卑為多數的當地部眾，大多保有「莫敢

〔註65〕《魏書》卷九十五〈鐵弗劉虎列傳〉，頁 2054。
〔註66〕《魏書》卷二〈太祖紀〉登國六年十一月條，頁 24。
〔註67〕柴壁之戰係 402 年，魏主拓跋珪遣使送馬千匹，求婚于後秦，姚興許之；後因珪別立慕容氏為后，遂絕婚，加上秦屬國之沒弈干（于）、黜弗、素古延等部遭魏攻擊，兩國由是生隙，遂爆發此戰。此役以後秦戰敗，數名將領遭北魏俘虜收場，然北魏也因北方柔然威脅及整頓新占領之北燕土地，無力續進關中而結束。參閱《晉書》卷一百一十八〈姚興載記〉，頁 2991；《通鑑》卷一百一十二〈晉紀三十四〉安帝元興元年正月條，頁 3590；吳洪琳，《鐵弗匈奴與夏國史研究》，頁 49。
〔註68〕《通鑑》卷一百一十四〈晉紀三十六〉安帝義熙三年五月條，頁 3653。
〔註69〕鐵弗劉虎原為并州屠各北部帥，自 310 年敗退至河套地區以來，頻繁的戰事使其轄下部民減少之際，又因「河西雜類」、「河西鮮卑」與「雜虜」的不斷遷入，致族群複雜，且以鮮卑為多數，但一直都能接受劉虎子孫領導，說明劉虎家族長期治理此地，已贏得當地部眾支持。加上先後成為周邊主要霸權的後趙、前秦、北魏、後秦等皆無力有效經營此地，只能以羈縻方式待之，反而有利劉虎家族在此紮根。因此，當北魏於 391 年滅劉衛辰部，等於是破壞當地長期穩定的秩序，造成當地民眾反感乃極自然之事。所以當 407 年北

違犯」大人命令的傳統，當出現一位足堪重任且受人景仰的領袖人物時，必定會風起雲湧，形成風潮。當起事又是由「性辯慧，美風儀」且具「濟世之才」美譽的赫連勃勃發起，〔註70〕就更能激發部眾意志，紛紛投入反秦行列。

夏國即是在這種同仇敵愾的形勢下，以高昂的士氣及從事運動戰所贏得的不對稱優勢，對抗以羌族部落為主，互相仇殺之風仍存的後秦，故能接連以寡勝眾，使後秦長期陷於不利態勢，致國力漸衰。

與此同時，赫連勃勃或欲和「胡父鮮卑母」之傳統說法切割，延續匈奴藉天命以強調其統治正當性之故智，藉攣鞮氏曾結合遠近別部，建立龐大的匈奴王國之史緣戰略，下書宣稱「帝王者，係天為子，是為徽赫實與天連，今改姓曰赫連氏，庶協皇天之意，永享無疆大慶」，且基於「天之尊，不可令支庶同之，其非正統」原則，「又號其支庶為鐵伐氏，云其宗族鋼銳如鐵，皆堪伐人」，〔註71〕重新塑造一種符合統治域內諸族合法性的說法，以鞏固內部。

此外，赫連勃勃並將戰勝所得分賞所屬，〔註72〕使作戰彷彿是游牧民族經常從事的輔助性生業，自然形成與匈奴「人人自為趣利，善為誘兵以冒敵」之傳統相似的風氣，這些對夏國加大其在夏秦爭霸中的優勢，甚有幫助。

然上述情況隨著後秦滅亡，夏國自東晉奪得關中要域後，就未再繼續發展，赫連勃勃儘管明瞭北魏對其國家安全的威脅，仍以統萬為都，並於長安設置南臺。然除此之外，就看不到任何有利國家長治久安的作為。所見者僅勃勃的殘暴統治：〔註73〕

> 勃勃性凶暴好殺，無順守之規。常居城上，置弓劍于側，有所嫌忿，便手自殺之，羣臣忤視者毀其目，笑者決其脣，諫者謂之誹謗，先截其舌而後斬之。夷夏囂然，人無生賴。

　　魏與後秦修好，赫連勃勃起事反抗後秦，自然容易贏得支持。參閱張繼昊，《從拓跋到北魏——北魏王朝創建歷史的考察》（臺北：稻鄉出版社，民國92年12月），頁84～86；吳洪琳，《鐵弗匈奴與夏國史研究》，頁42。

〔註70〕《晉書》卷一百三十〈赫連勃勃載記〉，頁3202。

〔註71〕《晉書》卷一百三十〈赫連勃勃載記〉，頁3206；《魏書》卷九十五〈鐵弗劉虎列傳・屈孑附傳〉，頁2056。

〔註72〕如《晉書・赫連勃勃載記》載：「勃勃又率騎二萬入高岡，及于五井，掠平涼雜胡七千餘戶以配後軍」及「勃勃兄子左將軍羅提率步騎一萬攻興將姚廣都于定陽，克之，……以女弱為軍賞」均屬之。參閱《晉書》卷一百三十〈赫連勃勃載記〉，頁3204。

〔註73〕《晉書》卷一百三十〈赫連勃勃載記〉，頁3213。

上引「夷夏囂然，人無生賴」意指赫連勃勃的殘暴，已造成域內胡漢人眾皆躁動不安，民不聊生；原先在抗秦時所表現出的蓬勃朝氣，大概所剩無幾。此外，由張永帥考查統萬城遺址時發現，該城不同於中國傳統大城建築，未興築外郭，研判係基於便利當地牧民進出城之考量。〔註74〕然如此一來，也等於將夏國統治高層與普通平民隔開，形成一道不可逾越的藩籬。

由上述情形來看，這時能維持夏國統治的，恐怕全繫於勃勃的在位；儘管曾創設一套有利統治的概念，但為時甚短，能發揮的效果有限。故當勃勃一死，「諸子相攻，關中大亂」，不旋踵即引來北魏進犯，夏國彷彿重蹈前述檀石槐時期，當最高元首逝世或遭遇重大挫敗，往往便分崩離析的覆轍。426年，北魏能在夏國幾無防備的情形下，攻入統萬，大掠而還；南臺方面守軍更是未戰即放棄蒲阪、長安，皆說明當時的士氣已相當低落，意志亦難以相壹。其後雖曾反攻，一度收復長安，只不過是魏將奚斤的失誤所致，對全般態勢的影響不大。

第二節　鮮卑政權的戰略目標與意志

與前述三個胡羯族系政權皆獨力崛起，以力量有效合一，成就一方霸業的情況不同。本節所論的前、後燕、北魏在崛起過程中，皆相當程度地聯合其他政權或勢力，從合作中蓄積實力，再於適當時機與爭霸對手決戰。〔註75〕這對其戰略目標確立與意志的凝聚，均構成一種「間接路線」性質，這種性質究竟對其有形國力的運用發揮何種效果？乃本節所欲探究者。

〔註74〕張永帥，〈關于統萬城歷史的幾個問題〉，《中國歷史地理論叢》，第 23 卷第 1 輯（2008 年 1 月），頁 104。按《魏書・鐵弗劉虎列傳・昌附傳》載：「世祖聞屈孑死，……於是西伐。(赫連)昌退走入城，未及閉門，軍士乘勝入其西宮，焚其西門。夜宿城北。明日，分軍四出，略居民，殺獲數萬」，北魏第一次攻統萬城，若只因城門未閉而能夠直搗西宮，而不是趁外郭城門未閉得以入城，並在入城後，先攻內城，再入西宮的順序，似已呼應統萬城的考古探勘所見，符合《魏書》記載。參閱《魏書》卷九十五〈鐵弗劉虎列傳・昌附傳〉，頁 2057。

〔註75〕唐長孺在〈晉代北境各族「變亂」的性質及五胡政權在中國的統治〉一文提到晉末附塞鮮卑在力足以南下中原侵掠財富、俘虜人口前，因華北各地已為匈奴、胡羯所占領，只能自稱為晉政權的擁護者，從與晉室的聯合中持續增強實力。此雖單就前燕的情況所論，然同屬鮮卑族系的後燕與北魏在起事之初，亦採取與前燕類似的作法，同其他政權或勢力合作，始根基穩固，為爾後爭霸創造有利條件。參閱唐長孺，〈晉代北境各族「變亂」的性質及五胡政權在中國的統治〉，頁 148～149。

一、蓄力待機徐圖天下的前燕

　　慕容部乃中國大陸東北眾多部落之一，早先因為勢弱，被迫遷至相對安全的遼東北地區，從侵掠扶餘等弱小部落中蓄積實力。直到西晉末年，受流亡歸附之漢族士人影響，方有慕容翰提出「上則興復遼邦，下則并吞二部，忠義彰於本朝，私利歸於我國」的「假勤王行兼併」戰略，作為爾後發展的方針。

　　就字面來看「上則興復遼邦，下則并吞二部」，有將「興復遼邦」列為遠程目標，「并吞二部」為近程目標之意涵；亦即以恢復遭匈奴冒頓單于滅亡的東胡，或東漢時的檀石槐部落聯盟為遠程目標，將并吞當時的兩大強敵——鮮卑宇文部、段部列為近程目標。換言之，慕容翰提出「假勤王行兼併」戰略時，僅著眼在華北地區外圍成就一番霸業，尚未有經略中原的意圖。〔註76〕

　　慕容部為貫徹「假勤王行兼併」戰略，乃依征虜將軍魯昌「今宜通使琅邪，勸承大統，然後敷宣帝命，以伐有罪」之建議，臣屬東晉，並以東晉所授「都督遼左雜夷流人諸軍事」一職，爭取廣大的漢人流亡士庶歸附，成為爾後發展實力的重要憑藉；實乃延續慕容翰提「假勤王行兼併」戰略時，所依循的「求諸侯莫如勤王，自古有為之君靡不杖此以成事業」之說。〔註77〕亦即在晉室初遷江東，北有漢趙石勒入侵，南有當地勢族反抗，形勢極為危殆之時，能得到一個北方部落支持，對化解當前危機多少皆有幫助；〔註78〕慕容部也可藉以取得東晉在華北的代表身分，營造有利爾後發展的聲勢，其實就是一種相互合作。

　　不過隨著慕容部建立前燕且實力漸強，具備併滅周邊諸部的實力，再加上後趙自石虎即位後內政逐漸腐敗，上述僅著眼在華北外圍稱霸的戰略，自然有轉

〔註76〕由於在慕容部崛起前，史籍有關鮮卑建立大型部落聯盟的記載主要有東胡與檀石槐部落聯盟等，故「興復遼邦」或有仿傚這類部落聯盟之意。此外，按張守節就《史記‧趙世家》「中山在我腹心，北有燕，東有胡」，正義曰「趙東有瀛州之東北。營州之境即東胡、烏丸之地」，及前引《後漢書‧烏桓鮮卑列傳》有關檀石槐部落聯盟「從右北平以東至遼東，接夫餘、濊貊二十餘邑為東部，從右北平以西至上谷十餘邑為中部，從上谷以西至敦煌、烏孫二十餘邑為西部」之記載，慕容部「興復遼邦」所欲擴張的目標，應該是指華北地區外圍，今中國大陸東北、內蒙古乃至河西走廊、新疆東部等地。參閱《史記》卷四十三〈趙世家〉，頁1806，正義五。

〔註77〕《晉書》卷一百八〈慕容廆載記〉，頁2805～2806。

〔註78〕如《晉書‧元帝紀》載，320年三月，「慕容廆奉送玉璽三紐」即為一例。參閱《晉書》卷六〈元帝紀〉太興三年三月條，頁153。

向中原發展的可能。此可見於 342 年，建威將軍慕容翰對皝的建議：〔註79〕

> 宇文強盛日久，屢為國患。今逸豆歸篡竊得國，羣情不附；……今
> 若擊之，百舉百克。然高句麗去國密邇，常有闚覦之志；……觀其
> 勢力，一舉可克。……二國既平，利盡東海，國富兵強，無返顧之
> 憂，然後中原可圖也。

這是前燕擴張軸線從原先的「由東向西」，易為「由北向南」的開始。這項轉變，不僅開啟前燕向河北要域發展之路，也成為爾後向關西與江淮以南擴張的開端。上述與東晉的合作關係，自然隨前燕實力的增強而質變。

於是當 350 年，前燕進軍華北，成功入主關東，與東晉、前秦形成鼎足之勢後，在後趙殘存勢力不斷依違在這三方的刺激下，也提振了前燕征服東晉與前秦的野心。〔註80〕《晉書·慕容儁載記》載，358 年，「儁於是復圖入寇，兼欲經略關西，乃令州郡校閱見丁，……期明年大集，將進臨洛陽，為三方節度」，〔註81〕說明前燕至此已將先前規劃的「由北向南」擴張軸線，更進一步發展成向西與向南經略的形勢。圖 23 為前燕戰略目標之三階段演變概況。

圖 23. 前燕戰略目標之三階段轉變

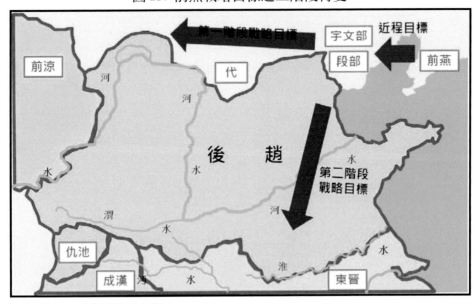

（1）第一、二階段戰略目標

〔註79〕《通鑑》卷九十七〈晉紀十九〉成帝咸康八年十月條，頁 3100。

〔註80〕三崎良章，《五胡十六国——中国史上の民族大移動》，頁 74。

〔註81〕《晉書》卷一百十〈慕容儁載記〉，頁 2840。

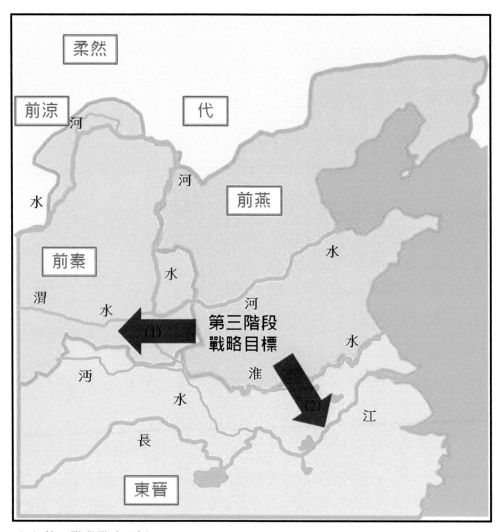

（2）第三階段戰略目標

資料來源：筆者以譚其驤，《中國歷史地圖集（第四冊）》，頁7～10為底圖，繪製而成。

　　上述戰略目標連續轉變的動因，在於整體形勢改變。當某地區形勢有利新霸權擴張，擴張軸線將轉換至有利發展的方向：在遼東、遼西之第一階段，後趙是華北地區霸主，前燕實力尚弱，只能將「上則興復遼邦」放眼華北以外，向今內蒙古之方向發展，以東胡與檀石槐部落聯盟作為仿傚目標；石虎死後，華北陷入戰亂，戰略形勢有利前燕進軍河北要域，開啟了第二階段，將擴張軸線轉向華北，打破過往鮮卑人只在塞北發展的格局；俟掌握關東地區，為把握申紹所謂「中州豐實，戶兼二寇」，前燕實力凌駕東晉與前秦之

有利形勢，於是又將擴張軸線指向這兩方面，進入了第三階段，此時的「興復遼邦」實與劉淵的「上可成漢高之業」無甚差異。

斯時，苻堅即位未久，統治基礎尚未穩固，加上當時讖緯圖書有「燕馬當飲渭水」之說，〔註 82〕自然促使前燕以前秦為優先擴張目標，形成了燕秦爭霸之勢。

不過在發展成燕秦爭霸形勢前，前燕已進入慕容暐時代，在太宰慕容恪與太傅慕容評的聯手輔政下，尚有促成第三階段戰略目標之條件，「晉南陽督護趙弘以宛降于暐」及「苻堅將苻護據陝，降于暐」等，〔註 83〕皆反映當時形勢的確有利前燕。

然自慕容恪死後，慕容評獨攬大權，其人「素無經略，又受苻堅間貨」，將第三階段戰略目標修正為「閉關息旅，保寧疆場」，〔註 84〕原先的擴張戰略轉為守勢，不僅喪失在燕秦爭霸中已經掌握的主動性，就連展現確保關東應有的意志，也付之闕如，此即《通鑑》所載：〔註 85〕

> 秦遣黃門郎石越聘於燕，太傅評示之以奢，欲以誇燕之富盛。（車騎從事中郎）高泰及太傅參軍河間劉靖言於評曰：「越言誕而視遠，非求好也，乃觀釁也。宜耀兵以示之，用折其謀。今乃示之以奢，益為其所輕矣。」評不從，泰遂謝病歸。

以十六國時期戰火不斷的環境，慕容評對前秦來使「示之以奢」、「誇燕之富盛」，實無助於其「閉關息旅，保寧疆場」戰略。相較於前兩階段，前燕先後併滅段部、宇文部與冉魏，掌控遼東、西與關東地區，均朝既定的戰略目標擴張，故能成為一新興強權。尤其在趙燕爭霸中，能以優勢軍力結合「軍令嚴明，諸將無所犯」之政戰作為，對貫徹既定戰略目標，發揮應有的效果。但到了燕秦爭霸時的潞川之戰，儘管投入「中外精卒四十餘萬」，兵力遠遠優於前秦的步騎六萬，卻在野戰用兵毫無作為，僅圖以數量優勢拒敵潞川，望其知難而退。《晉書・慕容暐載記》將此情況記載如下：〔註 86〕

> 苻堅又使王猛、楊安率眾伐暐，……暐使慕容評等率中外精卒四十餘萬距之。猛、安進師潞川。……暐憂懼不知所為，乃召其使而問

〔註 82〕《晉書》卷一百十一〈慕容暐載記〉，頁 2851。
〔註 83〕《晉書》卷一百十一〈慕容暐載記〉，頁 2850～2851。
〔註 84〕《晉書》卷一百十一〈慕容暐載記〉，頁 2851～2852。
〔註 85〕《通鑑》卷一百二〈晉紀二十四〉海西公太和四年十一月條，頁 3275。
〔註 86〕《晉書》卷一百十一〈慕容暐載記〉，頁 2857。

曰：「秦眾何如？今大師既出，猛等能戰不？」或對曰：「秦國小兵弱，豈王師之敵，景略常才，又非太傅之匹，不足憂也。」黃門侍郎梁琛、中書侍郎樂嵩進曰：「不然。兵書之義，計敵能闘，當以算取之。若冀敵不闘，非萬全之道也。慶鄭有云：『秦眾雖少，戰士倍我。』眾之多少，非可問也。且秦行師千里，固戰是求，何不戰之有乎！」暐不悅。

對照 352 年，前燕進軍河北要域時，「慕容恪略地中山，慕容評攻王午于魯口。恪次唐城，冉閔將白同、中山太守侯龕固守不下。恪留其將慕容彪攻之，進討常山。評次南安，王午遣其將鄭生距評。評逆擊，斬之，侯龕跼城出降。恪進克中山，斬白同」，〔註87〕當時燕軍形勢有如手之五指，可以運用自如，故能如秋風掃落葉般，迅速擊滅敵軍，有效貫徹第二階段戰略目標。此亦凸顯前燕在趙燕與燕秦爭霸時，對「戰略目標」之貫徹程度，已出現極大差異。

在意志方面：永嘉之禍當時，慕容部尚屬晉朝「邊裔之豪」，實力有限且常遭宇文與段部鮮卑侵擾；前來避難的漢人士庶因王浚不能存撫、段部又「專尚武勇，不禮士大夫」，故選擇投奔代表晉朝的慕容部。慕容部既同時遭逢宇文及段部威脅，而投奔前來的漢人士庶又無處可去，這種現象有利兩者緊密結合為一。慕容廆一方面「刑政修明，虛懷引納」既鞏固內部，也吸引更多漢人士庶歸附；一方面又不斷向東晉爭取更高層級的封授，以營造更有利的形勢，連帶也開啟其漢化之路。這種有如「同舟一命」的自覺，當能提振整體士氣，並促進國力增長。〔註88〕

不過在 340 年代，前燕併滅周邊強敵前，對內統治仍不夠穩固，四週的敵國若能祭出較具吸引力的措施，將可能動搖其內部意志，特別是域內鮮卑

〔註87〕《晉書》卷一百十〈慕容儁載記〉，頁 2833。

〔註88〕例如《晉書・慕容廆載記》載：「時二京傾覆，幽冀淪陷，……流亡士庶多襁負歸之。廆乃立郡以統流人，……於是路有頌聲，禮讓興矣」，說明慕容部已帶給流亡士庶所企盼的安定生活；此外，由《通鑑》載「裴嶷言於廆曰：『晉室衰微，介居江表，威德不能及遠，中原之亂，非明公不能拯也。……』，廆曰：『……君中朝名德，不以孤僻陋而教誨之，是天以君賜孤而祐其國也』，乃以嶷為長史，委以軍國之謀」之對話來看，亦可看出兩造互動良好。蓋裴嶷出於河東士族，其「首定名分，為羣士啟行」，表現出慕容部內部相當和諧，士氣應當也極為高昂。參閱《通鑑》卷九十〈晉紀十二〉元帝太興元年三月條，頁 2903～2904；《晉書》卷一百八〈慕容廆載記・裴嶷附傳〉，頁 2811。

部落，社會結構既較鬆散，部落大人又甚具威權，對慕容氏的忠誠未必無可動搖，帶領整個部落倒戈是有可能的。338 年，石虎以前燕未出兵會師，共擊段部為由，以「戎卒數十萬，四面進攻」，致「郡縣諸部叛應季龍者三十六城」即為一例。鮮卑部落如此，屬外來人口的漢人士庶自然也會有同等反應。〔註89〕

於是隨著前燕併滅宇文、段部，與後趙陷入戰亂，上述現象才算獲得改善。此可由趙燕爭霸時，前燕的征戰經過一窺其貌：

350 年二月，慕容霸率軍至三陘，「趙征東將軍鄧恆惶怖，焚倉庫，棄安樂遁去，……徒河南部都尉孫泳急入安樂，撲滅餘火，籍其穀帛」；三月，慕容儁率軍擊鄧恆於魯口，遭恆將鹿勃早夜襲，儁欲退兵避之，其將慕輿根正色曰：「我眾彼寡，力不相敵，故乘夜來戰，冀萬一獲利。今求賊得賊，正當擊之，復何所疑」。〔註90〕

自前燕奪得河北要域，及準備開展前述第三階段戰略目標，代表切斷與東晉臣屬關係的時機已到。352 年十一月，慕容儁稱帝，謂東晉使者曰：「汝還白汝天子，我承人乏，為中國所推，已為帝矣」。〔註91〕對照慕容皝建立前燕之初，統治根基未穩，石虎發動攻勢，即造成廣大的叛應後趙效果；但在慕容儁稱帝後，卻未再有類似現象：按《晉書》所載，當時爆發叛事與儁稱帝有關者，似僅「常山人李犢聚眾數千，反于普壁壘，儁遣慕容恪率眾討降之」一筆；至於「儁自和龍至薊城，幽冀之人以為東遷，互相驚擾，所在屯結」之事，則如儁所曰：「豎小以朕東巡，故相惑耳。今朕既至，尋當自定」，〔註92〕顯然也未造成重大影響。

〔註89〕 小林聰認為此乃慕容皝於 337 年僭稱燕王，違背當時境內廣大漢人士庶仍以晉朝臣民自居的意願，故有成周內史崔燾、營丘內史鮮于屈、東夷校尉封抽、東夷護軍宋晃、居就令游弘、武原令常霸等漢人地方官員投降後趙之事。筆者認為，探討這件事情還是應回歸到最基本的現實生活層面，亦即在飽受長期的戰亂後，漢人士庶最需要者乃安定的生活。前燕儘管政刑脩明，且緩和不少內部的民族矛盾，但仍處在強敵包圍的情形下，安定生活隨時可能改變。相形之下，後趙以大國之姿，且有石勒、石虎兩代經營的支撐（當時石虎統治雖已出現腐敗跡象，然尚未擴大到無可收拾境地），又是流亡漢人士庶的故鄉，自然較易傾向於斯。參閱小林聰，〈慕容政權の支配構造の特質〉，頁 42；《晉書》卷一百九〈慕容皝載記〉，頁 2818。
〔註90〕 《通鑑》卷九十八〈晉紀二十〉穆帝永和六年二、三月條，頁 3153～3155。
〔註91〕 《晉書》卷一百十〈慕容儁載記〉，頁 2834。
〔註92〕 《晉書》卷一百十〈慕容儁載記〉，頁 2835。

不過，自 360 年慕容暐繼位後，一反過去重用漢人的政策，回歸到鮮卑人集權，適足加大胡漢之間的隔閡。其雖與漢人長期合作，成功累積爭霸華北之資，但彼此間源於民族情感的矛盾，仍未完全泯滅。〔註 93〕在政壇上排抑漢人，等於是降低漢族士人的影響力，作為社會中堅的士人受到如此遭遇，必定牽動廣大漢族庶民對前燕的向心。

此外，當前燕欲推動第三階段戰略目標，大肆擴充軍隊，衍生「調發繁數，官司各遣使者，道路旁午，郡縣苦之」弊害，〔註 94〕整個社會瀰漫著「貪惰者無刑罰之懼，清修者無旌賞之勸。是以百姓困弊，寇盜充斥，綱頹紀紊，莫相糾攝」及「一日之費，厥直萬金；士民承風，競為奢靡」之風氣，在上位之守宰「賦調不平，侵漁無已，行留俱窘」。〔註 95〕

尤有甚者，位居政權中樞的宗室貴戚又自我分裂，造成吳王慕容垂出走投奔前秦。如此對一個國家的影響，不僅僅是上下離心而已，整體士氣、意志儼然陷入瓦解崩潰邊緣。不僅無力繼續貫徹第三階段戰略目標，就連後來的「閉關息旅，保寧疆埸」也難以實踐。

前燕末年的政情與內部意志既是如此，自然容易引來東晉與前秦窺伺。369 年，前秦發動滅燕之戰，慕容評以前秦「懸軍遠入，利在速戰」，決議「以持久制之」，〔註 96〕先是放棄主動；其後又因評「鄣固山泉」等，以致「三軍莫有鬬志」，最後遭前秦併滅。對此，論者多將前燕之亡歸罪慕容評，然評亦曾多次指揮作戰，厥非不知兵者，罪評之說，未必公允。〔註 97〕然前燕為何最終遭前秦併滅，內政問題連帶瓦解整個社會的民心士氣，使潞川之戰一開始就無法發揮兵力優勢擊滅犯敵，因而成為壓倒前燕的最後一根稻草，可謂良有以也。

二、立足關東待成九仞之功的後燕

369 年十一月，慕容垂遭太傅慕容評與太后可足渾氏排擠、陷害，有殺身之危，懼而投奔前秦。之後在苻堅的重用下，〔註 98〕成為其滅燕的嚮導。前

〔註 93〕李海葉，《慕容鮮卑的漢化與五燕政權——十六國少數民族發展史的個案研究》，頁 65。

〔註 94〕《通鑑》卷一百〈晉紀二十二〉穆帝升平二年十二月條，頁 3221。

〔註 95〕《通鑑》卷一百二〈晉紀二十四〉海西公太和四年十一月條，頁 3275～3276。

〔註 96〕《晉書》卷一百十一〈慕容暐載記〉，頁 2857。

〔註 97〕呂思勉，《兩晉南北朝史》，頁 167。

〔註 98〕由於苻堅早有併滅前燕之志，惟憚於慕容垂威名，因而未發。故垂之奔秦，乃為秦排除滅燕之唯一障礙，遂任垂為冠軍將軍，封賓都（徒）侯，食華陰

秦滅燕後，垂隨堅入鄴，故吏高弼私於垂曰：「今雖家國傾覆，安知其不為興運之始邪！愚謂國之舊人，宜恢江海之量，有以慰結其心，以立覆簀之基，成九仞之功」。〔註99〕從垂欣然接受觀之，復國的宏願此時應已潛藏在其內心，但也僅止於此，尚談不上有何具體構想。

　　直至淝水之戰結束，華北地區陷入混亂，慕容垂亦決定展開復國行動。這時尚未具備足夠實力的他，本著「關西之地，會非吾有，自當有擾之者，吾可端拱而定關東。君子不怙亂，不為禍先，且可觀之」原則，〔註100〕靜待有利形勢來臨。383年十二月，丁零翟斌聚眾反秦，「謀攻豫州牧平原公（苻）暉於洛陽」，苻堅驛書令垂將兵討之。由於以苻丕為首的關東諸要員極力防堵垂藉機復燕，反倒逼使垂起兵叛秦，並與翟斌結盟，被推為盟主。〔註101〕此時，慕容垂仍期待與前秦和平共處，在「修復家國之業，與秦永為鄰好」及「永守東藩，上成陛下遇臣之意，下全愚臣感報之誠」原則下，〔註102〕既圖回報苻堅恩情，也將恢復前燕在關東地區的統治作為戰略目標。

　　然而，「與秦永為鄰好」不過是慕容垂的一廂情願，前秦的鎮壓根本未因垂的示好而停止或減弱。儘管起事之初，後燕的作戰相當順利，加入其陣營的群眾、部落也不斷增多。然為時不久，卻因「翟斌恃功驕縱，邀求無厭」，與慕容垂反目，造成後燕陣營分裂。這時，垂在關東交戰的對象除苻丕外，又新增叛燕的丁零。後燕在未取得一定成果前，即與重要的合作對象丁零反目，遂使關東地區的作戰變得艱難且曠日彌久。直到392年，滅丁零翟氏於滑臺後，河北要域方為後燕有效掌控。

　　與此同時，西燕慕容永政權也在太行山以西之并州地區立足。其與後燕雖皆出於前燕宗室，但自慕容恪死後，慕容垂與恪諸子皆受慕容評與可足渾氏排擠，造成垂與恪子楷、紹等出奔前秦，慕容氏遂分裂為慕容儁與慕容恪、垂兩大系統，並在淝水之戰後各別建立西燕與後燕政權，在復國運動中各走

五百戶，苻堅「每進見，屬目觀之」；滅燕後又改任京兆尹，進封泉州侯，之後又命其隨堅南征東晉，並未因達成滅燕目標即有任何鳥盡弓藏現象。就一位頗遭質疑其忠誠度的敵國叛逃要員而言，這些足可顯示垂為前秦重用之程度。參閱《晉書》卷一百二十三〈慕容垂載記〉，頁3078～3079；《通鑑》卷一百二〈晉紀二十四〉海西公太和四年十一月條，頁3273。

〔註99〕《通鑑》卷一百二〈晉紀二十四〉海西公太和五年十一月條，頁3287。

〔註100〕《晉書》卷一百二十三〈慕容垂載記〉，頁3080。

〔註101〕《通鑑》卷一百五〈晉紀二十七〉孝武帝太元八年十二月條，頁3368～3369。

〔註102〕《晉書》卷一百二十三〈慕容垂載記〉，頁3084。

他途。特別當與慕容垂血緣較遠的慕容永為群眾所推，[註103]率關中鮮卑男女東還，於并州長子稱帝，建立西燕；之後又盡誅隨同東還的慕容儁、垂子孫，[註104]根本斷絕了雙方合併的可能。慕容氏最後在太行山形成東西對峙格局，對其整體意志的集中，亦造成不良影響。

393年十月，慕容垂採納范陽王慕容德「不復留逆賊以累子孫」之建議，[註105]決定征討西燕。次年八月，西燕滅，遼東、遼西、河北與山西要域均歸後燕。這時與後燕接壤的勢力，與圖23（2）相似，除西部的前秦已為新興的後秦取代外，南、北分別為東晉與復代改國名的北魏。其中，北魏自復國以來，與後燕保持緊密的合作關係，即便北魏早有圖燕之計，但礙於自身實力不足，故暫且維持友好。此時的後燕彷彿回到358年，「儁于是復圖入寇，兼欲經略關西」之規模，可對後秦與東晉用兵。

不過，按《通鑑》載，388年八月，拓跋珪遣九原公儀出使後燕，慕容垂見珪未親自前來，內心不悅，遂曰：「吾今威加四海，豈得以昔日為比」。[註106]就這段話的內容分析：垂欲「威加四海」，係奠基於「豈得以昔日為比」；意謂此時的後燕已非383年十二月起事時所能比擬。既如此，起事時僅以關東作為戰略目標的構想，應當也與388年不同。故其「威加四海」之語，似乎有將關東以外地區納入擴張目標的可能。換言之，慕容垂在388年，已不再滿足於平定關東，而是有追求更遠大目標的企圖。

於是當東晉因會稽王司馬道子專權，國內衰亂，[註107]慕容垂決定南征東晉，於394年十月，「命遼西王農濟（黃）河，與安南將軍尹國略地青、兗，農攻廩丘，國攻陽城，皆拔之。東平太守韋簡戰死，高平、泰山、琅邪諸郡皆委城奔潰，農進軍臨海」。[註108]剛滅前秦的後秦主姚興見狀，一方面「遣使與燕結好，并送太子寶之子敏於燕，燕封敏為河東公」，[註109]另方面，遣姚緒率兵討東晉河東太守柳恭，進佔河東郡，與後燕交界於陝縣南北之線。[註110]

[註103] 慕容永為慕容廆弟慕容運之孫，按輩份雖與慕容垂同輩，但血緣關係已相當疏遠。參閱《魏書》卷九十五〈徒河慕容廆列傳·暐附傳〉，頁2063。
[註104] 《通鑑》卷一百六〈晉紀二十八〉孝武帝太元十一年十一月條，頁3422。
[註105] 《晉書》卷一百二十三〈慕容垂載記〉，頁3088。
[註106] 《通鑑》卷一百七〈晉紀二十九〉孝武帝太元十三年八月條，頁3437。
[註107] 王仲犖，《魏晉南北朝史（上）》，頁272。
[註108] 《通鑑》卷一百八〈晉紀三十〉孝武帝太元十九年十月條，頁3471。
[註109] 《通鑑》卷一百八〈晉紀三十〉孝武帝太元十九年十二月條，頁3418。
[註110] 《晉書》卷一百十七〈姚興載記〉，頁2977。

圖 24. 394 年十二月之後燕與東晉對峙形勢分析

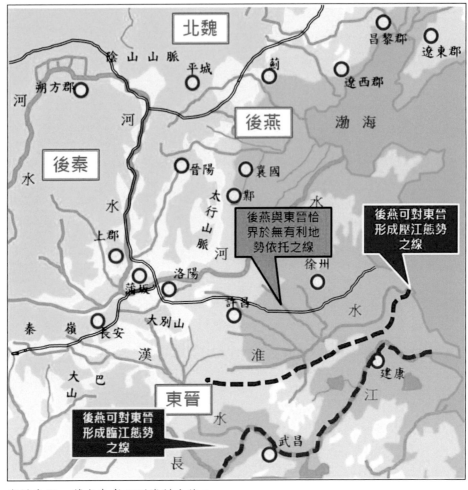

資料來源：筆者參考下列資料自繪：

1. 譚其驤，《中國歷史地圖集（第四冊）》，頁 13～14。
2. 雷家驥，〈隋平陳之戰析論——周隋府兵改革成效的一個觀察〉，頁 131，註 56。

　　就上一段記述來看，慕容農似乎打了場大勝仗，這可以後秦不久即對後燕示好為證。然就整體形勢觀之，後燕應乘慕容農連戰連勝之勢，繼續南征東晉至取得更為有利的形勢為止。然慕容垂卻在 394 年十二月，「召農等還」，
〔註 111〕攻勢進展戛然而止於臨海，隨後「置守宰而還。垂告捷于龍城之廟」。
〔註 112〕由圖 24 可知：若以有利南部國防安全為考量，後燕至少應攻至淮河，

〔註 111〕《通鑑》卷一百八〈晉紀三十〉孝武帝太元十九年十二月條，頁 3418。
〔註 112〕《晉書》卷一百二十三〈慕容垂載記〉，頁 3089。

對東晉形成「壓江態勢」較為有利（如圖 24 之藍色虛線），[註113] 然卻與東晉交界於無有利地勢依托的黃淮平原，南征顯然未取得真正有利後燕的結果。[註114] 筆者認為，後燕與其說是半途而廢，倒不如說是迫於北魏威脅。蓋自北魏滅獨孤部劉顯以來，早有滅燕企圖，因無力南下，遂暫以鄰近小國為目標，如第三章第四節註 361 所述。然而，後燕似未注意北魏國力漸增，已非往日的親密盟友。391 年二月，賀蘭部之「賀染干謀殺其兄訥，訥知之，舉兵相攻。魏王珪告于燕，請為鄉導以討之」，四、六月，後燕先後攻破賀染干與賀訥部，慕容垂命趙王麟「歸訥部落，徙染干於中山」，不採納麟「臣觀拓跋珪舉動，終為國患，不若攝之還朝，使其弟監國事」之建言，採取有利於己之部署即為一例。[註115] 倘若後燕能在北魏東方重建一聽命於己的賀蘭部，不啻於北魏近郊安插一心腹之患，對維護後燕北疆安全，當有絕對助益；特別當慕容垂日漸衰老，諸如「垂死乃可圖」之類的判斷早為各方所悉，自當儘早防患。然垂既未從麟言，亦未對其身後可能的情勢，預作安排。上述戰略錯誤顯然是慕容垂缺乏警覺下，所造成的結果。[註116]

正是出於此等錯誤，後燕在滅西燕後似未顧及北魏可能的威脅，即南征東晉，反倒引來外敵進犯，故有 395 年四月的「魏王珪叛燕，侵逼附塞諸部」，

[註113] 雷家驥師曾就隔長江對峙之兩敵對政權的全般形勢，區分「臨江態勢」與「壓江態勢」兩種。「臨江態勢」係部隊已進駐長江沿岸，與對岸敵軍共享長江天險，俾限敵軍僅能從事江面防禦，無法利用對岸之地障以增加戰略縱深；「壓江態勢」則是敵軍在長江對岸尚有佈防，仍保有相當縱深可遲滯敵軍攻勢（如圖 24 之紅色虛線）。故就 394 後燕南征東晉而言，即使無法一舉攻抵長江岸邊，至少也應將敵壓迫在江、淮之間，或藉淮水以確保南方安全較為有利。參閱雷家驥，〈隋平陳之戰析論——周隋府兵改革成效的一個觀察〉，頁 131，註 56。

[註114] 對照後趙、前燕、前秦等霸權之向南攻略，皆止於淮河，均對東晉保持「壓江態勢」，然後燕卻僅推進至黃、淮之間，既無有利地勢可茲拒敵，亦無威脅晉軍的防禦部署。從大軍作戰之角度來看本戰之後的後燕、東晉對峙態勢，似頗不尋常。故可斷言慕容農的南征在未取得有利結果之情形下，即驟然班師回朝。

[註115] 《通鑑》卷一百七〈晉紀二十九〉孝武帝太元十六年四、六月條，頁 3450～3452。

[註116] 事實上，當 386 年十二月，拓跋珪拒絕慕容垂西單于・上谷王之封授，即表現出不為後燕附庸的態度。對此，胡三省評曰：「珪不受燕封，其志不在小」，似謂兩國未來終將一戰，但後燕對此似無任何警覺。即便北魏建國之初國力尚弱，不足與後燕拼搏，但當其略地日廣，國力漸強之時，後燕早該有所顧應。但至 395 年慕容寶率軍征伐北魏前，始終未有任何防患措施，顯然觸犯了輕忽潛在敵人威脅之戰略錯誤。參閱《通鑑》卷一百六〈晉紀二十八〉孝武帝太元十一年十二月條，頁 3423。

成為次月，後燕遣太子慕容寶率步騎九萬八千出征北魏的導火線。〔註117〕可見，慕容垂欲「威加四海」，一開始或許已將北魏納入其中，但在貫徹上卻輕忽各種可能危害，不僅影響其南征東晉，也未在取得真正有利後燕的結果之前，即迴師征魏，反而讓北魏有機會從容撤軍河西，並在後燕師老兵疲之時，予以重創。故後燕於燕魏爭霸之初即自陷不利態勢，可謂連番戰略錯誤下，所造成的結果。

在意志方面：回顧後燕的開國史，慕容垂可謂是集關東各塢堡、部落之力而成就其復國大業。蓋淝水戰後，華北陷入紛亂，人人皆為自保，故有加入慕容垂陣營者，垂亦承諾「天下既定，封賞有差，不相負也」，此或與第二章第一節「推募勇健能理決鬪訟相侵犯者為大人」之鮮卑傳統有關。既如此，慕容垂為翟斌推為盟主，「大人有所召呼，……而部眾莫敢違犯」的傳統，當為各加盟部落遵循，並影響至各塢堡、部落。按《通鑑》載：383年十二月，垂殺苻飛龍及其所率之氐眾時，「有眾三萬」，然次月與翟斌結盟，已能「帥眾二十餘萬，自石門濟河，長驅向鄴」，〔註118〕一個月內，兵力即擴大如此，慕容垂的號召顯然激起極大的迴響。一個月後又將前秦部署在關東地區的主力包圍在鄴城，兵力增長與攻勢進展顯示後燕此時表現出的士氣相當高昂。

不過，當後燕久攻鄴城不下，對前秦的戰事遲遲未見成果，先前的高昂士氣不免也受到影響。這時，力推慕容垂為盟主的河南王翟斌「潛有貳心」，於「諷丁零及其黨請斌為尚書令」不得之時，乃「密與前秦長樂公苻丕通謀，使丁零決隄潰水」，〔註119〕後燕陣營遂一分為二。

後燕陣營分裂最直接的影響就是本身力量減弱與衝擊內部士氣。由於慕容垂起兵時，關東地區「鮮卑、烏桓及郡縣民據塢壁不從燕者尚眾」，〔註120〕

〔註117〕儘管《通鑑》將「魏王珪叛燕，侵逼附塞諸部」繫於395年四月，但從「侵逼附塞諸部」之「諸」字來看，事件的涵蓋範圍似包括邊界各部落，不應只發生在某一時地。行動的性質有類游牧民族慣常從事的「掠奪」，屬輔助性生業的一種。既如此，此「侵逼附塞諸部」的行動當發生在395年四月之前，且已發生多次，並震驚了後燕朝廷，遂不得不中止已略有斬獲的南征東晉行動，準備對北魏展開報復。

〔註118〕《通鑑》卷一百五〈晉紀二十七〉孝武帝太元八年十二月、太元九年正月條，頁3370～3371。

〔註119〕《通鑑》卷一百五〈晉紀二十七〉孝武帝太元九年七月條，頁3382。

〔註120〕《通鑑》卷一百五〈晉紀二十七〉孝武帝太元九年二月條，頁3376。

加上翟斌叛燕造成「燕軍疲弊，秦勢復振」，連帶「冀州郡縣皆觀望成敗」。〔註 121〕385 年三月，垂鑑於攻鄴受挫，「將北詣冀州，乃命撫軍大將軍麟屯信都，樂浪王溫屯中山」，攻勢受挫遭外界所知，遂「以燕為不振，頗懷去就」。〔註 122〕儼然是前述 338 年，石虎出兵前燕，「郡縣諸部叛應季龍者三十六城」的重演，說明後燕內部意志，實乃受制於各部落大人。

對此，後燕則是盡最大可能，爭取內部支持，以利全般軍事作戰。包括給予更豐厚的賞賜、恢復早已廢除的軍封制度。這些對改善上述窘境確有幫助，也順利剿滅丁零翟氏與西燕政權。只不過，後燕因此所形塑成的「諸胡共治」局面，反倒使漢人的參政程度較前燕更為緊縮。〔註 123〕換言之，正當胡族勢力抬頭的同時，後燕也等於自我縮減來自漢人的各種力量。

這種現象對有「威加四海」期望的慕容垂自然造成不利。393 年十月，垂議伐西燕，諸將即對此提出「慕容永未有釁，連歲征役，士卒疲殆，請俟他年」之建言，若非慕容德提議「不復留逆賊以累子孫」，垂即將採納諸將建言。〔註 124〕說明後燕此時因「連歲征役，士卒疲殆」，造成的戰力下降已相當嚴重了。

尤有甚者，當慕容垂滅亡西燕後兩個月，竟又發兵南征東晉，既知軍隊內部情勢如此，仍未好好休養生息，北魏或許就是利用此一時機，開始「侵逼附塞諸部」，致後燕南征戛然而止。後燕匆忙撤軍必然也影響其整體士氣，連帶對之後的參合陂之役造成不利，這些都可從第三章第二節所述之後燕軍隊表現，得知其當時的士氣。此後，隨著參合陂戰敗、慕容垂去世、慕容寶未處理好「定士族舊籍，分辨清濁，校閱戶口，罷軍營封蔭之戶」，使形勢更不利後燕。這可以後來北魏進軍河北要域，燕軍的種種表現為證。作為基層的軍民如此，在上位的慕容氏見情勢已難挽回，只期盼能確保遼西的根據地而已。〔註 125〕所以自柏肆之戰後，其對確保河北要域似乎已不再抱多大期待了。

〔註 121〕《通鑑》卷一百五〈晉紀二十七〉孝武帝太元九年十月條，頁 3385。
〔註 122〕《通鑑》卷一百六〈晉紀二十八〉孝武帝太元十年三月條，頁 3393。
〔註 123〕李海葉，《慕容鮮卑的漢化與五燕政權——十六國少數民族發展史的個案研究》，頁 123。
〔註 124〕《晉書》卷一百二十三〈慕容垂載記〉，頁 3088。
〔註 125〕劉玉山等，〈十六國時期慕容西燕、後燕幾個問題的再探討〉，《東南文化》，總第 195 期（2007 年 1 月），頁 70。

三、征服四方以定中夏的北魏

拓跋氏與慕容氏一樣，都是在華北外圍長期經營、蓄積實力，於有利時機進軍中原。不同的是，慕容氏所建立的前、後燕，其戰略目標制定均屬漸進式，都是隨軍事作戰進展，再逐步確立。拓跋氏卻早在復國之初，就以統一天下作為最終戰略目標，與其他七個霸權不同。

之所以有如此差異，或與拓跋珪復國前一個多世紀以來，拓跋部長期經營長城以北有關：神元皇帝拓跋力微建立以拓跋部為中心的部落聯盟國家，穆皇帝拓跋猗盧自西晉取得「句注、陘北之地」，「乃徙十萬家以充之」，〔註126〕為爾後進軍中原邁出第一步。〔註127〕有了這些基礎，於是在永嘉之禍爆發，華北陷入戰亂，特別當晉愍帝被殺害後，平文皇帝拓跋鬱律對大臣曰：「今中原無主，天其資我乎」，之後又「治兵講武，有平南夏之意」。〔註128〕到了351年，昭成皇帝拓跋什翼犍見後趙末年的中原情勢，曰：「石胡衰滅，冉閔肆禍，中州紛梗，莫有匡救，吾將親率六軍，廓定四海」，下令諸部待時南征，卻因諸部大人進諫「今中州大亂，誠宜進取，如聞豪強並起，不可一舉而定，若或留連，經歷歲稔，恐無永逸之利，或有虧損之憂」，南征後趙遂止。〔註129〕比較平文、昭成兩朝最後放棄南征的原因似乎相同：都與本身實力不足，無法力戰群雄，故而放棄有關。〔註130〕

可能受長期控領塞北廣大地域影響，也對南下擴張有所期待，每當華北發生戰亂，拓跋部即圖謀南征華北。前述拓跋鬱律、什翼犍均如是。因此，當拓跋珪於386年即代王位時，華北地區也正處於群雄並起狀態，在鬱律、什翼犍之過往歷史的啟示下，他也有同樣企圖。〔註131〕389年，珪定都平城，

〔註126〕《魏書》卷一〈序紀〉穆皇帝三年條，頁7。

〔註127〕谷川道雄，《隋唐帝國形成史論》，頁96；李玉順撰，〈試析拓跋鮮卑部落聯盟〉，《滿族研究》，總第103期（2011年2月），頁67。

〔註128〕《魏書》卷一〈序紀〉平文皇帝二、五年條，頁9～10。

〔註129〕《魏書》卷一〈序紀〉昭成皇帝建國十四年條，頁13。

〔註130〕按拓跋鬱律於318年有平定中原之志，但所見僅拒絕漢趙與後趙請和，及晉元帝封授等作為；直到321年仍在「治兵講武」，戰爭準備似進行得太慢，或許與當時華北已形成兩趙對峙格局，情勢較先前穩定有關。351年，拓跋什翼犍也有意南征，但受到諸大人「如聞豪強並起，不可一舉而定，……或有虧損之憂」諫言而中止，或與前燕已率軍進入河北要域，拓跋氏難以匹敵有關。前後兩次放棄南征的原因顯然一樣，都與實力尚無戰勝群雄之絕對把握有關。

〔註131〕例如《魏書‧禮志一》載：「太祖初，有兩慧星見，劉后使占者占之，曰：

即皇帝位時，立壇兆告祭天地，祝文即曰：「珪以不德，纂戎前緒，思寧黎元，龔行天罰。殄劉顯，屠衛辰，平慕容，定中夏」。〔註132〕

圖 25. 拓跋珪平定天下之四階段戰略目標

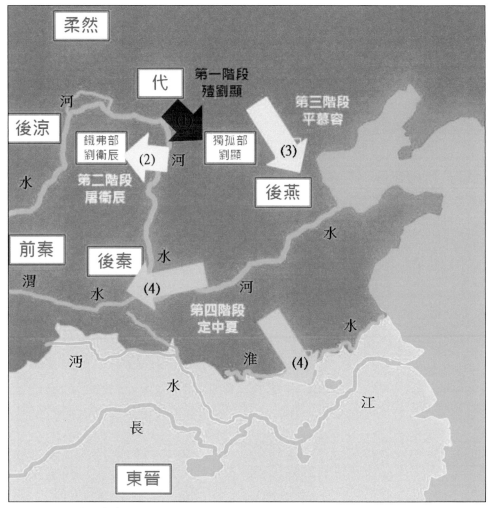

資料來源：筆者參考下列資料自繪：
    1. 譚其驤，《中國歷史地圖集（第四冊）》，頁 13～14。
    2. 陳致平，《中華通史（三）》，頁 138。
    3.《魏書》卷一百八之一〈禮志一〉，頁 2734。

『祈之則當掃定天下』，后從之，故立其祀」即為一例。參閱《魏書》卷一百八之一〈禮志一〉，頁 2735。
〔註132〕《魏書》卷一百八之一〈禮志一〉，頁 2734。

上述「殪劉顯，屠衛辰，平慕容，定中夏」，或謂北魏當時制定的戰略目標。它可將霸業劃為如圖 25 所示的四個階段：前三階段，目標很清楚，分別指向黃河以東的獨孤部劉顯、黃河以西的鐵弗部劉衛辰、河北與山西要域的後燕與西燕，而第四階段的「定中夏」，應當是關中與東晉。可見拓跋珪的戰略目標係基於拓跋氏長久以來征服中原的渴望、北魏建國之初的周邊形勢，及實力增強後有利擴張的可能方向，用現代軍事術語講，此目標具備清晰的「全程戰略」性質，〔註133〕已將近、中、遠程目標完全包括。

不過就「殪劉顯」等四階段的性質而言，前三階段屬部落與部落間的征戰。由於胡夷部落受到如匈奴「時大時小，別散分離」之傳統影響，鮮卑則慣於生活在「大人以下，各自畜牧營產，不相傜役」，結構較鬆散的社會。這些因素，易使其內部常有聚合、離散現象，有影響國安之虞。〔註134〕此時的北魏，最重要的乃在鞏固內部，亦即打破傳統部落羈絆，強化王權，方可達成前三個階段目標。最後階段則是以中央集權國家之姿，征伐相鄰的對手，性質類似敵對國或政權之間的戰爭，北魏應追求的，乃在提振國家的綜合實力。

於是自拓跋珪復國開始，於推動離散部落政策的同時，也適當地分權予信任的部落首領。其即位之初，以長孫嵩為南部大人即為一例。按《魏書·長孫嵩列傳》載：「父仁，昭成時為南部大人。嵩……年十四，代父統軍，……劉顯之謀難也，嵩率舊人及鄉邑七百餘家叛顯走，……見太祖於三漢亭。太祖承大統，復以為南部大人」；〔註135〕代國設南部大人始於什翼犍時期，當時對「諸方雜人來附者，總謂之『烏丸』，各以多少稱酋、庶長，分為南北部，復置二部大人以統攝之。……太祖登國元年，因而不改，南北猶置大人，對治二部」。〔註136〕由於長孫仁、嵩兩代為拓跋氏信任，嵩率舊人及鄉邑七百

〔註133〕「全程戰略」係基於大軍作戰兵力龐大、期程較長、後勤複雜，具鈍重性。由於具這種性質的作戰（在過去概指獨立軍、軍團層級以上的作戰，現代則是影響範圍涵蓋整個區域或幾個國家的聯合軍事行動），切忌臨機性的大幅變動。無論國家武力的整體運用，或策劃戰役、發動會戰，均應擬訂概念清晰的全程構想，具體實踐的戰略指導及兵力運用的作戰計畫，藉以掌握主動，引領戰爭進行。參閱張鑄勳，〈析論蔣中正在中國抗日戰爭初期的戰略指導〉，《國史館館刊》，第 50 期（2016 年 12 月），頁 102。

〔註134〕谷川道雄，《隋唐帝國形成史論》，頁 97。

〔註135〕《魏書》卷二十五〈長孫嵩列傳〉，頁 643。

〔註136〕出於《魏書》卷一百一十三〈官氏志〉，頁 2971～2972。雖說代國分設南、北部大人始於什翼犍時期，其實就鮮卑族系傳統與過往歷史而言，當與沿襲檀石槐將其國分中、東、西三部，各置大人，均向檀石槐負責有關。參閱〔日〕

餘家於劉顯謀難時，投奔北魏，對穩定情勢當有一定效果，故授予南部大人職位；長孫嵩僅以七百餘家實力，一躍而為北魏最主要的兩地方首長之一，必能欣然接受。這種兼顧上下利害並予妥善調處的作為，正是拓跋珪開始離散部落之初，所著力的方向。之後則以此為基礎，進一步擴大規模，如前述之「置八部大夫、散騎常侍、待詔等官」。

不過在初期階段，拓跋珪的統治並不穩固，任何狀況都可能會將先前的努力摧毀殆盡；386 年八月，劉顯迎繼承拓跋部之資格較珪為優的窟咄，以兵壓境，造成諸部騷動即為一例。對此，珪「北踰陰山，幸賀蘭部，阻山為固」，並向後燕請求派兵援助，即在不與其力抗的情形下，先向陰山後撤，再藉賀蘭部與後燕之力，度過難關。

當然，賀蘭部與後燕的援助並非毫無理由，賀蘭部之所以伸出援手，與其大人賀訥乃拓跋珪之親舅有關；後燕派兵或與慕容垂姐妹乃拓跋珪祖母有關，[註 137] 至少也是出於北魏供應戰馬。然而，在鮮卑族系「怒則殺父兄，而終不害其母，以母有族類，父兄無相仇報故也」的傳統中，來自雙親的血緣關係，未必是永久維持友好的保證；[註 138] 同樣，當戰馬供應管道發生變化，原本立基於此的關係必將隨之而變。[註 139] 於是當拓跋珪先後滅亡獨孤部劉顯與鐵弗劉衛辰後，西燕與後燕自然是北魏下階段的目

船木勝馬，〈匈奴・烏桓・鮮卑の大人について〉，《內田吟風博士頌壽紀念東洋史論集》（京都市：同朋舍，1978 年 8 月），頁 466～467。

〔註 137〕按《魏書・皇后列傳・昭成皇后附傳》載：「昭成皇后慕容氏，元真之女也。……生獻明帝……」，元真係慕容皝之字，獻明帝乃拓跋珪之父，由此可見拓跋與慕容兩氏之親屬關係。參閱《魏書》卷十三〈皇后列傳・昭成皇后附傳〉，頁 323。

〔註 138〕參閱《後漢書》卷九十〈烏桓鮮卑列傳〉，頁 2979。這段引文看似「母有族類」乃「終不害其母」的原因，但這種顧及母親族類而不敢害之的情況恐非絕對，特別當雙方發生利益衝突，或雙方實力懸殊時，來自母親的血緣關係就不大可能讓雙方長久維持和平了。

〔註 139〕此即《魏書・太祖紀》所載 392 年，「慕容垂止元觚而求名馬，帝絕之。乃遣使於慕容永」；後於 394 年，後燕討伐西燕時，「遣陳留公虔、將軍庾岳率騎五萬東度河救之」。由於北魏當時實力尚未完全凌駕後燕之上，使慕容氏保持後燕與西燕的對峙狀態乃最有利。用摩根索均勢理論的競爭模式分析拓跋珪出兵救援西燕之舉，可看出當時居次強的北魏欲維持三國分立現狀，從中蓄積實力，以利對抗最強的後燕，當藉由救援西燕，獲得增長實力的機會，以待有利時機來臨。參閱《魏書》卷二〈太祖紀〉登國六年七月條，八年六月條，頁 24～25；摩根索，《國家間政治》，頁 210～211。

標。回顧北魏從「殪劉顯」到「平慕容」，其為貫徹此三個階段戰略目標，
所採取的作為，簡單歸納即是「聯合未來之敵，以打擊現在之敵，並待有
利時機來臨，再消滅此未來之敵」。儘管這三階段目標的決戰，都是先由對
方發起，但在北魏事先規劃、妥善運用周邊關係的情形下，早在決戰前，
即已穩居不敗境地，故能克敵致勝。

　　398 年，北魏自後燕成功取得河北與山西要域。六月，拓跋珪「詔有司議
定國號」，他力排眾議，決定以魏為國號，遂下詔：〔註 140〕

> 昔朕遠祖，總御幽都，控制遐國，雖踐王位，未定九州。逮于朕躬，
> 處百代之季，天下分裂，諸華乏主。民俗雖殊，撫之在德，故躬率
> 六軍，掃平中土，凶逆蕩除，遐邇率服。宜仍先號，以為魏焉。布
> 告天下，咸知朕意。

　　從字面來看，頒布這份詔書有擺脫「受晉正朔，爵稱代王」，臣屬晉朝之
過往歷史的意涵，〔註 141〕亦可視為其宣告進行第四階段戰略目標的開始。於
是從是年七月起，「遷都平城，始營宮室，建宗廟，立社稷」、「詔有司正封畿，
制郊甸，端徑術，標道里，平五權，較五量，定五度」、「遣使循行郡國」，之
後更是「詔尚書吏部郎中鄧淵典官制，立爵品，定律呂，協音樂；儀曹郎中董
謐撰郊廟、社稷、朝覲、饗宴之儀；三公郎中王德定律令，申科禁；太史令晁
崇造渾儀，考天象」。〔註 142〕這些都是建立以漢文化為中心的皇統所不可或
缺者，充分表明北魏意圖一統天下的雄心。

　　雖然北魏幾乎控領整個關東地區，也建立以漢文化為中心的統治機構，
但欲推行「定中夏」的戰略目標，實力上仍有不足之處，至少還需克服關東
地區統治未穩，及來自南方的南朝宋與北方的柔然之威脅。〔註 143〕

　　對此，北魏除採取「大軍所經州郡，復貲租一年，除山東民租賦之半」
及「分命諸官循行州郡，觀民風俗，察舉不法」等安撫措施外，並將作為打
擊主力的輕騎兵集中於政權中樞，同時「發卒萬人治直道，自望都鐵關鑿恒
嶺至代五百餘里。帝慮還後山東有變，乃置行臺於中山，詔左丞相・守尚書

〔註 140〕《魏書》卷二〈太祖紀〉天興元年六月條，頁 32～33。
〔註 141〕龔詩堯，《從外交活動之發展論北朝漢文化地位的變遷》，新竹：清華大學博
　　　　士論文，民國 101 年，頁 31。
〔註 142〕《魏書》卷二〈太祖紀〉天興元年七、八、十一月條，頁 33。
〔註 143〕沈起煒，《黎東方講史之續——細說兩晉南北朝》（上海：上海人民出版社，
　　　　2019 年 5 月），頁 279～281。

令‧衞王儀鎮中山，撫軍大將軍‧略陽公元遵鎮勃海之合口」，〔註144〕採類似前秦在淝水之戰前，於關東建立防衛體系的作法：當某地爆發動亂，先由當地駐軍應變，必要時再投入駐代北的輕騎平亂。這種作法既能拱衛中樞，亦可顧及來自柔然的威脅，避免代北防務空虛，也能因應關東兵力不足，無法鎮懾當地民眾反抗。

為確保南方安全，北魏先是於399年三月，因「氐人李辯叛慕容德，求援於鄴行臺尚書和跋，跋輕騎往應之，克滑臺」，〔註145〕開始進軍黃河以南。之後，雙方在河南一帶反覆爭奪，有得有失，滑臺後來也在劉裕伐秦之時，於416年失守。〔註146〕422年五月，劉裕死，「太宗欲取洛陽、虎牢、滑臺」，不顧白馬公崔浩「今國家亦未能一舉而定江南」之警告，「遣奚斤南伐」。〔註147〕雖控制了北起河濟之間的碻磝、尹卯，南至兗州高平、金鄉以北，豫州許昌以北地區，〔註148〕但戰事也陷入了膠著。期間，為防禦柔然的攻勢，北魏也師法中原王朝，於423年二月，「築長城於長川之南，起自赤城，西至五原，延袤二千餘里，備置戍衞」，〔註149〕但效果不彰。

423年十一月，明元帝死，太武帝拓跋燾繼位，柔然於次年八月「率六萬騎入雲中，殺掠吏民」，〔註150〕似乎就是衝著魏主更替而來。〔註151〕這場仗最後雖將柔然擊退，卻打得艱苦，但也激發北魏徹底解決柔然，與停止進犯南朝宋的決心。斯時，南朝宋新君繼立，太武帝遂「詔龍驤將軍步堆、謁者僕射胡覲使於劉義隆」，〔註152〕北魏故得以抽調兵力，全力對北。之後，太武帝接受尚書令劉絜「大檀恃眾，雖破膽奔北，恐不懼往敗，將復送死。請收田訖，復一大舉，東西並進，為二道討之」建議，〔註153〕於424年十二月，「遣平陽王長孫翰等討蠕蠕。車駕次祚山，蠕蠕北遁，諸軍追之，大

〔註144〕《魏書》卷二〈太祖紀〉天興元年正月條，頁31。
〔註145〕《魏書》卷二〈太祖紀〉天興二年三月條，頁35。
〔註146〕牟發松等，《中國行政區劃通史：十六國北朝卷》，頁460。
〔註147〕《魏書》卷三十五〈崔浩列傳〉，頁813～814。
〔註148〕牟發松等，《中國行政區劃通史：十六國北朝卷》，頁460。
〔註149〕《魏書》卷三〈太宗紀〉泰常八年二月條，頁63。
〔註150〕《魏書》卷四〈世祖紀〉始光元年八月條，頁69。
〔註151〕按《魏書‧蠕蠕列傳》載：423年，「太宗崩，世祖即位，大檀聞而大喜，始光元年秋，乃寇雲中」。就敍事先後來看，柔然寇雲中，當與新君嗣位有關。參閱《魏書》卷一百三〈蠕蠕列傳〉，頁2292。
〔註152〕《魏書》卷四〈世祖紀〉始光二年四月條，頁70。
〔註153〕《魏書》卷二十八〈劉絜列傳〉，頁687。

獲而還」。〔註154〕次年十月，又遣平陽王長孫翰等再興攻勢，「諸軍至漠南，捨輜重，輕騎齎十五日糧，絕漠討之，大檀部落駭驚北走」，〔註155〕北魏藉由這兩次遠征，成功確立其對柔然的優勢。〔註156〕

儘管對南朝宋未在取得一有利成果下結束，至少能趁其著力內政之時，擺脫南征的泥淖，集中力量戰勝柔然，對戰略目標的貫徹未偏離太遠，故能於426年，南北兩翼均屬安全的情形下，揮軍西征夏國，成為其兼領關東與關西地區之華北地區霸主的重要關鍵。

在意志方面：拓跋珪復國之初，國家仍舊是一個部落聯盟，各部皆有相當權勢，自由決定降附或叛離，極易牽動國家整體民心士氣。對此，珪乃於386年二月「徙居定襄之盛樂，務農息民，國人悅之」，〔註157〕從部眾最期待的生活安定著手，儘可能地爭取其向心。從次月「劉顯自善無南走馬邑，其族奴真率所部來降」觀之，〔註158〕來自部眾的支持使劉顯無以立足，也讓珪度過復國初期最艱險的階段。〔註159〕

同年四月，拓跋珪「改稱魏王」，〔註160〕使用此稱號有對群臣表明其平定華北混亂狀態決心之意涵。〔註161〕不過，要推動這樣的決心，沒有足夠的實力還是不行。五月，「護佛侯部帥侯辰、乙弗部帥代題叛走。諸將追之」即為一例。從珪「當今草創，人情未一，愚近者固應趑趄，不足追也」之反應來看，〔註162〕當部落聯盟實力不足，叛走現象必當層出不窮。

拓跋珪於是以第四章第二節所述的「離散諸部，分土定居」政策，藉由前述授長孫嵩為南部大人之大量賜爵等辦法，使原本有可能危害聯盟領袖威權，不利其戰略推行的部落大人，轉變為效忠北魏政權的官僚。〔註163〕蓋鮮卑部落大人權勢極大，所屬部眾皆應無條件服從，否則必遭嚴厲懲罰。拓跋

〔註154〕《魏書》卷四〈世祖紀〉始光元年十二月條，頁70。
〔註155〕《魏書》卷一百三〈蠕蠕列傳〉，頁2292。
〔註156〕沈起煒，《黎東方講史之續——細說兩晉南北朝》，頁281。
〔註157〕《通鑑》卷一百六〈晉紀二十八〉孝武帝太元十一年二月條，頁3411～3412。
〔註158〕《魏書》卷二〈太祖紀〉登國元年三月條，頁20。
〔註159〕故胡三省對「劉顯自善無南走馬邑」，以「畏代之偪，且懼其脩怨也」注之。參閱《通鑑》卷一百六〈晉紀二十八〉孝武帝太元十一年三月條，頁3413。胡注。
〔註160〕《魏書》卷二〈太祖紀〉登國元年四月條，頁20。
〔註161〕〔日〕船木勝馬，《古代遊牧騎馬民の国——草原から中原へ》（東京：誠文堂新光社，1989年2月），頁204。
〔註162〕《魏書》卷二〈太祖紀〉登國元年五月條，頁20～21。
〔註163〕張繼昊，《從拓跋到北魏——北魏王朝創建歷史的考察》，頁273～274。

珪就是從鮮卑傳統文化入手，當掌握部落大人的同時，也利用其威權，間接轉為各部落對北魏朝廷的效忠；當各部落的支持度提高了，整體士氣必將得到鼓舞，並轉化為行動力量。

然而，這種傳統文化事實上也是一種雙面刃，當部落大人既有利益無法維持，或對整個部落聯盟的前景失望時，大人帶領部眾叛離，致聯盟分崩離析，乃極自然之勢。對此，拓跋珪在前述血緣與馬匹交易等關係的鏈結下，與賀蘭部及後燕保持友好，並多次得到援助，轉危為安，對整體士氣的維繫亦發揮不小功效。雖然上述「聯合未來之敵，以打擊現在之敵，並待有利時機來臨，再消滅此未來之敵」的作法不甚光明磊落，卻也是在實力不足下，贏得華北地區霸主寶座，不得不為的必要之惡。

必須說明的是，在北魏將後燕逐出河北要域前，拓跋珪的統治仍相當不穩。397 的「柏肆之戰」幾乎使北魏滅燕行動功敗垂成，即為一例，顯現持觀望態度的部落大人為數不少。於是當北魏成功占領河北要域後，一躍而為關東地區霸主，拓跋珪有這項成就的支撐，故能更大膽地推行離散諸部政策。這時，他不再只用厚賞方式來攏絡諸部大人，甚至也開始運用殘殺手段，以提振自身的威權，白部大人和跋被殺即為一例：〔註164〕

> 太祖寵遇跋，冠於諸將。時羣臣皆敦尚恭儉，而跋好修虛譽，眩曜於時，性尤奢淫，太祖戒之，弗革。後車駕北狩豺山，收跋，刑之路側。妻劉氏自殺以從。初，將刑跋，太祖命其諸弟毗等視訣，跋……今之背己曰：「汝曹何忍視吾之死也！」毗等解其微意，詐稱使者，云奔長安，追之不及。太祖怒，遂誅其家。

另按《魏書・莫含列傳・題附傳》載：「太祖欲廣宮室，規度平城四方數十里，將模鄴、洛、長安之制，運材數百萬根」，〔註165〕說明拓跋珪於 398 年遷都平城時，刻意在都城的建築上仿傚中原王朝規模，亦有對外宣示其平定天下雄心之意涵。〔註166〕

此外，由於鮮卑族系的社會結構較胡羯鬆散，欲推動離散部落政策，朝強國之路邁進，或有提振內部意志之必要。對此，拓跋珪似以各部落之集體

〔註164〕《魏書》卷二十八〈和跋列傳〉，頁 681～682。
〔註165〕《魏書》卷二十三〈莫含列傳・題附傳〉，頁 604。
〔註166〕盧小慧，〈北魏的崛起與平城營建〉，《學海》2017 年第 6 期（2017 年 6 月），頁 190。

記憶為基礎，建構有利統治的歷史記憶。按《魏書・樂志》載：「天興元年（398年）冬，詔尚書吏部郎鄧淵定律呂，協音樂及追尊皇曾祖、皇祖、皇考諸帝，……凡樂者樂其所自生，禮不忘其本，掖庭中歌真人代歌，上敘祖宗開基所由，下及君臣廢興之跡，凡一百五十章，晨昏歌之」。〔註167〕由於拓跋部自古即於「廣漠之野，畜牧遷徙，射獵為業，淳樸為俗，簡易為化，不為文字，刻木紀契而已」，〔註168〕傳播效果僅能及於身旁四週，不易廣泛流傳，故如田餘慶「一個部族，一個部落，甚至一個家庭，都有這種口述傳授的資料」之所述，〔註169〕反倒成為不利整合的因子。由於歌謠乃人類語言傳播之最普遍方式，〔註170〕上述「定律呂，協音樂」、歌《真人代歌》，正是拓跋部建構歷史記憶，促進各部團結，具體營造一種統治正當性的作法。

　　這些正是一個以游牧為主要生活方式，且社會結構鬆散的部落聯盟，在心理層面上成功建構為漢式中央集權王朝的關鍵，憑藉的即是有利北魏朝廷統治的歷史記憶、鮮卑部眾對部落大人絕對服從的傳統文化，以及凌駕部落大人權勢的皇朝威權，故能將部落大人私利成功地轉變成魏主意志，並集中貫注成支持北魏朝華北地區霸主邁進，所不可或缺的民心士氣與群體意志。

第三節　氐羌政權的戰略目標與意志

　　由於氐族分布地區不大，種姓較寡且人口較少；羌族人口眾多，分布範圍廣，但種落分化，為五胡中最落後者。〔註171〕兩者皆不同於胡羯與鮮卑族系，曾建立龐大王國或部落聯盟，有過輝煌歷史，且能延續至十六國時期。或許正因為如此，他們既需團結本族，並與其他族群聯合，方有助於建立政權與進行爭霸。〔註172〕

〔註167〕《魏書》卷一百九〈樂志〉，頁2827～2828。

〔註168〕《魏書》卷一〈序紀〉，頁1。

〔註169〕田餘慶，《拓跋史探》，頁205。

〔註170〕賴光臨，《中國新聞傳播史》（臺北：三民書局，民國79年12月），頁1。

〔註171〕雷家驥，〈氐羌種姓文化及其與秦漢魏晉的關係〉，頁173，175。

〔註172〕氐羌族系在中國歷史上雖曾建立過一些政權，如十六國時期的前秦、後秦、後涼、仇池、武都國、武興國、陰平國等，但構成這些國家的族群皆以漢族為主，而非氐族或羌族。參閱馬長壽，《氐與羌》，頁3。

自漢末三國以來，氐羌族系所在的關隴及其以西地區受長期戰亂與人口遷徙影響，族群分布複雜，原本以部落結構為核心的氐羌社會，也因之為地域性的結合關係取代。〔註173〕這種現象有利氐羌就近同其他族群合作，建立前、後秦政權，並成為當時八個主要霸權之一。本節旨就此等現象，論析前、後秦的戰略目標，及其意志之演變。

一、於一同天下與保全秦雍間進退的前秦

後趙末年，華北地區因石虎去世而戰火四起，為「有眾十餘萬」的苻洪集團開創爭霸機會。只可惜，當他即將開展霸業前，卻遭部將麻秋鴆斃，留下「關中周漢舊都，形勝之國，進可以一同天下，退不失保全秦雍」之遺言。〔註174〕回顧前秦從苻洪集團返還關中建國，迄遭後秦滅亡之全部歷程，即一直受前述「種姓較寡且人口較少」等因素影響，戰略目標似在苻洪所說的「一同天下」或「保全秦雍」間不停轉換：當成功得到其他族群協力，戰略目標將朝「一同天下」發展；反之，則退至「保全秦雍」，固守關中一隅，待有利時機來臨再圖轉變。

350年正月，苻洪「自稱大單于‧大將軍‧三秦王」，既割斷原先與東晉的臣屬關係，也表明其爭奪華北霸權的企圖。應與他「孤取天下，有易於漢祖」的研判有關。〔註175〕這是因為當時的華北地區在前燕入侵，石祇、冉閔相攻，及東晉的北伐下，予洪坐收漁利機會；再加上不久之前，「（姚）弋仲遣其子襄帥眾五萬擊洪，洪迎擊，破之，斬獲三萬餘級」，重挫同樣有志進據關中的對手。〔註176〕由洪「以南安雷弱兒為輔國將軍；安定梁楞為前將軍‧領左長史；馮翊魚遵為右將軍‧領右長史；京兆段凌為左將軍‧領左司馬；天水趙俱、隴西牛夷、北地辛牢為從事中郎，氐酋毛貴為單于輔相」來看，〔註177〕

〔註173〕黃烈，〈關於前秦政權的民族性質及其對東晉的戰爭性質問題〉，《中國史研究》，1979年第1期（1979年），頁85。

〔註174〕《魏書》卷九十五〈臨渭氐苻健列傳‧洪附傳〉，頁2073。

〔註175〕《晉書》卷一百十二〈苻洪載記〉，頁2868。

〔註176〕雷家驥師認為苻洪與姚弋仲皆來自關中，且同屬氐羌族系，後來均著有功勳且位居要津，可能因而互有瑜亮情節。石虎之所以重用他們，或許在使兩人相互制衡。既如此，當苻洪與姚弋仲集團皆失去後趙這個共同効忠的對象後，原本的瑜亮情節自然便引發兩造衝突，開啟爾後兩秦相爭局面。參閱《通鑑》卷九十八〈晉紀二十〉穆帝永和六年閏正月條，頁3152；雷家驥，〈漢趙時期氐羌的東遷與返還建國〉，頁202～203。

〔註177〕《通鑑》卷九十八〈晉紀二十〉穆帝永和六年閏正月條，頁3152。

他至少已爭取到氐、羌、漢等族部分士族的支持，〔註178〕再加上集團的十餘萬眾，形勢有利苻洪向「一同天下」之戰略目標發展。

　　然就在此時，苻洪卻遭麻秋鴆斃，情急之下由世子苻健繼之。從洪「中原非汝兄弟所能辦。關中形勝，吾亡後便可鼓行而西」之遺命來看，〔註179〕洪顯然是要健將原先的「一同天下」目標，改向「保全秦雍」退縮，這固然有對自己死於非命的遺憾，但對苻健的能力持懷疑態度也不無可能。這與氐羌傳統上「自有王侯在其虛落間」、「各有酋豪」，在苻洪以前不曾出現過一位長期率領他們的共主有關，所以他的驟逝對集團傷害極大。苻健面對這種不利環境，只能一方面「去秦王之號，稱晉爵，遣使告喪于京師，且聽王命」，另方面「偽受石祇官，繕宮室於枋頭，課所部種麥，示無西意，有知而不種者，健殺之以徇」，〔註180〕說明欲維持集團的生存，只能借助外力，重新臣服有過密切關係的東晉與後趙。

　　350年八月，苻健「自稱晉征北將軍‧雍州刺史」率眾進軍關中，〔註181〕企圖取代據長安，同樣自稱晉征北將軍‧雍州刺史的杜洪。〔註182〕健之所以能擊敗杜洪，立足關中，除憑藉其優勢的武力外，〔註183〕應該還是得力於當時後趙境內「諸氐、羌、胡、蠻數百餘萬，各還本土」及關西夷夏民心普遍向晉的風潮；苻健所為既符合他們的期望，自然能贏得支持。

　　可是當351年，苻健「稱天王‧大單于」，次年「即皇帝位」，等於切斷與東晉的臣屬關係。之後，「孔特起池陽，劉珍、夏侯顯起鄠，喬景起雍，胡

〔註178〕按雷家驥師的分析，雷弱兒與趙俱皆南安羌酋，毛貴是氐之大族，係洪孫苻生的妻舅，梁楞與魚遵疑為氐人；段凌、牛夷、辛牢則殆為漢人。參閱雷家驥，〈漢趙時期氐羌的東邊與返還建國〉，頁207。

〔註179〕《晉書》卷一百十二〈苻洪載記〉，頁2868。

〔註180〕《晉書》卷一百十二〈苻健載記〉，頁2868～2869。

〔註181〕《晉書》卷一百十二〈苻健載記〉，頁2869。

〔註182〕杜洪原為後趙車騎將軍王朗的司馬，朗因石遵之命，率兵入關，劫持欲爭奪皇位的石苞，故得以掌控關中。350年，朗又奉冉閔之命，開赴洛陽，留洪鎮守長安，遂令洪取而代之的機會。苻健自稱晉臣且得到「關西夷、夏皆應之」，即為其施行「保全秦雍」戰略的首要目標。參閱《通鑑》卷九十八〈晉紀二十〉穆帝永和六年八月條，頁3157；蔣福亞，《前秦史》，頁35。

〔註183〕苻健先以其弟雄帥眾五千為先鋒，大敗杜洪一萬三千之眾于潼關以北，之後「洪悉召關中之眾以拒健。洪弟郁勸洪迎健，洪不從。郁帥所部降於健」，苻健集團的武力顯然優於杜洪。參閱《通鑑》卷九十八〈晉紀二十〉穆帝永和六年八月條，頁3157～3158。

陽赤起司竹,呼延壽起霸城,眾數萬人,並遣使詣征西桓溫、中軍殷浩請救」。
〔註184〕354年,「(桓)溫率眾四萬趨長安,⋯⋯遣司馬勳掠西鄙。⋯⋯三輔
郡縣多降于溫」,前秦既要平定內部反叛,又要抵禦東晉入侵,等於陷入兩面
作戰窘境,應與苻健稱帝,造成關隴民心丕變,有利東晉北伐有關。

355年,苻健病故,太子苻生繼位,因「游飲自若,荒耽淫虐,殺戮無道」,
〔註185〕後遭苻堅篡弒,卻也引來宗室間不斷的內變,加上前述法制不明、綱
紀不立、中央集權王朝尚未確立,以及外有前燕、東晉等強敵環伺之因素限
制,只能謹守「保全秦雍」戰略,專心於防禦外敵與被動平亂。直到368年,
平定苻柳等人的叛亂,瓦解宗室內的「反苻堅」系統後,前秦方能結合革新
內政成果,成功轉為對外力量,並趁前燕內部腐化之際,發動滅燕之戰,戰
略目標才能朝「一同天下」轉換。

此後,苻堅又挾滅燕餘威,接連平定仇池、前涼與代國,且自東晉奪得
益州、襄陽、順陽、彭城、下邳等地,〔註186〕疆域與人口至少較滅燕之前,
擴大三倍。〔註187〕然新增的人口若無法為前秦所用,反倒成為負擔,不僅
將既有力量打散,甚至有危害國家安全之虞。〔註188〕畢竟作為統治族群的氐
人,在整個前秦只算是少數民族。所以其弟征南大將軍苻融才會在382年十
月召開,旨在決定進軍東晉的羣臣會議後曰:「鮮卑、羌、羯攢聚如林,此皆
國之賊也,我之仇也」,說明當前秦達到如此成就時,應效法苻健鞏固關中的

〔註184〕《晉書》卷一百十二〈苻健載記〉,頁2870。

〔註185〕《晉書》卷一百十二〈苻生載記〉,頁2873。

〔註186〕馬長壽,《氐與羌》,頁47。

〔註187〕前秦迄淝水之戰前,其領土較370年擴大之情形係結合譚其驤繪製之「十六
國時期之前涼、前秦、前燕、代疆域圖」,及年發松「建元六年(370年),前
秦滅前燕,盡得其地。⋯⋯建元十五年(379年),得原晉徐州淮水以北之地,
又得東晉順陽、魏興、上庸、新城、新野等郡」之研究結果,推論較原先擴大
三倍;人口部分則依第四章所引「中州豐實,戶兼二寇」,推論前秦人口為五
百三十萬,加上前燕之九百九十八萬人口,幾為原先之三倍,若再加上併滅
前涼、代等新增人口,當超出此三倍之數。參閱譚其驤,《中國歷史地圖集(第
四冊)》,頁9~10;年發松等,《中國行政區劃通史:十六國北朝卷》,頁230。

〔註188〕對此,前秦詩人趙整援琴而歌曰:「阿得脂, 阿得脂,博勞舊父是仇綏,尾
長翼短不能飛,遠徙種人留鮮卑,一旦緩急語阿誰!」,翟云將此解讀為:
「把自己的族人都遷徙到遠方,把慕容氏留在朝廷,一旦有急難之事,去依
靠誰呢?」,即是對此種族分佈失衡的現象,以詩歌方式提出警告。參閱《晉
書》卷一百十四〈苻堅載記〉,頁2928;翟云,〈前秦氐族詩人趙整及其散佚
詩歌作品〉,《隴東學院學報》,第21卷第4期(2010年7月),頁48。

作法，將「保全秦雍」先過渡到「鞏固華北」，而非一路直衝，向東晉擴張。即先與廣大的前燕臣民取得合作，謀求打破其僅足稱霸關中的限制。換言之，前秦當時從中央到地方，大約百分之七十的軍權與地方行政均由氐族掌控，實際上仍未擺脫種族政權性質，部落林立現象依舊存在。〔註189〕欲在關東達到與關中相同的成就，戰略目標就應持盈保泰些，先爭取前燕遺民支持；若未如此，就等於將關東地區置於一種險境。然苻堅對此，似乎只將關東地區的安全寄託在遷至當地的一萬五千餘戶氐人身上。關東地區如此，貫徹其擴張意志的軍隊也有類似現象；這時，前秦雖擁有百萬大軍，充其量只不過是一群烏合之眾，自然難逃淝水之敗厄運。

淝水之戰後，以氐人為主的前秦武力受到重創，境內起事反秦果然始於苻堅著力不足的關東地區。斯時，堅應盡快調轉戰略目標回到「保全秦雍」，集中其二十萬左右之中央兵力於關隴方面。〔註190〕但他未正確掌握慕容垂、暐、泓、沖等急於復國的心理，也未注意到慕容儁與慕容垂兩系之矛盾，於兩方起事之初，暫時與其中一方取得些許程度的妥協，並待日後時機有利，再圖光復關東，卻完全倚賴淝水之戰前，在關東、關西所部署的有限兵力平亂。殊不知原先佈局的成功與否乃繫於關東、關西未同時爆發動亂。既如此，分處兩地且力量有限的氐兵同時與後燕、西燕、後秦陷入膠著，便成為無可避免之事，戰略目標未斷然調整卻也成為決定前秦未來處境的關鍵。

385年，苻丕決定「收兵趙魏，西赴長安」，可作為前秦決改採「保全秦雍」戰略的標誌。時間雖晚，倘若進行順利，尚有扭轉劣勢之可能。但卻在幽州刺史王永與平州刺史苻沖的召喚下，苻丕於是改退晉陽，並在獲悉苻堅死訊後即位於此，戰略目標又回到混沌不明狀態。斯時，前秦等於被西燕與後秦分割為并州與隴右兩部，統合戰力自難發揮。次年，苻丕方面的兵力為西燕擊敗，途中遭晉將馮該所殺，其「臣佐皆沒慕容永」，雖有餘眾數萬在苻纂率領下，「奔據杏城」，戰略目標也因情勢所迫，不得不轉為「保全秦雍」，但挽回頹勢的良機已失，前秦仍舊被分割為二。387年，杏城的苻纂部因內變遭後秦攻滅，前秦實力更形薄弱，之後雖仍與後秦相持達七年之久，但僅是一種敗亡前的殘局，無足恢復了。

〔註189〕雷家驥，〈前後秦的文化、國體、政策與其興亡的關係〉，頁241。
〔註190〕雷家驥，〈前後秦的文化、國體、政策與其興亡的關係〉，頁246。

在意志方面：當苻健率眾返還關西時，因充分掌握分處各地之胡夷族群急於重返故土，與關西夷夏仍忠於晉室的心理，自稱與杜洪相同的「晉征北將軍・雍州刺史」，目的就是要假藉晉臣身分，一方面爭取他們支持，一方面對外宣稱杜洪並非東晉正式派任的地方大員，〔註191〕同時又在率眾渡黃河後，立即焚毀河橋，示無東返之意。此舉果然成功激發出高昂士氣，成為逐杜洪出長安、於五丈原擊敗司馬勳，進而掌控關中，建立前秦的關鍵之一。

苻健正是立基上述形勢，故得在建立前秦的同時，將宗室、舊幕及外戚納入統治核心。這種作法在族群、種落林立且不易統合的當時，將國家大權集中於人口居劣勢的氐族，既可強化氐人向心，將其建構成一個「生命共同體」，對政、軍兩權的掌控當有助益，但仍需以儘可能贏得他族支持為前提。從354年，桓溫率眾四萬進軍關中，「三輔郡縣多降于溫」，證明關中其他族群對苻健的支持有限。因此，前秦只能以堅壁清野、誘敵深入等劣勢作為，於晉軍抵達前，先是「收麥清野以待之，故溫眾大飢」，後「以贏兵六千固守長安小城，遣精銳三萬為游軍以距溫」，致「王師敗績，又破司馬勳于子午谷」，〔註192〕不同於兩趙與燕秦爭霸，戰勝的一方未有先退後攻情事。說明當時的前秦，只能集中氐人意志，其他各族仍多持觀望態度，甚至倒戈降晉。

尤有甚者，當苻健臨終時，對太子生曰：「酋帥、大臣若不從汝命，可漸除之」，〔註193〕苻健的考量或許是出於苻生年紀尚輕，且立為太子未久，威權不足，恐無法保全家業，方口出此言。然問題的核心還是在苻生個人：倘生人格正常，雖具此獨裁專斷之權，尚不致構成危害；但他卻是一身體有殘，性格殘暴之輩。〔註194〕反倒恣意虐殺大臣，摧殘得來不易的成果，遂有苻堅

〔註191〕蔣福亞，《前秦史》，頁36。

〔註192〕《晉書》卷一百十二〈苻健載記〉，頁2871。

〔註193〕《晉書》卷一百十二〈苻健載記〉，頁2878～2879。

〔註194〕儘管《魏書》與《晉書》均將苻生記載成一名暴君，但《洛陽伽藍記・城東・景興尼寺》引隱士趙逸游歷十六國各都邑所見，曰「觀其史書，皆非實錄，莫不推過於人，引善自向。苻生雖好勇嗜酒，亦仁而不殺。觀其治典，未為凶暴。及詳其史，天下之惡皆歸焉。苻堅自是賢主，賊君取位，妄書君惡，凡諸史書，皆是類也」，可謂推翻正史之說。然由《通鑑》仍據正史書之來看，以當時尚存較今日為多之史料，司馬光所採用者，當以最可信者為是。在此引《洛陽伽藍記》之說，目的僅供參照之用。參閱〔北魏〕楊衒之，《洛陽伽藍記》卷二〈城東・景興尼寺〉（南京：鳳凰出版，2006年1月），頁63～64。

後來的篡弒。〔註 195〕苻堅能成功弒生代之，應與得到接近前秦政權核心之眾人的擁戴有關。〔註 196〕

因此，當苻堅即位後，他首先要解決的，就是苻氏宗室分裂問題。特別在族群、部落、塢堡林立的當時，他們隨時都可以選邊效忠，可謂前秦國家安全的重大隱患。對此，苻堅乃依循「治亂世用重典」原則，對權貴的違法與叛亂施以重懲，〔註 197〕同時又「開山澤之利，公私共之，偃甲息兵，與境內休息」，〔註 198〕從百姓最渴望的生活安定及富足著手。於是「百僚震肅，豪右屏氣，路不拾遺，風化大行」，上下意志方能有效合一，成功得到關中人民支持。

此外，在河南洛陽古代藝術館藏有一方「護國定遠侯墓誌」，文曰：〔註 199〕

> 護國定遠侯，祖籍建昌。以北邊有警，仗節孤從，驅逐沙漠，墜騎被虜。建元二年四月朔一日身故，軍士負土以瘞焉。

據王素考證，此墓誌係記載苻堅在位時的建元二年（366 年），墓主為建節將軍鄧羌屬下的一名低階軍官，隨羌參加沙漠之戰，因「墜騎被虜」，後傷重不治，追贈「護國定遠侯」。〔註 200〕我們雖然看不出墓主生前有何功績，但死後能得如此封授，應與苻堅即位初期，內外戰事不斷，需積極爭取部眾支持，所採取之作為有關，與第二章所述烏桓安葬戰死者的作法類似，目的當與緬懷逝者與安撫生者有關。由苻堅之後能平定亂事，使前秦成為華北地區霸主來看，此法當有一定成效。

然隨著前秦滅燕，儼然已成華北霸主時，輔佐苻堅最力的王猛卻於 375 年病逝。他的死不僅對前秦正確追求戰略目標造成重大影響，也使治國風尚，從富國強兵朝奢華不實轉變。其既有圖謀東晉之志，在尚未取得絕對優勢，

〔註 195〕《通鑑》卷一百〈晉紀二十二〉穆帝永和十一年六月條，頁 3197，胡注。
〔註 196〕按《晉書·苻生載記》載：「生夜對侍婢曰：『阿法兄弟亦不可信，明當除之。』是夜清河王苻法……會侍婢來告，乃與特進梁平老、強汪等率壯士數百人潛入雲龍門，苻堅與呂婆樓率麾下三百餘人鼓譟繼進，宿衛將士皆舍杖歸堅。生猶昏寐未寤。堅眾既至，引生置於別室，廢之為越王，俄而殺之」，此次政變雖僅數百人參與，若未得到宮廷外圍的廣大氐眾支持，事情恐怕無法如此順利，苻堅也難以迅速即位，甚至還可能遭苻生佞倖董龍、趙韶等人反制，而告失敗。參閱《晉書》卷一百十二〈苻生載記〉，頁 2879。
〔註 197〕沈起煒，《黎東方講史之續——細說兩晉南北朝》，頁 185。
〔註 198〕《晉書》卷一百十三〈苻堅載記〉，頁 2885。
〔註 199〕王素，〈前秦建元二年護國定遠侯墓誌考釋〉，《漢唐歷史與出土文獻》，頁 409。
〔註 200〕王素，〈前秦建元二年護國定遠侯墓誌考釋〉，頁 409～412。

且內部諸族仍待融合、安頓之際，這些背道而馳的舉措對一些曾被征服、胸懷貳心的人士而言，等於暗示其待機反秦，如《通鑑》載：〔註201〕

> 趙故將作功曹熊邈屢為秦王堅言石氏宮室器玩之盛，堅以邈為將作長史．領將作丞，大脩舟艦、兵器，飾以金銀，頗值精巧。慕容農私言於慕容垂曰：「自王猛之死，秦之法制，日以頹靡，今又重之以奢侈，殃將至矣，圖讖之言，行當有驗。大王宜結納英傑以承天意，時不可失！」

直言之，倘若苻堅能謹守王猛的強秦之路，於適當時機揮軍東晉，統一天下必定指日可待。但他竟於功業如日中天之際，放任整體意志轉向不利，不僅削弱自身實力，也讓慕容鮮卑等族群有了俟機而動的期待。其能在淝水之戰後不久成功起兵反秦，當與此有關。

淝水之戰後，前秦實力僅足「保全秦雍」，但苻堅未在第一時間斷然處置，致力量一分為二，關東、關西的戰事同時陷入膠著。〔註202〕這對民族融合不足，且所採的漢式典章制度亦未完善的前秦而言，〔註203〕戰爭失敗自然加速前秦內部意志的瓦解，而族群的隔閡與敵對又加大彼此的裂痕。《晉書・苻丕載記》所載秦、河州刺史相攻事件即為一例：〔註204〕

> 初，（益州刺史）王廣還自成都也，奔其兄秦州刺史統。及長安不守，廣攻河州牧毛興于枹罕。興遣建節將軍、臨清伯衛平率其宗人千七百夜襲廣軍，大敗之。王統復遣兵助廣，興於是嬰城固守。既而襲王廣，敗之，廣亡奔秦州，為隴西鮮卑匹蘭所執，送詣姚萇。興既敗王廣，謀伐王統，平上邽。枹罕諸氐皆窘於兵革而疲不堪命，乃殺興，推衛平為使持節．安西將軍．河州刺史，遣使請命。

〔註201〕《通鑑》卷一百四〈晉紀二十六〉孝武帝太元元年條，頁3332。
〔註202〕《晉書・苻堅載記》載，淝水之戰後，前秦面對慕容垂、泓同時起事，關東、關西同陷戰火，「堅謂（左僕射）權翼曰：『吾不從卿言，鮮卑至是。關東之地，吾不復與之爭，將若泓何？』翼曰：『寇不可長。慕容垂正可據山東為亂，不暇近逼。今暐及宗族種類盡在京師，鮮卑之眾布於畿甸，實社稷之元憂，宜遣重將討之』」。這段對話凸顯苻堅與權翼皆認同對前秦威脅最大者，乃位在關西的慕容泓部，也決定不再與慕容垂爭「關東之地」。但他既未命苻丕迅速撤回關東的數萬氐眾，致有限力量分割使用，直至丕見形勢糜爛，方纔決定退守關西，卻已喪失先機，毫無挽救的可能了。參閱《晉書》卷一百十四〈苻堅載記〉，頁2920。
〔註203〕雷家驥，〈前後秦的文化、國體、政策與其興亡的關係〉，頁262。
〔註204〕《晉書》卷一百十五〈苻丕載記〉，頁2945。

　　按王廣與王統兄弟屬匈奴，毛興與衛平屬氐族，〔註205〕兩族內訌又將隴西鮮卑捲入，最後造成枹罕諸氐因疲不堪命致引爆內變，殺河州牧毛興，推衛平繼之。惟「枹罕諸氐以衛平年老，不可以成事業，議廢之，而憚其宗強，連日不決」，直到唊青力推狄道長符登為帥，且「奮劍攘袂，將斬貳己者，眾皆從之，莫敢仰視」，〔註206〕暫時將隴右諸部拉回到共尊符登的局面。登之後也能利用姚萇殺符堅的悲情，〔註207〕與後秦因「數為登所敗，遠近咸懷去就之計」氛圍，繼續與姚萇爭戰。只不過愈到後期，接連的戰敗使形勢愈加不利符登，原先用來維繫內部的符堅神主也不再奏效，各部落自然也各謀發展；前述右丞相竇衝自立不成，轉投後秦即為一例，說明前秦末期的內部意志實已處在瓦解崩潰的邊緣了。

二、有志四方但無遠略的後秦

　　雖說永嘉之禍後，姚弋仲收恤戎夏，東遷榆眉，「自稱護西羌校尉・雍州刺史・扶風公」，〔註208〕似有「乘亂待時」意圖，〔註209〕但他未因此而據地自雄，反倒在兩趙進據關中後，先後臣服其下。與同時崛起的符洪相較，儘管兩人皆出身關中，且都被後趙重用；但洪胸懷大志卻屢遭冉閔所譖，弋仲至死效忠石氏不渝。〔註210〕兩人的處境既有如此不同，自然也影響後繼者對外在情勢的反應。〔註211〕所以從姚襄到姚萇，先是率領部眾臣晉，後又降秦，

〔註205〕雷家驥，〈前後秦的文化、國體、政策與其興亡的關係〉，頁267。

〔註206〕《晉書》卷一百十五〈符丕載記〉，頁2946。

〔註207〕此即《晉書・符登載記》載：「初，長安之將敗也，堅中壘將軍徐嵩、屯騎校尉胡空各聚眾五千，據險築堡以自固，而受姚萇官爵。及萇之害堅，嵩等以王禮葬堅于二堡之間。至是，各率眾降登」，說明符堅的舊屬徐嵩等人雖因形勢有利姚萇而改投後秦，但見萇之害堅，乃又率眾重返前秦陣營。符堅先前的成就，仍普受關中住民感懷，未因淝水戰敗而有改變，這也給予符登爭取各部支持的機會。參閱《晉書》卷一百十五〈符登載記〉，頁2949。

〔註208〕《晉書》卷百十六〈姚弋仲載記〉，頁2959。

〔註209〕雷家驥，〈漢趙時期氐羌的東遷與返還建國〉，頁202。

〔註210〕此即《晉書・符洪載記》載：「冉閔言於季龍曰：『符洪雄果，其諸子並非常才，宜密除之。』季龍待之愈厚。及石遵即位，閔又以為言，遵乃去洪都督，餘如前」，說明符洪任職後趙期間，雖受重用且累有戰功，卻也因而遭忌；相較於姚弋仲雖立下平定東宮謫卒之亂的大功，卻未遇類似後果，或可顯示在後趙末期，洪與弋仲對石氏的效忠，有明顯的落差。參閱《晉書》卷一百十二〈符洪載記〉，頁2867～2868。

〔註211〕雖說姚弋仲部曲馬何羅因張豺輔石世，於叛離之後復歸，弋仲對所屬勸殺之言覆以「今正是招才納奇之日，當收其力用」，似暗示其自立企圖。但從弋

但苻洪、苻健父子一開始即謀求自立，當與此有關。

由於前秦自王猛死後，國政日漸腐敗，似乎也對姚萇造成若干影響。如《通鑑》對 383 年七月，苻堅進軍東晉直前的記載：〔註212〕

> 堅下詔大舉入寇，民每十丁遣一兵；其良家子年二十已下，有材勇者，皆拜羽林郎。……是時，朝臣皆不欲堅行，獨慕容垂、姚萇及良家子勸之。陽平公融言於堅曰：「鮮卑、羌虜，我之仇讎，常思風塵之變以逞其志，所陳策畫，何可從也！……」堅不聽。

對照前述慕容垂在淝水之戰前即有復國意圖，上引「獨慕容垂、姚萇及良家子勸之」，容易使人產生姚萇亦暗自反秦的聯想。不過由第三章第三節所引之「慕容泓起兵叛堅。堅遣子叡討之，以萇為司馬。為泓所敗，叡死之。萇遣龍驤長史趙都詣堅謝罪」來看，姚萇既未在淝水戰後建立或加入任何反秦勢力，又在慕容泓起兵後，奉命擔任苻叡的司馬，協力平叛，且在叡死後，派員詣堅謝罪，其對前秦的效忠顯然未因作戰失敗而改變。

直到姚萇畏懼苻堅喪子之怒，「奔於渭北，遂如馬牧」，纔在西州豪族尹詳等人的勸說、推舉下，建立後秦。後秦既成立得如此倉促，姚萇之前又無自立企圖，戰略目標自然只著眼於最基本的維持生存與立足關中而已。因此，當「慕容沖與苻堅相攻，眾甚盛」時，萇「乃遣使通和，以子崇為質於沖」，〔註213〕雖有聯合西燕共抗前秦的意涵；但以其「進屯北地，屬兵積粟，以觀時變」，真正的目的乃在回到姚弋仲曾發揮影響力，且是羌族分布最多的地區，以盡可能爭取本族的支持，〔註214〕等待有利時機來臨。因此，他才能在慕容沖率眾返回關東，長安空虛之時，乘機攻佔、定都此地，且以此為基地，對日後併滅前秦，影響極大。其成功的關鍵即《晉書·姚萇載記》

仲常戒諸子「吾本以晉室大亂，石氏待吾厚，故欲討其賊臣以報其德。今石氏已滅，中原無主，自古以來未有戎狄作天子者。我死，汝便歸晉，當竭盡臣節，無為不義」觀之，顯然無任何自立打算。前述「今正是招才納奇之日」，當屬安撫內部僚佐之語，與起事爭霸無關。參閱《晉書》卷一百十六〈姚弋仲載記〉，頁 2961。

〔註212〕《通鑑》卷一百五〈晉紀二十七〉孝武帝太元八年七月條，頁 3358。

〔註213〕《晉書》卷一百十六〈姚萇載記〉，頁 2966。

〔註214〕按馬長壽的考證：魏晉時，秦州包括隴西、南安、天水、略陽、武都、陽平六郡，各郡或多或少均有羌族雜居其間。雍州包括京兆、馮翊、扶風、安定、北地、新平、始平七郡，其中馮翊、北地、新平、安定四郡羌族最多。姚萇「以子崇為質於沖，進屯北地」，乃繫於羌族分布最多，有利其「屬兵積粟，以觀時變」。參閱馬長壽，《氐與羌》，頁 129。

所述：〔註215〕

> 萇聞慕容沖攻長安，議進趨之計，羣下咸曰：「宜先據咸陽以制天下。」萇曰：「燕……咸有東歸之思，安能久固秦川！吾欲移兵嶺北，廣收資實，須秦弊燕迴，然後垂拱取之。兵不血刃，坐定天下，此卞莊得二之義也。」堅寧朔將軍宋方率騎三千從雲中將赴長安，萇自貳縣要破之，……萇遣諸將攻新平，克之，因略地至安定，嶺北諸城盡降之。

相較於苻登喪失作為基地的大界後退據平涼，實力逐漸衰弱，後秦始終確保長安周邊這塊堪稱天府之地，是其在兩秦爭霸得到最後勝利的主因。蓋後秦受限於羌族「其種自有豪，數相攻擊，勢不一也」之傳統文化，不利於長期作戰。但他接受古成詵「陛下宜散秦州金帛以施六軍，旌賢表善以副鄙州之望」及「願布德行仁，招賢納士，厲兵秣馬，以候天機」等建議，改善羌族文化所造成的弊害，鞏固長安基地，且致力改善內部族群複雜問題，故能突破諸多限制，勝敵益強。

不過，自姚萇死後，繼位者姚興卻未沿襲乃父待機而動、兵不血刃的戰略思維，而是重蹈石虎「多重目標併立」覆轍，同時追求過多目標。儘管他滅亡前秦之後，又迫使西秦主乞伏乾歸降服、派兵擊敗後涼，徙其主呂隆至長安，西方的南涼、北涼、西涼亦隨之遣使降附，成功將勢力伸入隴右、河西地區。〔註216〕然此期間，他既進軍河東，攻陷陝城、洛陽，「自淮漢以北諸城，多請降送任」，〔註217〕又「遣（義陽公）姚平、（尚書右僕射）狄伯支等率步騎四萬伐魏」，〔註218〕將「由西向東」的擴張軸線改為「由南向北」。迄戰事失利撤軍，復因「晉順陽太守彭泉以郡降興，興遣楊佛嵩率騎五千，與其荊州刺史趙曜迎之，遂寇陷南鄉」，〔註219〕擴張軸線又改為「由北向南」。姚興顯然與前述之七個霸權各有一套擴張戰略的作法大不相同：既在短時間內同時追求多個目標，且又不斷調換擴張軸線。不僅耗費有限的資源，也無法在最有利之時，集結強大力量予敵最致命一擊，其毫無遠略由此可見。

〔註215〕《晉書》卷一百十六〈姚萇載記〉，頁 2966。

〔註216〕馬建春，《中國西北少數民族通史（西晉十六國卷）》（北京：民族出版社，2009 年 1 月），頁 80～81。

〔註217〕《晉書》卷一百十七〈姚興載記〉，頁 2980。

〔註218〕《晉書》卷一百十七〈姚興載記〉，頁 2981。

〔註219〕《晉書》卷一百十七〈姚興載記〉，頁 2983。

尤有甚者，當與東晉的戰事未取得有利結果前，即因劉裕平定內亂，「遣使求和於秦，且求南鄉等諸郡」時，姚興竟不顧群臣反對，將南鄉、順陽、新野、舞陰等十二郡割讓東晉，〔註220〕等於將有利後秦確保南疆安全的「桐柏山—大別山」之線，拱手讓人。結果即是在黃淮平原西部，留下一塊沿陳留、梁、譙、新蔡、汝南之線，與東晉對峙，且無地障隔絕的突出部，不啻為日後劉裕滅秦，敞開大門。

儘管姚興滅亡前秦，乘勢向四方擴張，取得了顯著成果，儼然有步武苻堅統一華北之勢。〔註221〕但他在隴右、河西的成功，只不過是挾作戰勝利的餘威而已。〔註222〕當形勢逆轉，先前的成就即可能變質：407年，赫連勃勃起事，後秦北部邊境不斷敗退內縮，乞伏乾歸見狀，「僭稱秦王，赦其境內，改元更始，置百官，公卿已下皆復本位」；〔註223〕次年十一月，「（禿髮）傉檀於是僭即涼王位，赦其境內，改年為嘉平，置百官」。〔註224〕西秦、南涼先後復國，旋於隴右、河西引發一股分離效應，後秦西部邊境因之內縮，即為此等現象的反映。

對此，後秦不僅無力平叛，也提不出有效的對策，只能放任情勢糜爛。儘管對實力較弱的西秦用綏撫方式，「遣使署乾歸使持節．散騎常侍．都督隴西嶺北匈奴雜胡諸軍事．征西大將軍．河州牧．大單于．河南王。乾歸方圖河右，權宜受之，遂稱藩于興」，〔註225〕所得只不過是短暫的歸附而已；對實力較強的夏國與東晉，便毫無剋制對策，於是在南北兩大強敵的夾擊下，走向滅亡。

〔註220〕《通鑑》卷一百一十四〈晉紀三十六〉安帝義熙元年七月條，頁3642。

〔註221〕陳致平，《中華通史（三）》，頁148。

〔註222〕按《晉書‧乞伏乾歸載記》載：「姚興將姚碩德率眾五萬伐之，……為興所敗。……乾歸曰：『自古無不亡之國，廢興命也。苟天未亡我，冀興復有期。德之不建，何為俱死！……』……謂其子熾磐曰：『……姚興方盛，吾將歸之。……』……遂奔長安，姚興見而大悅，……盡以部眾配之。……熾磐以長安兵亂將始，乃招結諸部二萬七千，……羣下勸乾歸稱王，……從之」，前述乞伏乾歸降服顯然就是畏於後秦兵威的權宜之計，其降服的基礎既是如此，當此基礎消失，乾歸重建西秦乃極自然之勢，說明姚興控制隴右、河西的基礎極為薄弱。參閱《晉書》卷一百二十五〈乞伏乾歸載記〉，頁3119～3121。

〔註223〕《晉書》卷一百二十五〈乞伏乾歸載記〉，頁3122。

〔註224〕《晉書》卷一百二十六〈禿髮傉檀載記〉，頁3152。

〔註225〕《晉書》卷一百二十五〈乞伏乾歸載記〉，頁3122。

在意志方面：後秦既建立在淝水戰後的複雜形勢與西州豪族勸進，當時所憑藉的武力又是出於這些豪族，後秦儼然是姚氏與羌、胡、漢、氐、休官等西州豪族所構成的生命共同體。對此，當姚萇稱王，建立後秦的同時，尹詳、王欽盧等西州豪族隨即成為重要僚屬、酋帥，政權機構與慕容垂建立後燕初期類似；也反映後秦開國初期之所以能成功立足，實乃此羌、胡、漢、氐、休官塑造並發揮共同意志所致。

然而，當兩秦爭霸有長期化趨勢，自然會有「遠近咸懷去就之計」現象。這或與開國初期之最艱危時期已過，繼續追隨姚萇獲利有限，甚至有招惹禍害之可能有關。不過，羌族有「不立君臣，無相長一」傳統，姚萇率領的本來就是一個個叛服不定的部落。然換個角度來看，這種特性也有利姚萇各個擊破，他掌握此一傳統，對齊難、徐洛生、劉郭單、彌姐婆觸、趙惡地、梁國兒等率領核心武力的「守忠不貳」之士，「散後宮文綺珍寶以供戎事，身食一味，妻不重綵。將帥死王事者，加秩二等，士卒戰沒，皆有褒贈。立太學，禮先賢之後」，〔註226〕儘可能給予最優厚的待遇，與後趙對待胡羯，及後燕爭取支持的作法類似；此外，萇又下令「有復私仇者，皆誅之」，將羌族常因內部矛盾，衍生出的危害，儘可能排除，以提振整體意志。

不過，上述後秦鞏固內部的作法雖有助於滅亡前秦，成為關隴地區霸主，但國家卻一直處在開國征戰狀態。〔註227〕雖對長安周邊基地進行相當程度的建設，以保持對前秦的優勢，但整體建設依舊不足，特別是在之後連番出兵隴右、河西、河東等地時，姚興又不時表現出「好游田，頗損農要」等，彷彿漠視經濟建設的態度，與最基層的各部部眾滿足基本生活需要的渴望相左，內部意志必然因此而逐漸分離。結果即如太史令郭黁「戊亥之歲，當有孤寇起於西北，宜慎其鋒。起兵如流沙，死者如亂麻，戎馬悠悠會隴頭，鮮卑、烏丸居不安，國朝疲於奔命矣」之諫言；〔註228〕其中，「孤寇起於西北」、「起兵如流沙，死者如亂麻，戎馬悠悠會隴頭，鮮卑、烏丸居不安」等語，不僅透露即將爆發亂事，境內鮮卑、烏丸等族也將無法與姚氏同心。

〔註226〕《晉書》卷一百十六〈姚萇載記〉，頁2968。
〔註227〕雷家驥，〈前後秦的文化、國體、政策與其興亡的關係〉，頁251。
〔註228〕《晉書》卷一百十七〈姚興載記〉，頁2986。

此外，戶口離散日益嚴重，凸顯政府掌握的人口正不斷流失：當姚萇進佔長安前，其在嶺北至少掌握胡漢十五萬戶，約八十萬左右之人口；〔註229〕但到了 417 年，姚泓出降劉裕時，長安城中僅「夷、晉六萬餘戶」，〔註230〕407 年與夏國的連年戰爭顯然加重人口的離散。儘管這在羌族社會是一種常態，但姚萇時期既能在此限制下，將有限人力發揮到極致，當是成功強化整體意志的結果；但到了姚興、姚泓時期顯然就無法繼續，「多重目標併立」的戰略錯誤、輕忽經濟民生，與之後在夏秦爭霸的連番失利，皆表現在士氣衰頹與意志淪喪上。說明了後秦末年，其在無形國力上的不足。

第四節　爭霸雙方的無形國力比較

本章主在探究霸權的無形國力，從史籍中萃取與「戰略目標」、「意志」有關之記載，探究霸權決勝時是否具備有利爭霸的戰略目標及高昂意志。雖說此與霸權興亡盛衰相關，但影響程度究竟如何？還需再進一步論析。以下謹就本章所見，粗略比較七次爭霸中，雙方決勝當時的無形國力。

一、兩趙爭霸中的無形國力比較

自漢國分裂為兩趙，雙方概略沿著相反方向，分別對隴右及山東一帶用武，之後於 325 年洛陽一戰，揭開兩趙爭霸序幕，其實就是漢趙將戰略目標由「下不失為魏氏」向「上可成漢高之業」轉變。先前對隴右用兵，可視為安定後方、鞏固基地、儲備實力，已相當程度彌補劉淵將戰區一分為二，及劉淵、劉聰時代，放任非核心武力坐大之種種錯誤，有利其續向「上可成漢高之業」的目標發展。後趙之所以會與漢趙陷入戰局，雖與靳準之難，石勒與劉曜反目有關，但主因還是在於兩者距建立王業僅剩消滅對方而已。對此，兩趙先前的各種作為，目的均在推動其最終目標達成。

然而在意志方面，儘管劉曜與其核心官僚，及隨同來到關中的軍民皆有貫徹「上可成漢高之業」的共識，但對當地的氐、羌部眾而言，卻受「恩信未恰」影響，也有不知為誰而戰、為何而戰問題。當他們逐漸成為漢趙施展國力的主角，反而使漢趙整體意志為之下滑。特別是劉曜統治後期諸多倒行逆施作為，更加速意志的瓦解。後趙一方面則以鞏固內部為基礎，一方面在石

〔註229〕雷家驥，〈前後秦的文化、國體、政策與其興亡的關係〉，頁 251。
〔註230〕《通鑑》卷一百一十八〈晉紀四十〉安帝義熙十三年八月條，頁 3770。

勒頑強意志的帶動下，儘管內部有「胡」與「非胡」之分，這是以胡人為戰場主力，不得不採行的必要之惡；但他也知道照顧廣大的漢人士庶，下令「不得侮易衣冠華族」，且推行漢式制度。不僅破除「嘉平體制」將國一分為二的弊害，也儘可能地填平存在已久的胡漢鴻溝。整體而言，後趙的施政是有助於提振並集中上下意志的。

故比較兩趙「戰略目標」數值，雙方皆有明確的戰略目標依循，執行時亦皆朝此目標發展，故「目標的有無」及「目標貫徹程度」，兩趙均為 1:1，故漢趙與後趙的「戰略目標比」為（1+1）比（1+1），即 1:1，顯示兩趙「戰略目標」數值為概等狀態。但在「意志」方面，因漢趙受新、舊住民對國家效忠程度截然不同的影響，早已存在兩極現象，加上施政時又犯下不少錯誤，適足讓低迷的意志更形惡化，此可見諸於 325 至 328 年的戰場表現。相反的，後趙則儘可能地彌補胡與非胡矛盾，且使之得到渴望許久的安定生活，對政府的支持有增無減。兩相對照，兩趙的「意志比」可謂懸殊，概為 1:3，說明漢趙內部意志遠劣於後趙。

二、趙燕爭霸中的無形國力比較

329 年，後趙滅亡漢趙，掌控河北、山西、關中、中原四大要域，儘管尚未征服前涼及仇池，卻已成為華北地區霸主。斯時，東晉歷陽內史蘇峻聯合豫州刺史祖約起兵反晉，揚州一帶陷入戰火，有利石勒南下征服。330 年九月，「荊州監軍郭敬、南蠻校尉董幼寇襄陽」，似是續下東晉的開始。不過，此戰卻止於「遷其百姓于沔北，城樊城以戍之」，並未取得顯著的結果，此或與後趙受關中地區氐羌反叛及東晉示好有關，暫以安定內部為先。〔註231〕卻也讓兵權在握的石虎及其諸子離開戰場，有接近政權中心的機會，或與石勒死後發動政變，奪得大權有關。後趙因而在石虎的統治下，逐漸偏離石勒「建立王業」路線，不僅因多重目標併立，造成諸多弊害，其在位後期的種種失政，更成為石虎死後，國家陷入內亂、分裂的主因之一。

〔註231〕按 330 年，「秦州休屠王羌叛于勒，……隴右大擾，氐羌悉叛。勒遣石生進據隴城。……羌敗，奔涼州。徙秦州夷豪五千餘戶于雍州」；之後，石勒下書：「自今諸有處法，悉依科令」，加上「晉荊州牧陶侃遣兼長史王敷聘于勒，致江南之珍寶奇獸」，儘管後趙已居華北地區霸主寶座，但內部尚待整頓之處猶多，來自東晉的示好，亦可能使後趙擱置南征東晉的計畫，專心內政。參閱《晉書》卷一百五〈石勒載記〉，頁 2747。

　　前燕早在遼東時期，即確立「上則興復遼邦，下則并吞二部」，與劉淵的「上可成漢高之業，下不失為魏氏」類似。兩者雖皆聯合外力以成就霸業，但前燕瞭解借力使力之妙，將其用以推動「假勤王行兼併」戰略，在臣晉的同時，藉封授以謀取更大的利益，並依華北情勢轉變，適時將戰略目標轉向河北要域；不同於漢趙放任非核心武力發展，最後反遭吞噬的下場。此外，前燕自永嘉之禍後，大規模收容中原流亡士庶，不僅擺脫小國寡民困境，也受惠於漢人在文化、思想、技術等之種種優勢，有效提振國力，故能在 350 年進軍華北，旋即取得優勢。

　　後趙與前燕展開爭霸直前的形勢既是如此，連帶對雙方意志造成不小影響：後趙得利石勒時期的種種建設，爭取到廣大民眾支持，並轉化為滅亡漢趙的動力；但到了石虎時期，卻因過度耗用國力、內政腐敗與治安惡化，早就預埋內亂動因，而冉閔大肆殺胡，又加速整體意志的崩解。前燕迄慕容暐即位以前，與轄內的漢人一直保持生命共同體關係。雖然漢人大多從事農耕之類的經濟活動，未實際參與作戰，但由於上下意志集中，有漢人全力支持，前燕戰士才能在物質無缺的情況下，克敵致勝，幾乎稱霸整個關東地區。

　　故比較後趙與前燕的「戰略目標」數值，儘管雙方皆有引導其爭霸的戰略目標，但後趙至石虎後期，其「建立王業」路線雖名存實亡，所致力者仍在政權之存續，即使為冉魏取代，目標仍舊如此；相較於前燕，則是以新興強權之姿，藉慕容廆、皝兩代的經營，與推動「假勤王行兼併」戰略的成功，適時將戰略目標轉向有利擴張的河北要域。故就「目標的有無」而言，趙燕應為 1：1，但在「目標貫徹程度」上，趙燕差距極大，為 1：3，故漢趙與後趙的「戰略目標比」為（1+1）比（1+3），即 1：2，說明後趙在戰略目標數值略劣於前燕。而在「意志」方面，因後趙末年弒篡相繼，後又分裂出冉魏，與後趙相攻，局勢的混亂連早先遷至關東的胡夷族群亦急於重返故土，加上冉閔「躬率趙人誅諸胡羯」，不啻將石勒時期致力修補的胡漢鴻溝大加撕裂，造成整個意志的瓦解，與前燕的生命共同體形象完全相反，趙燕的「意志比」顯然極為懸殊，為 1：3，代表後趙內部意志遠劣於前燕。

三、燕秦爭霸中的無形國力比較

　　自前燕掌控關東地區之大部後，有利續向前秦與東晉擴張。然前燕自進入慕容暐時代，特別在慕容恪死後，大權由慕容評獨攬，其將原先具攻勢性

質的戰略目標修正為守勢的「閉關息旅，保寧疆場」。若就鞏固內部，以待有利形勢來臨的角度來看，慕容評修正戰略目標仍未偏離原本的擴張路線，但他卻放任內政腐敗，導致分化、政亂、國危，連取守勢都不可得。相較於剛剛崛起的前秦，正藉平定「反苻堅」系統與王猛十餘年革新內政的成果，將戰略目標由「保全秦雍」，往傾向對外擴張的「一同天下」轉變。

此外，前燕自慕容暐即位，改採排抑漢族士人的鮮卑集權政策，加大胡漢隔閡，同時又因宮廷內鬥而分裂為以慕容儁及慕容垂為首的兩系統，加上內政腐敗與奢靡之風瀰漫，上下離心愈形嚴重。故當面對前秦勁旅來犯，即便可藉其「懸軍遠入」弱點，發揮以逸待勞之利；然前燕「三軍莫有鬥志」，難以表現應有的抗敵意志，故有潞川之敗。相對的，前秦儘管曾因苻生的倒行逆施，危及苻健在位時打下的基礎，但在苻堅多年的銳意經營下，致「百僚震肅，豪右屏氣，路不拾遺，風化大行」，成為滅燕時，提振意志的支撐，故僅以步騎六萬，力克前燕的四十餘萬大軍，雙方意志顯然有明顯落差。

故比較前燕與前秦的「戰略目標」數值，前燕雖已將續進關中，列入新的戰略目標，但自慕容評掌權後，改行守勢戰略，卻未見貫徹此新戰略之相關作為；前秦則憑十餘年整頓內部之資，有利將「保全秦雍」朝「一同天下」轉變。這可從燕秦兩軍在 369 至 370 年間之作戰表現，看出雙方的意志集中程度差別甚大。故就「目標的有無」而言，燕秦可曰 1：1，在「目標貫徹程度」上，兩者差距極大，為 1：3，故前燕與前秦的「戰略目標比」為（1+1）比（1+3），即 1：2，可謂前燕在戰略目標及貫徹上略劣於前秦。在「意志」方面，則可以潞川之戰前後雙方所呈現的差異，看出燕秦的「意志比」或可以 1：3，即前燕遠劣於前秦之形象概之。

四、兩秦爭霸中的無形國力比較

淝水之戰後，前秦元氣大傷，不得不放棄「一同天下」目標，退回到「保全秦雍」，重新振作俟機再起。然而，苻堅口中雖說「關東之地，吾不復與之爭」，也知道長安附近的慕容泓、沖乃其心腹大患，卻未在第一時間斷然放棄關東，將有限的力量集中一地，決戰強敵。致關中、關東地區同時與敵陷入膠著，國家一分為二，自陷危殆形勢。儘管前秦在苻堅死後仍與後秦相持多年，卻始終無力扭轉劣勢，雖與苻堅未及時撤軍關中有關，但先後繼位的苻丕、苻登既無力改善窘境，且讓形勢更趨惡化，即便所面對者乃五胡之中最

落後的羌族，卻也難逃敗亡噩運。後秦開國者姚萇承繼父、兄遺願，本無建國爭霸宏願，卻因苻叡戰死，情急下才由西州豪族共推為主，建立後秦，展開兩秦爭霸之局。由萇「以子崇為質於沖，進屯北地、屬兵積粟，以觀時變」，且知「兵不血刃，坐定天下」以取長安，似僅圖謀生存與立足關中而已，更深遠的構想恐怕都付之闕如。只不過，他知道保障長安周邊這片基地的重要性，也儘可能改善羌族固有的種姓分離、互相仇殺之風，致力將一個個羌族部落有效聚合，不僅有利持續戰力增長，也能在兩秦爭霸中逐漸取得優勢，對贏得最後勝利，甚有關連。

前秦雖繼後趙成為華北地區霸主，且統一整個華北，但其「寵育鮮卑、羌、羯，布諸畿甸，舊人族類，斥徙遐方」作為，不僅未發展成安定乃至融合各族群的動力，反而將支撐其統一華北，以氐人為主的最重要力量，分處關東、關西，為「識者以為喪亂流離之象」。〔註232〕不僅無法解開淝水之戰後，華北遍地烽火困局；而形勢的日益惡化也讓各部落無法真心順從苻登統治，狀況不利時，前引「以竇衝為右丞相，尋而衝叛，自稱秦王，建年號。登攻之于野人堡，衝請救于姚萇」之類的倒戈，便成為極自然的現象，說明前秦愈到兩秦爭霸末期，整體意志的瓦解更加嚴重。相較於後秦，所面臨的困境雖與前秦近似，但後秦既有長安基地的支撐，且能在兩秦爭霸中逐漸取得有利形勢，儘管「咸懷去就之計」者大有人在，然姚萇始終能得到齊難、徐洛生等將守忠不貳般的支持，尚能維持一最基本的武力，並藉軍事作戰成果逐漸贏得各游離勢力支持，使其回到後秦陣營，有利整體意志之提振，故能贏得最後勝利。

故比較兩秦的「戰略目標」數值，苻堅於淝水戰後，雖調整戰略目標為「保全秦雍」，卻未切實貫徹，徒使其國深陷分裂危局，以致身死國滅；後秦開國事屬突然，毫無任何爭霸策略或構想，其能最後戰勝前秦，實乃繫於姚萇乘機待勢與鞏固長安基地，故就「目標的有無」而言，前、後秦可曰1：1，但兩者在「目標貫徹程度」卻有極大差距，為1：3，故前秦與後秦的「戰略目標比」為（1+1）比（1+3），即1：2，前秦略劣於後秦。在「意志」方面，儘管後秦是最後的勝利者，但在整個爭霸期間部落脫離其陣營的現象仍極嚴重，其勝於前秦者，乃在姚萇始終擁有一批守忠不貳將領，與受所屬部落支持程度較高的前秦相比，差距其實不大，故前、後秦的「意志比」，嚴格說來不相上下，當以1：1表示。

〔註232〕《晉書》卷一百十三〈苻堅載記〉，頁2903。

五、燕魏爭霸中的無形國力比較

慕容垂於淝水之戰後重建燕國，初期僅著眼立足關東，「與秦永為鄰好」，之後隨著作戰進展，方有「吾今威加四海，豈得以昔日為比」之感，說明其有改變立足關東之戰略目標的徵候，似有延續前燕將戰略目標自第二轉至第三階段，向關中與東晉擴張的精神。然而，轉換戰略目標當以成功鞏固關東為前提，慕容垂光在立足關東階段，就耗去十年時間。且不顧諸將「連歲征役，士卒疲怠」的示警，於滅亡西燕後不久，又「使慕容農略地河南」，耗用國力過甚且忽視來自北魏的威脅。其遭北魏大敗於參合陂，可謂諸多戰略錯誤所致。北魏則早在拓跋珪復國不久，即確立「殪劉顯，屠衞辰，平慕容，定中夏」的全程戰略，並藉由血緣與貿易關係，得到賀蘭部及後燕的協助，先後剿滅劉顯、劉衞辰與賀蘭部，未蹈後燕每役皆獨力為之，造成國力沉重負擔之覆轍。之後能與後燕相抗，於爭霸中勝出，實與按步就班且有效結合外力，逐步完成各階段目標有關。

由於慕容氏復國陣營一開始就分裂為後燕、西燕與丁零翟氏三部分，三方既互不聯合、相互為敵，意志、力量皆無法合一。即使丁零翟氏與西燕先後為後燕併滅，但緊接著對東晉與北魏開戰，根本來不及安撫這兩部軍民，就算他們後來沒有參與後燕對晉、魏的戰爭，也難以心悅誠服地接受後燕統治。換言之，就意志、士氣層面來看，後燕是處在腹背受敵之不利形勢下，進行對北魏的戰爭：對外既與北魏交鋒，對內又需防患原屬丁零翟氏與西燕各部落的牽制。對處在「士卒疲怠」困境的後燕而言，欲提振其內部士氣，可謂難上加難。

儘管北魏能按既定的戰略目標，逐步完成，故而國力日強，擴地日廣，儼然是一北方大國，但國內仍處在族群、部落林立狀態，對拓跋氏的效忠尚未穩固，叛離事件仍常發生。對此，拓跋珪能提振士氣，集中意志的手段仍極有限。既無法將參合陂大勝餘威，轉為強化內部意志的動因，甚至在柏肆戰勝後燕夜襲直後，還因「遠近流言」，爆發「賀蘭部帥附力眷、紇突隣部帥匿物尼、紇奚部帥叱奴根聚黨反於陰館」等事變，說明北魏在燕魏爭霸時，內部意志仍相當分歧。

故比較燕魏的「戰略目標」數值，慕容垂於復國直後，即以立足關東作為目標，之後隨軍事進展，又適時調整，稱霸華北之企圖由此可見；然而，他的作為卻屢屢背離此戰略目標，既不知安撫丁零，也無法統合西燕，又忽視

北魏的威脅，可謂不斷犯錯。北魏既有全程戰略目標，且知借力使力，增強
國力，逐步朝最終目標邁進。故就「目標的有無」而言，燕魏為 1：1，但「目
標貫徹程度」卻相去甚遠，可曰 1：3，故後燕與北魏的「戰略目標比」為（1+1）
比（1+3），即 1：2，後燕略劣於北魏。在「意志」方面，由於燕魏內部皆有
不少反對力量，主政者均未妥善調處，可謂差距不大，「意志比」為 1：1，雙
方概等。

六、夏秦爭霸中的無形國力比較

　　赫連勃勃起事之時，實力雖遠遠劣於後秦，僅置目標於「嶺北、河東」，
待鞏固朔方地區後，纔進一步將建立結構鬆散之邦聯制王國，作為其「復大
禹之業」的目標。而為貫徹奪取嶺北、河東之目標，勃勃以長期運動戰方針，
不斷侵蝕後秦，並在劉裕滅秦後，趁其駐軍內部分裂良機，揮軍奪取關中，
贏得最後勝利；後秦主姚興在滅亡前秦後，內心亦有繼續擴張企圖，當時河
西形勢混亂，後燕與東晉國勢漸衰，實有利後秦建立霸業。然興既無明確構
想，且同時對多處目標用兵。對一個仍以部落為主體、結構鬆散、實力不強
的國家而言，如此耗用國力，不啻加速其國家衰敗。故當赫連勃勃以不對稱
的運動戰起事，只有一再被動挨打，無力挽回頹勢。

　　407 年，後秦與北魏重修舊好，帶給赫連勃勃起事的機會，也等於把鐵弗
部對拓跋氏的長年積恨，轉嫁到後秦，成為所屬各族群、部落之共同敵人；
再加上勃勃將胡夷擅長掠奪等輔助性生業的傳統，活用在對後秦的運動戰上，
恰可同時滿足心理與物質需求，故於長期的夏秦爭霸中，未見倒戈反叛情事，
士氣之高昂與意志之集中由此可見。然而，後秦既無法克服夏國的長期運動
戰，連帶也動搖各部落的向心，平北將軍姚沖「欲回師擊長安」即為一例；
此外，在戰事接連失利之時，姚興又「以國用不足，增關津之稅，鹽竹山木
皆有賦」，將先前過度消耗國力的錯誤，轉由全民承擔，亦損及各部對後秦
的支持。〔註 233〕

　　比較夏秦的「戰略目標」數值，赫連勃勃建國初始，即置目標於「嶺北、
河東」，待立足既穩，方擴大至「復大禹之業」，其力排眾議，以長期運動戰方

〔註233〕雖說「（姚）興以國用不足，增關津之稅，鹽竹山木皆有賦焉」，直接構成影
　　　　響者僅姚興所說之「豪富之家」，但就整個市場供應鏈的角度來看，對上游
　　　　供應端「增關津之稅」，自然也會將增加的成本，轉嫁到下游，乃至全部消
　　　　費者身上，成為全民共同承擔政府「增關津之稅」的後果。

針抗秦，可謂務實地掌握自身實力，按部就班達成目標的表現。但作為敵方的後秦卻未如此，其空有平定天下企圖，卻無具體構想，也未節約本已有限的國力，在夏秦爭霸前，早已喪失優勢。故就「目標的有無」而言，夏秦雖為1：1，但「目標貫徹程度」則是3：1，故夏國與後秦的「戰略目標比」為（1+3）比（1+1），即2：1，夏國在戰略目標及貫徹上略優於後秦。在「意志」方面的表現，夏國雖明顯優於後秦，但只不過和赫連勃勃「御眾殘」的恐怖領導有關，所屬未必真心服從，但就勃勃能將運動戰與「輔助性生業」結合，使兩國爭霸與民生需要合一，或可曰夏國內部意志仍高於後秦，故夏秦「意志比」應該可以2：1概之。

七、夏魏爭霸中的無形國力比較

雖然夏國截奪劉裕滅秦成果，成為關中地區霸主，卻也需適應農業社會的定居生活形態。游牧與農業社會併存於夏國，或許與赫連勃勃推動邦聯制的「復大禹之業」有關。然遍尋史籍記載，勃勃此後未再有與之相關的實際作為，反倒致力於無關緊要的建設，且未做好有利長治久安的接班佈局。故勃勃一死，諸多問題彷彿同時爆發，旋即陷入紛亂，和先前在夏秦爭霸的表現相比，恰形成極大反差。拓跋珪自逐後燕退出河北要域後，大規模展開離散部落政策，同時又針對燕魏爭霸時所發生之種種問題，從根本改善做起，有效跳脫其他胡夷政權受族群、部落因素所制的共同現象。迄拓跋燾即位，已將此成就轉為整體國力的提昇，同時還揮軍重創宿敵柔然，停止與南朝宋的爭戰，成功營造實踐其第四階段之「平中夏」的有利環境。等於在赫連勃勃死後，對夏國發動攻勢前，即穩居有利地位。

夏魏在貫徹戰略目標的差異也反映到意志層面：夏國以有限力量，與後秦競逐霸權，其上下意志或與赫連勃勃「御眾殘」的領導風格及蘊含掠奪功能的運動戰有關。但當夏國停止擴張，轉而從事無益爭霸之種種建設時，君主與臣民間的共同目標即告消失，整體意志也連帶受到影響。特別是「勃勃性凶暴好殺，無順守之規」性格既無法發洩在戰場上，自然轉移到百姓；其「常居城上，置弓劍于側，有所嫌忿，便手自殺之」，[註234]可能與此心態有關。既如此，當勃勃一死，原先的不滿情緒必定爆發，再加上諸子間的相互殺伐，夏國即便未滅，也將四分五裂矣。北魏則歷經拓

〔註234〕《晉書》卷一百三十〈赫連勃勃載記〉，頁3213。

跆珪、嗣、燾三代的經營，藉成功離散部落，將部眾與部落間的從屬關係，轉為對皇帝的效忠，並兼用厚賞與殘殺手段，控制諸部大人。其自平定河北要域以來，一方面「徙山東六州民吏及徒何、高麗雜夷三十六萬，百工伎巧十萬餘口，以充京師」，既鞏固新征服地區，且有助於安定北魏內部。〔註235〕這些都是一般平民所最企盼的，尤其是住在飽受戰火危害的河北要域居民。北魏既能滿足平民百姓需要，國力又能蒸蒸日上，不斷剷除周邊威脅，對全民意志的提振自有正面影響。值得注意的是，北魏自398年，贏得燕魏爭霸後，為改善部落林立對施展王權的影響，除續行離散部落政策外，又以當時傳播訊息效果最佳的創作歌謠為媒介，對各鮮卑部落集體記憶去蕪存菁，揉合成有著同屬一族群的概念，藉以凝聚共同信念，乃當時其他政權所未見，對提振整體意志影響尤大。

　　比較夏魏的「戰略目標」數值，夏國自控領整個關中要域以來，雖仍有志繼續擴張，但自勃勃死後，因諸子相攻，目標恐怕已倒退至最基本的維持生存而已。此外，就其過度耗用民力，從事無意義之建設來看，夏國顯然也沒有多大的貫徹舉動在維持國家安全上。這與北魏按步就班，逐步排除障礙，朝前述四階段目標發展，差距極大。故就「目標的有無」而言，夏魏雖為1：1，但「目標貫徹程度」則是1：3，故夏國與北魏的「戰略目標比」為（1+1）比（1+3），即1：2，夏國在戰略目標及貫徹上略劣於北魏。在「意志」方面，夏國內部意志崩解，已如前述；北魏持續進展，較拓跋珪時期更加精進，與夏國相比，差距必不小，故夏魏「意志比」可以1：3概之，說明夏國的意志亦遠劣於北魏。

　　綜合以上七次爭霸之「戰略目標」與「意志」指標，彙整如表11所示的無形國力之比。

〔註235〕按谷川道雄的說法，北魏當時所遷徙的，僅後燕內部最難以綏撫之民，並非將整個敵對勢力全部移動。筆者認為，就整體而言，此舉的影響層面最小，有利北魏安定內部。蓋當時拓跋珪正大規模推行離散部落政策，應儘可能將來自其他方面的衝擊降至最低，以免衍生其他事端。參閱谷川道雄，《隋唐帝國形成史論》，頁99。

表 11. 七次爭霸中之各霸權無形國力比較

爭霸名稱	參與霸權	估量指標與比較數值		戰略目標與意志數值		數值差距	比較結果
兩趙爭霸	漢趙	目標的有無	1	戰略目標數值	1	戰略目標：漢趙1 後趙1	兩趙戰略目標概等
		目標貫徹程度	1				
		意志	1	意志數值	1		
	後趙	目標的有無	1	戰略目標數值	1	意志：漢趙1 後趙3	漢趙意志遠劣於後趙
		目標貫徹程度	1				
		意志	3	意志數值	3		
趙燕爭霸	後趙	目標的有無	1	戰略目標數值	2	戰略目標：後趙1 前燕2	後趙戰略目標略劣於前燕，但意志遠劣於前燕
		目標貫徹程度	1				
		意志	1	意志數值	1		
	前燕	目標的有無	1	戰略目標數值	4	意志：後趙1 前燕3	
		目標貫徹程度	3				
		意志	3	意志數值	3		
燕秦爭霸	前燕	目標的有無	1	戰略目標數值	2	戰略目標：前燕1 前秦2	前燕戰略目標略劣於前秦，但與意志遠劣於前秦
		目標貫徹程度	1				
		意志	1	意志數值	1		
	前秦	目標的有無	1	戰略目標數值	4	意志：前燕1 前秦3	
		目標貫徹程度	3				
		意志	3	意志數值	3		
兩秦爭霸	前秦	目標的有無	1	戰略目標數值	1	戰略目標：前秦1 後秦2	前秦戰略目標略劣於後秦
		目標貫徹程度	1				
		意志	1	意志數值	1		
	後秦	目標的有無	1	戰略目標數值	2	意志：前秦1 後秦1	兩秦意志概等
		目標貫徹程度	3				
		意志	1	意志數值	1		
燕魏爭霸	後燕	目標的有無	1	戰略目標數值	1	戰略目標：後燕1 北魏2	後燕戰略目標略劣於北魏
		目標貫徹程度	1				
		意志	1	意志數值	1		燕魏意志概等

		目標的有無	1	戰略目標數值	2	意志：後燕 1北魏 1	
	北魏	目標貫徹程度	3				
		意志	1	意志數值	1		
夏秦爭霸	夏國	目標的有無	1	戰略目標數值	4	戰略目標：夏國 2後秦 1	夏國戰略目標與意志皆略優於後秦
		目標貫徹程度	3				
		意志	2	意志數值	2		
	後秦	目標的有無	1	戰略目標數值	2	意志：夏國 2後秦 1	
		目標貫徹程度	1				
		意志	1	意志數值	1		
夏魏爭霸	夏國	目標的有無	1	戰略目標數值	2	戰略目標：夏國 1北魏 2	夏國戰略目標略劣於北魏,但與意志遠劣於北魏
		目標貫徹程度	1				
		意志	1	意志數值	1		
	北魏	目標的有無	1	戰略目標數值	4	意志：夏國 1北魏 3	
		目標貫徹程度	3				
		意志	3	意志數值	3		

資料來源：筆者整理。

本章小結

　　與第四章分析、比較七次爭霸雙方的政治與經濟能力多差距不大,反映主政者對此多著力不深,或成果不易維持。或許受到此因素影響,除兩秦、燕魏與夏秦爭霸雙方因處境相似,「意志力比」落在「概等」與「略有差距」之間;其餘的四次爭霸,勝者均挾較敵呈「懸殊」狀態之意志力,克敵致勝。

　　意志力對爭霸雙方的影響既是如此,用以對照戰略目標數值,或可看出其與意志力互呈正比的關係;亦即意志力數值較高者,其戰略目標數值亦較高,至於影響幅度為何?還需取決於霸權本身。換言之,在趙燕、燕秦、夏魏爭霸中,前燕、前秦與北魏在「意志力數值」皆與對手呈「懸殊」狀態,這對「目標貫徹程度」似乎起了推動效果,故與「戰略目標數值」呈正比關係。但這種現象並非放諸四海皆準,當然會受霸權本身影響而略有不同:兩趙「戰略目標數值」雖呈「概等」,但兩國內情有著較大差距,故漢趙意志力遠劣於後趙,可謂是一種極端;兩秦、燕魏與夏秦爭霸則未如此懸殊,說明這種正比關係還是有程度之差。

　　直言之，上述「戰略目標數值」與「意志力數值」的正比關係似乎說明當主政者正確推動擴張戰略，成果當能回饋到各部眾，這種符合游牧民族傳統的上下皆能獲益現象適足以凝聚內部向心，從而對有形國力帶來加成效果。反之，主政者未致力保全家國，等於危害各部眾生計，意志必定遭到波及，戰敗亡國就成了最後的結果。

第六章　結　論

　　本文的研究斷限，始於晉惠帝永興元年（304 年），匈奴人劉淵建立漢趙，迄宋文帝元嘉十六年（439 年），北魏滅北涼，統一華北為止。在這一百三十六年之中，華北地區共有胡羯族系的漢趙、後趙、夏國、北涼，鮮卑族系的前燕、後燕、南燕、西燕、西秦、北魏（代國）、南涼，氐羌族系的前秦、後秦、後涼、仇池，及出於漢族的冉魏、前涼、西涼、北燕等政權。其中只有漢趙、後趙、夏國、前燕、後燕、北魏、前秦與後秦這八個政權，能在如同布里辛斯基所揭示之大棋盤概念的華北地區，佔有相當比例，其他政權不是位在這座棋盤的外圍，就是佔有範圍不大、時間不長，故以「霸權」稱呼這八個政權。他們在這座大棋盤中，多少皆曾擴大所領地域，且在對外擴張的同時，併滅或驅逐當面強敵至這座棋盤之外。在整個十六國時期中，因為這八個霸權興亡盛衰，而改變棋盤格局的戰爭，共有七場；也因為戰爭皆屬霸權間的對決，故以「爭霸」稱之；目的旨在表明儘管戰爭是底定霸權興衰的最後關鍵，但決定其勝敗形勢的，卻往往繫於戰前的種種作為。這七次爭霸計有：（1）325 至 328 年之兩趙（漢趙—後趙）爭霸、（2）350 至 352 年之趙燕（後趙—前燕）爭霸、（3）369 至 370 年之燕秦（前燕—前秦）爭霸、（4）384 至 394 年之兩秦（前秦—後秦）爭霸、（5）395 至 398 年之燕魏（後燕—北魏）爭霸、（6）407 至 416 年之夏秦（夏國—後秦）爭霸，及（7）426 至 429 年之夏魏（夏國—北魏）爭霸。

　　若以國際關係攻勢現實主義的角度來看這七次爭霸中的霸權興衰，恰好反映在敵對雙方的綜合國力比較。對此，筆者以克萊恩的「綜合國力衡量公式」為架構，依序探討、比較這七次爭霸，雙方的綜合國力差距，並就構成有

形國力的政治、經濟、軍事能力，及攸關無形國力的戰略目標與意志，於第三至五章分別探討。而為完善本文的論析，乃於第二章先行探討各族系的傳統文化及發展，作為後續各章的基礎。

在探討、比較這八個霸權在上述七次爭霸，敵對雙方綜合國力各分項的差距後，以下謹將第三、四、五章的分析結果，代入 $Pp=（C+E+M）×（S+W）$ 之綜合國力衡量公式，完整分析七次爭霸中，雙方的綜合國力對比，並從各種數值所呈現的落差，循金觀濤「數學模型」概念予以形象化，並探究決定各次爭霸勝敗的關鍵因素。對於各種數值所代表的形象，筆者以「3：1」為「懸殊」，「2：1」為「略有差距」，「1：1」為「概等」，數值若介於這三個點之間，則依落點較接近何者為準。

在兩趙爭霸中，比較代表漢趙與後趙的軍事能力數值（M）為 5 比 7，政治能力（C）為 1 比 2，經濟能力（E）為 1 比 2，故其有形國力數值（C+E+M）為（1+1+5）比（2+2+7）=9 比 11；無形國力數值（S+W）為（1+1）比（1+3）=1 比 2。兩趙有、無形國力相乘的綜合國力，漢趙的數值為 9，後趙為 22，亦即漢趙與後趙的綜合國力數值比為 1 比 2.4，稍微接近「略有差距」形象，代表後趙在兩趙爭霸中的綜合國力雖優於漢趙，其實差距並不大。再就各構成分項的數值比較來看，兩趙落差主要在意志方面，政治與經濟次之，說明石勒在施政與經濟上的作為，使飽受戰亂之苦的關東有所恢復，且因掌握戶籍，有了穩固的兵源，乃後趙勝出的主因。然而，若不是劉曜始終無法改善當地部眾對漢趙的向心，使兩趙在意志上出現較大落差，連帶加大兩趙之間的綜合國力差距，石勒欲以略居優勢的有形國力贏得戰爭，恐非易事。如此計算與推論雖看似粗糙，難稱得上精確，但不妨作為參考。

比較代表趙燕爭霸中，後趙與前燕的軍事能力數值（M）為 4 比 11，政治能力（C）為 3 比 7，經濟能力（E）為 1 比 2，故其有形國力數值（C+E+M）為（3+1+4）比（7+2+11）=2 比 5；無形國力數值（S+W）為（1+1）比（2+3）=2 比 5。有、無形國力數值兩兩相乘後，後趙為 4，前燕為 25，趙燕的綜合國力數值比為 1 比 6.25，代表前燕以極為懸殊的綜合國力優勢，於趙燕爭霸勝出。其中，落差最大者當在軍事與意志方面。此雖與慕容氏長年在遼東、遼西成功經營有關，但關鍵還是繫於石虎過度耗用國力及國內諸多弊端，再加上冉閔濫殺胡羯，致軍力大幅削弱、意志幾近瓦解，故而造成綜合國力遠劣於前燕之形勢。

　　比較燕秦爭霸，代表前燕與前秦的軍事能力數值（M）為 1 比 2，政治能力（C）為 3 比 5，經濟能力（E）為 2 比 3，故其有形國力數值（C+E+M）為（3+2+1）比（5+3+2）=3 比 5；無形國力數值（S+W）為（1+1）比（2+3）=2 比 5。將兩種數值相乘，前燕的數值為 6，前秦為 25，燕秦的綜合國力數值比為 1 比 4.17，說明前秦以懸殊的綜合國力優勢，於燕秦爭霸中勝出。其中，落差最大當在戰略目標貫徹與內部意志。說明前燕未執行「閉關息旅，保寧疆場」戰略，且因宗室分裂、罷廢軍封制度，造成「三軍莫有鬥志」，故而放棄有利地勢，也無法挾具數量優勢的兵力主動出擊。前燕在無形國力方面的自我摧折，恰使有形國力略顯優勢的前秦得以拉大差距，造成雙方在綜合國力比較上的懸殊，有利前秦以寡滅眾。

　　比較兩秦爭霸，代表前秦與後秦的軍事能力數值（M）為 1 比 2，政治能力（C）為 3 比 5，經濟能力（E）為 1 比 2，故其有形國力數值（C+E+M）為（3+1+1）比（5+2+2）=5 比 9；無形國力數值（S+W）為（1+1）比（2+1）=2 比 3。將有、無形國力數值相乘後，前秦為 10，後秦為 27，兩秦綜合國力數值比為 1 比 2.7，落點接近「懸殊」，說明後秦在兩秦爭霸後期，其綜合國力已優於前秦甚多，故能贏得最後勝利。儘管兩秦在各分項未見有懸殊差距，但仍可發現兩秦在經濟、軍事與戰略目標方面差距較大。或與苻堅在淝水之戰後未立即決定退據關中，延遲與不為的戰略錯誤導致國家一分為二；而苻登的「重戰輕防」，則使其一直無法贏得決定性戰果。姚萇控領長安周邊，並以之為基地，是其在經濟上取勝的重要因素。這些都是苻登在位時一直無法克服者，故隨著時間推移，雙方在綜合國力的落差必然不斷加大，以致到最後兵敗國亡。

　　在燕魏爭霸中，比較代表後燕與北魏的軍事能力數值（M）為 1 比 2，政治能力（C）為 3 比 5，經濟能力（E）為 2 比 3，故其有形國力數值（C+E+M）為（3+2+6）比（5+3+11）=11 比 19；無形國力數值（S+W）為（1+1）比（2+1）=2 比 3。將有、無形國力數值相乘後，後燕為 22，北魏為 57，燕魏綜合國力數值比約為 1 比 2.59，顯示北魏贏得燕魏爭霸，繫於其綜合國力優於後燕較多，但稱不上懸殊。其中，落差最大在軍事能力與戰略目標方面。或與後燕主動放棄燕山、太行山脈，致無險可守有關，但造成此形勢的關鍵應該在於後燕師老兵疲，且敗於參合陂，致損失大量軍力，但這些又可說是慕容垂接連犯下戰略錯誤所致。因此，儘管本戰的勝利者是北魏，但決定勝負並非在於北魏本身，而是與後燕觸犯諸多戰略錯誤密切相關。

　　比較夏秦爭霸，夏國與後秦的軍事能力數值（M）為 2 比 1，政治能力（C）為 3 比 5，經濟能力（E）為 2 比 5，故其有形國力數值（C+E+M）為（3+2+2）比（5+5+1）=7 比 11；無形國力數值（S+W）為（2+2）比（1+1）=2 比 1。將有、無形國力數值相乘後，夏國為 14，後秦為 11，夏秦綜合國力數值比約為 1.27 比 1，說明夏國僅以略居優勢的綜合國力贏得爭霸。值得注意的是，後秦以政治、經濟能力見長，夏國無法單憑軍力取勝；然為何會出現翻轉，關鍵還是決定在無形國力方面。蓋後秦過度耗費國力在先，勃勃起事後又缺乏一套有效的剋制戰略，再加上接連戰敗，大大催化羌族傳統文化中的不利因子，反讓國力稍居劣勢的夏國有機可乘，不斷削弱後秦國力，最後乃為東晉所滅。

　　在夏魏爭霸中，比較代表夏國與北魏的軍事能力數值（M）為 1 比 1，政治能力（C）為 1 比 3，經濟能力（E）為 2 比 5，故其有形國力數值（C+E+M）為（1+1+2）比（3+5+1）=4 比 9；無形國力數值（S+W）為（1+1）比（2+3）=2 比 5。將有、無形國力數值相乘後，夏國為 8，北魏為 45，夏魏綜合國力數值比概為 1 比 5.63，顯示北魏挾懸殊的綜合國力贏得爭霸。其中，落差最大者在政治、戰略目標貫徹與意志，一方面是北魏整合內部有成，及不斷達成既定目標、提振內部意志，另方面是赫連勃勃自控領關中要域後，即未再推動「復大禹之業」，加上其身死國亂，與北魏形成極大反差，故有此懸殊形勢。

　　以下謹就七次爭霸之雙方綜合國力數值對比，及落差最大的估量指標，臚列於表 12，俾作為最後論述之支撐。

表 12. 七次爭霸之雙方綜合國力數值對比結果與決勝關鍵因素

爭霸名稱	參與霸權	綜合國力數值對比	比較結果	決勝關鍵因素
兩趙爭霸	漢趙 後趙	1 比 2.4	後趙綜合國力高於漢趙	政治、經濟、意志
趙燕爭霸	後趙 前燕	1 比 6.25	前燕以極懸殊的綜合國力取勝	軍事、戰略目標貫徹、意志
燕秦爭霸	前燕 前秦	1 比 4.17	前秦以極懸殊的綜合國力取勝	戰略目標貫徹、意志
兩秦爭霸	前秦 後秦	1 比 2.7	後秦綜合國力高於前秦	軍事、經濟、戰略目標

燕魏爭霸	後燕	1 比 2.59	北魏綜合國力高於後燕	軍事、戰略目標
	北魏			
夏秦爭霸	夏國	1.27 比 1	夏國綜合國力略高於後秦	軍事、戰略目標、意志
	後秦			
夏魏爭霸	夏國	1 比 5.63	北魏以極懸殊的綜合國力取勝	政治、經濟、意志
	北魏			

資料來源：筆者整理。

　　綜合上述七次爭霸中之綜合國力比較及肇因分析，或可發現勝利者未必能挾極強大的綜合國力取勝，勝敗多與戰敗者在瀕臨衰亡前的所作所為有關，這往往是鑄下勝敗形勢的關鍵，兩趙、趙燕、燕秦、夏秦與夏魏爭霸率皆如此。說明了勝者儘管是勝於必勝之時，但敗者卻是亡於不應敗亡之日。敗於這五次爭霸的漢趙、後趙、前燕、後秦與夏國，均導因於敗亡前主政者的種種失當與不為，儘管劉曜、冉閔、慕容評、姚興與赫連昌、定皆熟稔兵事，且都擁有一支龐大武力，然內政不修、戰略目標恣意轉換或未持續貫徹、意志分岐，無形中拉大與敵人的差距，致既有的軍力優勢無從發揮。戰爭最後雖造成這五個國家敗亡，但這只是「壓倒駱駝的最後一根稻草」，敗亡之勢實際上已存在多時，且不斷擴大，故曰其亡於不應敗亡之日。

　　相反的，戰勝的後趙、前燕、前秦、夏國與北魏，雖得力於長期經營，致國力漸盛；然以十六國當時兵馬倥傯、戰亂不斷之大環境，欲如前燕、北魏能於華北之外，集三代建設之資而崛起，恐不可得，更何況前燕與北魏在進軍華北前，仍飽受週遭敵對勢力威脅。因此，上述「勝者勝於必勝之時」當非決於勝者本身，歸根究底，乃敗者所賜。

　　此外，兩秦與燕魏爭霸可謂弱者相攻，勝者乃堅持到底者。前秦雖因苻堅統一華北，一躍而登霸主之位，然淝水戰敗、關東、關西遍地烽火，接連重創其國，衰弱之結果致不敵有五胡最落後者之稱的羌族，也使戰事演變成長期膠著，然後秦之所以能堅持到底，並非決於堅定意志；實乃苻堅戰略錯誤在先，姚萇掌控關中基地在後，此二者亦加大雙方在軍事力量上的差距，故使後秦能在兩秦爭霸勝出。後燕與北魏雖皆開國於淝水戰後，然後燕所據者乃有「中州豐實，戶兼二寇」之稱的關東，北魏位處塞北且內部分歧，兩者優劣形勢可謂高下立判；然後燕因內外戰火不斷，以致師老兵疲，加上缺乏應有警覺及做好主政者換代佈局，國力始終無從提振，儘管擁有關東天府之資，

卻無濟於事；北魏儘管初期勢弱，但能發揮借力使力之妙，不斷排除艱險，且又勇於興革，雖然燕魏爭霸時國力勝於後燕，但僅足以進據關東，無力再下山東半島與遼東、遼西地區，因而留下南燕、北燕殘局。

然上述說法，似乎與「朕即國家」的皇帝制度不謀而和；國家的興衰榮辱，皆取決於領導者個人。換言之，回溯各次爭霸的開端，似乎都成了「鞏固皇權」的附屬品。筆者認為，欲進一步觀察胡夷入侵及入主中國，或許應從傳統文化，及其所造成的影響著手：

北魏早在成皇帝拓跋毛時，即「統國三十六，大姓九十九」，之後遷居匈奴故地，成為東漢北部邊患，乃至於參與中國內戰，實力不容小覷。所屬各部對此所形塑的集體記憶儘管不盡相同，且受 370 年遭前秦併滅影響；然源於拓跋珪「皇曾祖、皇祖、皇考諸帝」之一脈相承的史實，或多或少，皆有存在各部集體記憶中之可能。拓跋珪命鄧淵定律呂，協音樂，據以創作《真人代歌》，建構有利整合內部的「歷史記憶」，對拓跋部貫徹「殪劉顯，屠衛辰，平慕容，定中夏」之全程戰略當有一定程度的作用。儘管漢趙、前燕與夏國無此作為，但以其社會結構較緊密，各部較常往來，集體記憶相似度大，亦有利號召部眾，形成強大力量。如漢趙開國者劉淵乃匈奴冒頓單于苗裔，匈奴之後雖南下附漢，實力日漸衰弱，但當中原王朝無力剿滅外患及平定內亂時，多將目光投注到這支武力，使諸王長與部落的鏈結一直存在，故當劉宣高呼「方當興我邦族，復呼韓邪之業」，旋即組成一支強大的反晉力量；慕容氏世居北夷，其先早在東胡部落聯盟時期，即與匈奴並盛，擁「控弦之士二十餘萬」，儼然是一北方強權。其後雖退居鮮卑山，但部落結構仍存，之後也參與中國內戰，並封王晉爵。其與中原王朝的淵源既是如此，故當慕容翰提出「上則興復遼邦，下則并吞二部，忠義彰於本朝，私利歸於我國」之「假勤王行兼併」戰略，及慕容垂與慕容泓、沖先後在關東、關西起事，皆能迅速發展成強大力量抗秦，或有些許關連；建立夏國的鐵弗劉氏因與劉淵同族，在遠有匈奴王國之集體記憶，近有長期統治河西諸族事實之雙重影響下，隨同赫連勃勃起事的部眾，雖因族類複雜，統合戰力不易發揮，仍可加入勃勃陣營，且發展成適合長期運動戰，自後秦贏得不對稱優勢的另類武力。

漢趙、前燕、後燕、北魏及夏國正是受各自傳統文化與集體記憶影響，故能在十六國時期成就一番霸業。然而，建立後趙的羯族，與前、後秦的氐、羌卻無此現象。所以石勒起事初期，只是一支圖謀倖存當世，無遠大目標的

盜賊集團，之後雖建立後趙，一度成為華北地區霸主；但其建立王業的企圖，實源於南征東晉受阻，「軍中飢疫死者太半」，不知如何是好時，接受張賓建議所致；倘無劉淵、劉聰父子在戰略執行上的自我設限，石勒恐怕也難有崛起空間。蓋石勒所屬的羯族乃源自西域的匈奴別部，既非匈奴本部本種，與劉淵關係疏遠，否則就不會被視為非核心武力，負責漢趙的支作戰了。石羯與匈奴的關係既疏，各別集體記憶的涵蓋面小，自然不易產生「復呼韓邪之業」的自覺。所以石勒一死，便無人可承繼其志，與漢趙在靳準之難後，還有劉曜振衰起敝，異地重建漢趙全然不同。

　　氐族「自有王侯在其虛落間」，羌族「不立君臣，無相長一，強則分種為酋豪，弱則為人附落，更相抄暴，以力為雄」，自古以來從未出現像匈奴、東胡、檀石槐如此規模的王國或部落聯盟。族群既分散如此，各部落的集體記憶自難有較多之共同點可言。「自有王侯在其虛落間」及「其種自有豪，數相攻擊，勢不一也」等傳統遂成為不利團結的因素。雖然苻堅能統一華北，姚萇、姚興父子也能建立、鞏固後秦，但就氐、羌兩族之歷史來看，皆稱得上自古未有之變局。既如此，當兩秦爭霸時，雙方將領或出奔對方，或自立稱王，或「遠近咸懷去就」等現象，在這兩個霸權出現最多。這固然與整體形勢有關，但傳統文化的影響仍不容忽視。

徵引書目

壹、史料

一、傳世文獻

（一）正史

1. 〔西漢〕司馬遷，《史記》，北京：中華書局，2005 年 3 月。

2. 〔東漢〕班固，《漢書》，臺北：鼎文書局，民國 68 年 11 月。

3. 〔西晉〕陳壽，《三國志》，北京：中華書局，1959 年 12 月。

4. 〔南朝宋〕范曄，《後漢書》，北京：中華書局，1965 年 5 月。

5. 〔南朝梁〕沈約，《宋書》，臺北：鼎文書局，民國 76 年 5 月。

6. 〔南朝梁〕蕭子顯，《南齊書》，北京：中華書局，1972 年 1 月。

7. 〔北齊〕魏收，《魏書》，北京：中華書局，1974 年 6 月。

8. 〔唐〕房玄齡等，《晉書》，臺北：鼎文書局，民國 92 年 1 月。

9. 〔唐〕李延壽，《北史》，北京：中華書局，1974 年 10 月。

（二）一般史籍

1. 〔東周〕荀況，《荀子》，臺北：中國子學名著集成編印基金會，民國 67 年 12 月。

2. 〔西漢〕戴聖，《十三經注疏》，臺北：宏業書局，民國 60 年 9 月。

3. 〔東漢〕王符，《潛夫論箋校正》，北京：中華書局，1985 年 9 月。

4. 〔北魏〕酈道元，《水經注》，臺北：世界書局，民國 77 年 4 月。

5. 〔北魏〕楊衒之，《洛陽伽藍記》，南京：鳳凰出版，2006 年 1 月。

6. 〔唐〕杜佑，《通典》，北京：中華書局，1988 年 12 月。

7. 〔唐〕李吉甫，《元和郡縣圖志》，長沙：商務印書館，民國 26 年 12 月。

8. 〔北宋〕李昉，《太平御覽》，石家莊：河北教育出版社，1994 年 7 月。

9. 〔北宋〕司馬光等，〔元〕胡三省注，《資治通鑑》，北京：中華書局，2012 年 9 月。

10. 〔南宋〕葉適，《習學記言》，中國子學名著集成編印基金會，出版時地未載。

11. 〔南宋〕彭大雅，徐霆證疏，《黑韃事略（及其他四種）》，北京：中華書局，1985 年。

12. 〔清〕顧祖禹，《讀史方輿紀要》，北京：中華書局，2005 年 3 月。

13. 〔清〕王夫之，《讀通鑑論》，臺北：漢京文化事業，民國 73 年 7 月。

14. 〔清〕洪亮吉，《十六國疆域志》，臺北：藝文印書館，民國 55 年。

15. 〔清〕湯球，《十六國春秋輯補》，臺北：鼎文書局，民國 92 年 1 月。

16. 〔清〕龔士烔，《增補歷代紀事年表》，臺北：華國出版社，民國 48 年 4 月。

17. 〔清〕錢儀吉，《補晉書兵志》，清光緒十七年四月廣雅書局刊本，臺北：藝文印書館，出版時間不詳。

二、出土材料

1. 大同市考古研究所，〈山西大同文瀛路北魏壁畫墓發掘簡報〉，《文物》2011 年第 12 期（2011 年 12 月），頁 26～60。

2. 大同市考古研究所，〈山西大同陽高北魏尉遲定州墓發掘簡報〉，《文物》2011 年第 12 期（2011 年 12 月），頁 4～12+51。

3. 山西省考古研究所等，〈山西大同南郊仝家灣北魏墓（M7、M9）發掘簡報〉，《文物》2015 年第 12 期（2015 年 12 月），頁 4～22。

4. 王素，〈吐魯番晉十六國墓葬所出紙畫和壁畫〉，收錄於《漢唐歷史與出土文獻》，北京：故宮出版社，2011 年 12 月，頁 446～450。

5. 王素，〈前秦建元二年護國定遠侯墓誌考釋〉，收錄於《漢唐歷史與出土文獻》，北京：故宮出版社，2011 年 12 月，頁 409～412。

6. 米文平,〈鮮卑石室的發現與初步研究〉,《文物》1981 年第 2 期（1981 年 2 月）,頁 1～7。

7. 李慶發,〈朝陽袁臺子東晉墓壁畫〉,《文物》1984 年第 6 期（1984 年 6 月）,頁 29～45。

8. 李鋅銅,〈2 千年前匈奴遺址在蒙古現蹤〉,《中時電子報》,網址：https://www.chinatimes.com/newspapers/20180911000175～260309?chdtv,查詢日期：2019 年 5 月 24 日。

9. 辛發等,〈錦州前燕李廆墓清理簡報〉,《文物》1995 年第 6 期（1995 年 6 月）,頁 42～46。

10. 孟鷗,〈卜辭所見商代的羌族〉,《青島大學師範學院學報》,第 24 卷第 2 期（2007 年 6 月）,頁 25～32。

11. 孫守道,〈「匈奴西岔溝文化」古墓群的發現〉,《文物》1960 年第 8、9 期（1960 年 9 月）,頁 25～33。

12. 殷憲等,〈北魏尉遲定州墓石槨封門石銘文〉,《文物》2011 年第 12 期（2011 年 12 月）,頁 47～51。

13. 馬長壽,《碑銘所見前秦至隋初的關中部族》,北京：中華書局,1985 年 1 月。

14. 寇克紅,〈高臺駱駝城前秦墓出土墓券考釋〉,《敦煌研究》總第 116 期（2009 年 4 月）,頁 91～96。

15. 張慶捷等,〈大同新發現兩座北魏壁畫墓年代初探〉,《文物》2011 年第 12 期（2011 年 12 月）,頁 52～54。

16. 敦煌文物研究所考古組等,〈敦煌甜水井漢代遺址的調查〉,《考古》1975 年第 2 期（1975 年 3 月）,頁 111～115。

17. 新疆吐魯番地區文管所,〈吐魯番出土十六國時期的文書——吐魯番阿斯塔那 382 號墓清理簡報〉,《文物》1983 年第 1 期（1983 年 1 月）,頁 19～25。

18. 羅新,葉煒,《新出魏晉南北朝墓誌疏證》,北京：中華書局,2016 年 5 月。

貳、研究論著

一、中文部分

（一）專書

1. 《中國軍事史》編寫組，《中國軍事史（第三卷 兵制）》，北京：解放軍出版社，1987 年 10 月。

2. 《中國軍事史》編寫組，《中國軍事史（第四卷 兵法）》，北京：解放軍出版社，1988 年 6 月。

3. 中國歷代戰爭史編纂委員會，《中國歷代戰爭史（第五冊）》，臺北：黎明文化，民國 69 年 4 月。

4. 中國歷代戰爭史編纂委員會，《中國歷代戰爭史（第六冊）》，臺北：黎明文化，民國 70 年 10 月。

5. 王仲犖，《魏晉南北朝史》，上海：上海人民出版社，2003 年 4 月。

6. 王明珂，《游牧者的抉擇：面對漢帝國的北亞游牧部落》，臺北：中央研究院、聯經出版，2009 年 1 月。

7. 王明珂，《華夏邊緣——歷史記憶與族群認同》，臺北：允晨文化，民國 86 年 4 月。

8. 王明蓀，《中國民族與北疆史論——漢晉篇》，臺北：丹青圖書有限公司，1987 年 4 月。

9. 札奇斯欽，《北亞游牧民族與中原農業民族間的和平戰爭與貿易關係》，臺北：國立政治大學出版委員會，民國 62 年 1 月。

10. 田餘慶，《拓跋史探》，北京：三聯書局，2019 年 1 月。

11. 安儉，《中國游牧民族部落制度研究》，蘭州：甘肅人民出版社，2005 年 11 月。

12. 朱大渭等，《中國歷代經濟史（二）》，臺北：文津出版社，1998 年 1 月。

13. 牟發松等，《中國行政區劃通史：十六國北朝卷》，上海：復旦大學出版社，2016 年 12 月。

14. 何世同，《中國中古時期之陰山戰爭及其對北邊戰略環境變動與歷史發展影響》，臺北：花木蘭文化出版社，2010 年 3 月。

15. 何世同，《中國戰略史》，臺北：黎明文化，民國 94 年 5 月。

16. 何世同，《戰略概論》，臺北：黎明文化，民國 93 年 9 月。

17. 何世同，《殲滅論》，臺北：上揚國際，2009 年 6 月。

18. 何德章，《中國魏晉南北朝政治史》，北京：人民出版社，1994 年 1 月。

19. 吳洪琳，《鐵弗匈奴與夏國史研究》，北京：中國社會科學出版社，2011 年 5 月。

20. 呂思勉，《兩晉南北朝史》，長春：吉林大學出版社，2018 年 8 月。

21. 李則芬，《兩晉南北朝歷史論文集》（臺北：臺灣商務印書館，民國 76 年 2 月）。

22. 李海葉，《慕容鮮卑的漢化與五燕政權——十六國少數民族發展史的個案研究》，北京：中國社會科學出版社，2015 年 11 月。

23. 李梅田，《魏晉北朝墓葬的考古學研究》，北京：商務印書館，2009 年 8 月。

24. 李劍農，《魏晉南北朝隋唐經濟史稿》，臺北：華世出版社，民國 70 年 12 月。

25. 杜士鋒，《北魏史》，太原：山西高校聯合出版社，1992 年 8 月。

26. 杜維運，《中國史學史（第二冊）》，臺北：三民書局，民國 96 年 10 月。

27. 杜維運，《史學方法論》，臺北：三民書局，2003 年 2 月。

28. 沈起煒，《黎東方講史之續——細說兩晉南北朝》，上海：上海人民出版社，2019 年 5 月。

29. 周偉洲，《漢趙國史》，桂林：廣西師範大學出版社，2006 年 5 月。

30. 林幹，《中國古代北方民族通論》，北京：人民出版社，2010 年 1 月。

31. 林幹，《匈奴史》，呼和浩特：內蒙古人民出版社，2007 年 7 月。

32. 金發根，《永嘉亂後北方的豪族》，臺北：中國學術著作獎助委員會，民國 53 年 9 月。

33. 金觀濤等，《興盛與危機：論中國社會超穩定結構》，香港：中文大學出版社，1992 年。

34. 侯家駒，《中國經濟史（上）》，臺北：聯經出版，民國 94 年。

35. 俄瓊卓瑪，《後秦史》，上海：上海古籍出版社，2018 年 3 月。

36. 姚薇元，《北朝胡姓考》，北京：中華書局，2007 年 7。

37. 范曉光，《中國古代戰爭動員》，北京：軍事科學出版社，2003 年 10 月。

38. 孫同勛，《拓跋氏的漢化及其他——北魏史論文集》，臺北：稻鄉出版社，民國 94 年 3 月。

39. 郝柏村口述，何世同編校，《血淚與榮耀：郝柏村還原全面抗戰真相（1937～1945）》，臺北：天下文化，2019 年 11 月。

40. 馬長壽，《氐與羌》，桂林：廣西師範大學出版社，2006 年。

41. 馬長壽，《烏桓與鮮卑》，桂林：廣西師範大學出版社，2006 年 6 月。

42. 馬建春，《中國西北少數民族通史（西晉十六國卷）》，北京：民族出版社，2009 年 1 月。

43. 高敏，《魏晉南北朝兵制研究》，鄭州：大象出版社，1998 年 5 月。

44. 張金龍，《魏晉南北朝禁衛武官制度研究》，北京：中華書局，2004 年 11 月。

45. 張繼昊，《從拓跋到北魏——北魏王朝創建歷史的考察》，臺北：稻鄉出版社，民國 92 年 12 月。

46. 梁方仲，《中國歷代戶口、田地、田賦統計》，北京：中華書局，2008 年 11 月。

47. 陳序經，《匈奴史稿》，北京：中國人民大學出版社，2007 年。

48. 陳致平，《中華通史（三）》，臺北：黎明文化，民國 67 年 4 月。

49. 陳琳國，《中古北方民族史探》，北京：商務印書館，2010 年 4 月。

50. 陳登原，《中國田賦史》，臺北：臺灣商務印書館，民國 64 年 11 月。

51. 逯耀東，《從平城到洛陽》，臺北：聯經出版，民國 68 年 3 月。

52. 黃烈，《中國古代民族史研究》，北京：人民出版社，1987 年 7 月。

53. 楊泓，《中國古兵與美術考古論集》，北京：文物出版社，2007 年 11 月。

54. 萬繩楠，《陳寅恪魏晉南北朝史講演錄》，臺北：雲龍出版，2010 年 8 月。

55. 葉龍，《錢穆講中國經濟史》，香港：商務印書館，2013 年 1 月。

56. 葛劍雄，《中國人口史（第一卷）》，上海：復旦大學出版社，2005 年 1 月。

57. 雷家驥，《中古大軍制度緣起演變史論》，新北：花木蘭文化出版社，2019年3月。

58. 雷家驥，《中古史學觀念史》，臺北：臺灣學生書局，民國79年10月。

59. 雷家驥，《資治通鑑——帝王的鏡子》，臺北：時報文化，2012年10月。

60. 劉學銚，《五胡史論》，臺北：南天書局，2001年10月。

61. 劉學銚，《匈奴史論》，臺北：南天書局，民國76年10月。

62. 劉學銚，《鮮卑史論》，臺北：南天書局，民國83年8月。

63. 蔣福亞，《前秦史》，北京：北京師範學院出版社，1993年4月。

64. 鄭欽仁等，《魏晉南北朝史》，臺北：里仁書局，2007年9月。

65. 賴光臨，《中國新聞傳播史》，臺北：三民書局，民國79年12月。

66. 錢穆，《中國歷代政治得失》，臺北：東大圖書，2011年3月。

67. 錢穆，《中華文化十二講》，臺北：東大圖書公司，民國76年5月。

68. 錢穆，《國史大綱》，臺北：臺灣商務印書館，1995年7月。

69. 閻守誠，《中國人口史》，臺北：文津出版社，民國86年8月。

70. 嚴耕望，《中國地方行政制度史乙部——魏晉南北朝地方行政制度》，臺北：中央研究院歷史語言研究所，民國79年5月。

70. 嚴耕望，《中國地方行政制度史——秦漢地方行政制度》，臺北：中央研究院歷史語言研究所，民國79年5月。

72. 嚴耕望，《中國政治制度史綱》，上海：上海古籍出版社，2013年12月。

73. 嚴耕望，《唐代交通圖考》，臺北：中央研究院歷史語言研究所，民國74年。

74. 饒勝文，《布局天下：中國古代軍事地理大勢》，北京：解放軍出版社，2006年5月。

（二）譯著

1. 〔日〕池田溫著，龔澤銑譯，《中國古代籍帳研究》，北京：中華書局，1984年8月。

2. 〔日〕村上正二撰，鄭欽仁譯，〈征服王朝〉，收錄於《征服王朝論文集》，臺北：稻鄉出版社，民國88年1月，頁91～150。

3. 〔日〕谷川道雄著，李濟滄譯，《隋唐帝國形成史論》，上海：上海古籍出版社，2011 年 6 月。

4. 〔美〕巴菲爾德（T. Barfield）著，袁劍譯，《危險的邊疆：游牧帝國與中國（The Perilous Frontier: Nomadic Empires and China）》，南京：江蘇人民出版社，2011 年 7 月。

5. 〔美〕狄宇宙（Nicola Di Cosmo）著，賀嚴等譯，《古代中國與其強鄰——東亞歷史上游牧力量的興起（Ancient China and Its Enemies: The Rise of Nomadic Power in East Asian History）》，北京：中國社會科學出版社，2010 年 9 月。

6. 〔美〕拉鐵摩爾（Owen Lattimore）著，唐曉峰譯，《中國的亞洲內陸邊疆（Inner Asian Frontiers of China）》，南京：江蘇人民出版社，2005 年 11 月。

7. 〔美〕齊錫生著，楊云若等譯，《中國的軍閥政治（1916～1928）（Warlord Politics in China 1916～1928）》，北京：中國人民大學出版社，2010 年 4 月。

（三）期刊暨專書論文

1. 方酉生，〈論二里頭遺址的文化性質——兼論夏代國家的形成〉，《華夏考古》，1994 年第 1 期（1994 年 1 月），頁 60～67。

2. 方高峰，〈魏晉南北朝時期南、北民族融合之差異〉，《西北師大學報（社會科學版）》，第 47 卷第 5 期（2010 年 9 月），頁 50～53。

3. 毛漢光，〈中國中古社會史略論稿〉，《中央研究院歷史語言研究所集刊》，47 本 3 分（1976 年 9 月），頁 341～431。

4. 王明前，〈十六國時期北方政治的新陳代謝〉，《寧夏大學學報（人文社會科學版）》，第 35 卷第 1 期（2013 年 1 月），頁 54～61。

5. 王明珂，〈什麼是民族：以羌族為例探討一個民族誌與民族史研究上的關鍵問題〉，《中央研究院歷史語言研究所集刊》，第 65 本第 4 分（民國 83 年 12 月），頁 989～1027。

6. 王明珂，〈匈奴的游牧經濟：兼論游牧經濟與游牧社會政治組織的關係〉，《中央研究院歷史語言研究所集刊》，第 64 本第 1 分（民國 82 年 3 月），頁 9～50。

7. 王明珂，〈歷史事實、歷史記憶與歷史心性〉，《歷史研究》，2001 年第 5 期（2001 年 10 月），頁 136～147。

8. 王素，〈略論魏晉士族制的形成發展與衰亡〉，收錄於《漢唐歷史與出土文獻》，北京：故宮出版社，2011 年 12 月，頁 15～23。

9. 王會昌，〈2000 年來中國北方遊牧民族南遷與氣候變化〉，《地理科學》，第 16 卷第 3 期（1996 年 8 月），頁 274～279。

10. 任重，〈十六國城市史二題〉，《福建論壇・人文社會科學版》，2002 年第 6 期（2002 年 6 月），頁 89～95。

11. 何茲全，〈十六國時期的兵制〉，收錄於《燕園論學集》，北京：北京大學出版社，1984 年 4 月，頁 268～300。

12. 何茲全，〈府兵制前的北魏兵制〉，收錄於《何茲全文集（第二卷）》，北京：中華書局，2006 年 7 月，頁 758～797。

13. 何寧生，〈十六國時期前趙的法制〉，《西北大學學報（哲學社會科學版）》，第 36 卷第 3 期（2006 年 5 月），頁 71～75。

14. 何德章，〈北魏初年的漢化制度與天賜二年的倒退〉，《中國史研究》，2001 年第 2 期（2001 年 2 月），頁 29～38。

15. 余曼，〈試析前燕王國成長及其漢化〉，《南昌教育學院學報（文學藝術）》，第 26 卷第 9 期（2011 年），頁 36～37。

16. 李玉順，〈試析拓跋鮮卑部落聯盟〉，《滿族研究》，總第 103 期（2011 年 2 月），頁 63～81。

17. 李春玲，〈論十六國時期遼西地區農業經濟的發展〉，《北方文物》，2009 年 02 期（2009 年 2 月），頁 78～83。

18. 李春梅，〈匈奴政權的創建問題──兼論冒頓單于以前的匈奴與東胡的關係〉，《內蒙古社會科學（漢文版）》，第 34 卷第 3 期（2013 年 5 月），頁 55～58。

19. 李愛琴，〈十六國時期的戶籍制度〉，《中山大學學報（社會科學版）》，總 206 期（2007 年 2 月），頁 33～38。

20. 周一良，〈乞活考──西晉東晉間流民史之一頁〉，收錄於《魏晉南北朝史十二講》，北京：中華書局，2010 年 7 月，頁 29～44。

21. 胡鴻,〈草原政權的「正統觀念」與歷史記憶——以北族記憶中的匈奴為例〉,《民族研究》,2007 年第 3 期（2007 年 5 月）,頁 66～72。

22. 范恩實,〈論西岔溝古墓群的族屬——兼及烏桓、鮮卑考古文化的探索問題〉,《中國社會科學網》,網址：http://www.cssn.cn/zgs/zgs_zggds/201310/t20131025_545470.shtml,查詢日期：2020 年 1 月 11 日。

23. 唐長孺,〈《晉書·趙至傳》中所見的曹魏士家制度〉,收錄於《魏晉南北朝史論叢》,石家莊：河北教育出版社,2000 年 12 月,頁 28～34。

24. 唐長孺,〈魏晉雜胡考〉,收錄於《魏晉南北朝史論叢》,石家莊：河北教育出版社,2000 年 12 月,頁 368～434。

25. 袁祖亮〈十六國北朝人口蠡測——與王育民同志商榷〉,《歷史研究》,1991 年第 2 期（1991 年 2 月）,頁 94～106。

26. 馬志冰,〈十六國時代塢堡壘壁組織的社會職能〉,《許昌師專學報（社會科學版）》,1991 年第 3 期（1991 年 3 月）,頁 16～21。

27. 馬良懷,〈漢晉之際莊園經濟的發展與士大夫生存狀態之關係〉,《中國社會經濟史研究》,1997 年第 4 期（1997 年 4 月）,頁 7～15。

28. 高源,〈歷史記憶與族群認同〉,《青海民族研究》,第 18 卷第 3 期（2007 年 7 月）,頁 8～11。

29. 張永帥,〈關于統萬城歷史的幾個問題〉,《中國歷史地理論叢》,第 23 卷第 1 輯（2008 年 1 月）,頁 97～104。

30. 張旭輝等,〈民族融合背景下的符堅治秦〉,《牡丹江教育學院學報》,總第 117 期（2009 年 5 月）,頁 17～18+63。

31. 陳寅恪,〈五胡問題及其他〉,收錄於《陳寅恪先生論文集補編》,臺北：九思出版社,民國 66 年 9 月,頁 27～28。

32. 陳鵬,〈論十六國時期前燕遼西地區的移民及民族交融〉,《佳木斯大學社會科學學報》,第 36 卷第 4 期（2018 年 8 月）,頁 132～134。

33. 程有為,〈十六國人才問題管窺〉,《許昌師專學報（社會科學版）》,1990 年第 1 期（1990 年 1 月）,頁 22～27。

34. 馮君實,〈魏晉官制中的護軍〉,收錄於《魏晉南北朝史論文集》,濟南：齊魯書社,1991 年 5 月,頁 102～118。

35. 黃烈,〈關於前秦政權的民族性質及其對東晉的戰爭性質問題〉,《中國史研究》,1979 年第 1 期（1979 年）,頁 82～92。

36. 楊肇清,〈試論中原地區國家的起源〉,《華夏考古》,1993 年第 1 期（1993 年 1 月）,頁 74～81。

37. 雷家驥,〈氐羌種姓文化及其與秦漢魏晉的關係〉,《國立中正大學學報》,人文分冊第 6 卷第 1 期（1995 年）,頁 159～209。

38. 雷家驥,〈後趙文化適應及其兩制統治〉,《國立中正大學學報》,人文分冊第 5 卷第 1 期（1994 年）,頁 173～231+233～235。

39. 雷家驥,〈從漢匈關係的演變略論劉淵屠各集團復國的問題——兼論其一國兩制的構想〉,《東吳文史學報》,第 8 號（1990 年）,頁 47～91。

40. 雷家驥,〈略論中國分合的窾白〉,《歷史月刊》,第 5 期（民國 77 年 6 月）,頁 46～47。

41. 雷家驥,〈隋平陳之戰析論——周隋府兵改革成效的一個觀察〉,《中國中古史研究》,第 11 期（2011 年 12 月）,頁 95～134。

42. 雷家驥,〈試論西魏大統軍制的胡漢淵源〉《中國中古史研究》,第 15 期（2015 年 12 月）,頁 103～156。

43. 雷家驥,〈漢趙時期氐羌的東遷與返還建國〉,《國立中正大學學報》,人文分冊第 7 卷第 1 期（1996 年）,頁 191～223。

44. 雷家驥,〈漢趙國策及其一國兩制下的單于體制〉,《國立中正大學學報》,人文分冊第 3 卷第 1 期（1992 年）,頁 51～96。

45. 雷家驥,〈慕容燕的漢化統治與適應〉,《東吳歷史學報》,第 1 期（1995 年 4 月）,頁 1～70。

46. 雷家驥,〈論暴君性格—自信之暴與自卑之暴〉,《鵝湖》,第 6 卷第 3 期（1980 年 9 月）,頁 33～34。

47. 雷家驥,〈關於漢化問題：以五胡史為例〉,《中國中古史研究》,第 13 期（2013 年 12 月）,頁 1～25。

48. 廖幼華,〈前後秦時期關中爭霸戰中的杏城——歷史地理角度的觀察〉,《華岡文科學報》,第二十三期（民國 88 年 12 月）,頁 127～159。

49. 翟云，〈前秦氐族詩人趙整及其散佚詩歌作品〉，《隴東學院學報》，第 21 卷第 4 期（2010 年 7 月），頁 47～49。

50. 劉玉山等，〈十六國時期慕容西燕、後燕幾個問題的再探討〉，《東南文化》，總第 195 期（2007 年 1 月），頁 65～70。

51. 盧小慧，〈北魏的崛起與平城營建〉，《學海》2017 年第 6 期（2017 年 6 月），頁 189～194。

52. 蕭啟慶，〈北亞游牧民族南侵各種原因的檢討〉，《食貨月刊》，復刊第一卷第十二期（民國 61 年 3 月），頁 609～619。

53. 龍如鳳，〈轉接的文本—從他者的文字到我族的歷史記憶——以《後漢書‧烏桓鮮卑列傳》、《三國志‧烏丸鮮卑東夷傳》與《魏書‧序紀》試析魏收的祖源書寫〉，《中興史學》，第 17 期（2016 年 3 月），頁，頁 100～121。

54. 薛海波，〈南匈奴內遷與東漢北邊邊防新論〉，《內蒙古社會科學（漢文版）》，第 33 卷第 3 期（2012 年 5 月），頁 65～70。

55. 謝劍，〈匈奴政治制度的研究〉，《歷史語言研究所集刊》41 本 2 分（1969 年 3 月），頁 231～272。

56. 叢曉明等，〈姻親民族與匈奴政權的關係〉，《黑龍江民族叢刊》，2013 年第 3 期（2013 年 6 月），頁 63～69。

57. 嚴耕望，〈中古時代之仇池山——由典型塢堡到避世勝地〉，收錄於《嚴耕望史學論文選集》，臺北：聯經出版，民國 80 年 5 月，頁 143～153。

（四）其他（學位論文、會議論文）

1. 雷家驥，〈五胡軍事制度研究——以胡、羯所建前、後趙為例〉，「紀念先師嚴耕望教授逝世週年暨論文發表會」，地點：國立中正大學文學院 211 室，主辦單位：國立中正大學歷史系、歷史研究所、歷史與文化研究中心，日期：民國 86 年 10 月 11 日。

2. 廖幼華，《中古前期河北地區胡漢民族線之演變》，臺北：中國文化大學博士論文，民國 79 年。

3. 龔詩堯，《從外交活動之發展論北朝漢文化地位的變遷》，新竹：清華大學博士論文，民國 101 年。

二、日文部分

（一）專書

1. 三崎良章，《五胡十六国——中国史上の民族大移動》，東京：東方書店，2002 年 2 月。

2. 船木勝馬，《古代遊牧騎馬民の国——草原から中原へ》，東京：誠文堂新光社，1989 年 2 月。

（二）譯著

1. 徐沖撰，〔日〕板橋曉子訳，〈赫連勃勃——「五胡十六国」史への省察を起点として〉，〔日〕窪添慶文編，《魏晋南北朝史のいま》（東京：勉誠出版，2017 年 8 月），頁 27～36。

（三）期刊暨專書論文

1. 內田吟風，〈烏桓鮮卑の源流と初期社会構成〉，《北アジア史研究——鮮卑柔然突厥篇》，京都市：同朋舎，昭和 51 年。

2. 內田吟風，〈古代遊牧民族の農耕国家侵入真因——特に匈奴史上より見たる〉，《北アジア史研究——匈奴篇》，京都市：同朋舎，昭和 63 年，頁 1～27。

3. 內田吟風，〈後魏の戶口数について〉，《北アジア史研究——鮮卑柔然突厥篇》，京都市：同朋舎，昭和 63 年 1 月，頁 185～211。

4. 江上波夫，〈匈奴の経済活動——牧畜と掠奪の場合〉，《江上波夫文化史論集（3）——匈奴の社会と文化》，東京：山川出版社，1999 年，頁 1～93。

5. 三崎良章，〈十六国夏の年代について〉，《史観》第 152 冊（2005 年 3 月），頁 36～51。

6. 小林聡，〈慕容政権の支配構造の特質〉，《九州大学東洋史論集》第 16 期（1988 年），頁 35～78。

7. 船木勝馬，〈匈奴・烏桓・鮮卑の大人について〉，《內田吟風博士頌寿紀念東洋史論集》，京都市：同朋舎，1978 年 8 月，頁 453～470。

（四）其他（研究報告）

1. 谷川道雄，《中国辺境社会の歴史的研究》，昭和 63 年度科学研究費補助金（研究課題番号：62301048）総合研究（A）研究成果報告書，京都大学文学部，平成元年 3 月。

三、工具書

（一）理論相關論著

1. 〔日〕范健《大軍統帥之理論與例證（第一卷）》，臺北：實踐學社，民國 54 年 5 月。

2. 〔法〕薄富爾（Andre Beaufre）著，鈕先鍾譯，《戰略緒論（An introduction to strategy）》，臺北：麥田出版，1996 年 9 月。

3. 〔美〕布里辛斯基（Zbigniew Brzezinski）著，林添貴譯，《大國政治（The Grand Chessbaord）》，臺北：立緒文化，民國 87 年 4 月。

4. 〔美〕克萊恩（Ray S. Cline）著，鈕先鍾譯，《世界各國國力評估（World Power Assessment）》，臺北：黎明文化，民國 71 年 5 月。

5. 〔美〕約翰・米爾斯海默（John Mearsheimer）著，王義桅等譯，《大國政治的悲劇（The Tragedy of Great Power Politics）》，臺北：麥田出版，2014 年 7 月。

6. 〔美〕約翰・亞傑（John I. Alger）等著，張德行譯，《軍事藝術的定義與準則（Definitions And Doctrine of the Military Art）》，臺北：國防部史政編譯局，民國 84 年 8 月。

7. 〔美〕基辛（R. Keesing）著，張恭啟等譯，《文化人類學（Cultural Anthropology: A Contemporary Perspective）》，臺北：巨流圖書公司，民國 78 年 9 月。

8. 〔美〕賈德・戴蒙（Jared Diamond）著，王道還等譯，《槍炮、病菌與鋼鐵——人類社會的命運（Guns, Germs, and Steel: The Fates of Human Societies）》，臺北：時報文化，1998 年 10 月。

9. 〔美〕摩根索（Hans J. Morgenthau）著，肯尼斯・湯普森（Kenneth W. Tompson）改寫，李暉等譯，《國家間政治（Politics Among Nations ）》，海口：海南出版社，2008 年 9 月。

10. 〔美〕盧福偉（Bernard Loo）撰，蕭光霈譯，《軍事轉型與戰略：軍事事務革新與小國（Military Transformation And Strategy）》，臺北：中華民國國防部，民國 100 年 8 月。

11. 〔英〕李德哈特（B. H. Liddell Hart）著，鈕先鍾譯，《戰略論：間接路線（Strategy：The Indirect Approach）》，臺北：麥田出版，1996 年 6 月。

12. 〔英〕富勒（J. F. C. Fuller）著，鈕先鍾譯，《戰爭指導（The Nine Principles of War）》，臺北：軍事譯粹社，民國 70 年 6 月。

13. 〔瑞士〕約米尼（Antoine-Henri Jomini）著，鈕先鍾譯，《戰爭藝術（The art of war）》，臺北：軍事譯粹社，民國 67 年 6 月。

14. 方寶璋，《社會科學應用方法論》，北京：經濟日報出版社，2008 年 9 月。

15. 包宗和等，《爭辯中的兩岸關係理論》，臺北：五南出版，1999 年 3 月。

16. 朱浤源，《撰寫博碩士論文實戰手冊》，臺北：正中書局，1999 年 11 月。

17. 余朝權，《組織行為學》，臺北：五南出版，2003 年 7 月。

18. 宋啟成，《野略概論講義》，桃園：國防大學戰爭學院，民國 103 年 9 月。

19. 宋啟成，《野戰戰略——現代戰爭之部講義》，桃園：國防大學戰爭學院，民國 104 年 10 月。

20. 國防大學軍事共同教學中心，《軍事研究方法論之建構》，桃園：國防大學，民國 99 年 11 月。

21. 國防大學軍事學院，《國軍軍語辭典（九十二年修訂本）》，臺北：國防部，民國 93 年 3 月。

22. 張鑄勳，〈析論蔣中正在中國抗日戰爭初期的戰略指導〉，《國史館館刊》，第 50 期（2016 年 12 月），頁 97～146。

（二）地圖集

1. 國防部情報參謀次長室等，《中華民國分省地圖集》，臺北：國防部情報參謀次長室等，民國 76 年 1 月。

2. 譚其驤，《中國歷史地圖集（第三冊）》，北京：中國地圖出版社，1982 年 10 月。

3. 譚其驤，《中國歷史地圖集（第四冊）》，北京：中國地圖出版社，1982 年 10 月。

附錄一　〈十六國時期各主要政權年號對照表〉

公元年	各主要政權紀年							
	東晉/南朝宋	漢/前趙	後趙/冉魏	前燕/後燕	前秦	後秦	代/北魏	夏國
304	永興元年	元熙元年					昭皇帝十年	
305	永興二年	元熙二年					昭皇帝十一年	
306	光熙元年	元熙三年					昭皇帝十二年	
307	永嘉元年	元熙四年		慕容廆稱鮮卑大單于元年			昭皇帝十三年	
308	永嘉二年	永鳳元年		慕容廆稱鮮卑大單于二年			穆皇帝元年	
309	永嘉三年	河瑞元年		慕容廆稱鮮卑大單于三年			穆皇帝二年	
310	永嘉四年	光興元年		慕容廆稱鮮卑大單于四年			穆皇帝封代公元年	
311	永嘉五年	嘉平元年		慕容廆稱鮮卑大單于五年			穆皇帝封代公二年	
312	永嘉六年	嘉平二年		慕容廆稱鮮卑大單于六年		姚弋仲稱扶風公元年	穆皇帝封代公三年	

313	建興元年	嘉平三年		慕容廆稱鮮卑大單于七年		姚弋仲稱扶風公二年	穆皇帝封代公四年	
314	建興二年	嘉平四年		慕容廆稱鮮卑大單于八年		姚弋仲稱扶風公三年	穆皇帝封代公五年	
315	建興三年	建元元年		慕容廆稱鮮卑大單于九年		姚弋仲稱扶風公四年	穆皇帝封代王元年	
316	建興四年	麟嘉元年		慕容廆稱鮮卑大單于十年		姚弋仲稱扶風公五年	穆皇帝封代王二年	
317	建武元年	麟嘉二年		慕容廆稱鮮卑大單于十一年		姚弋仲稱扶風公六年	平文皇帝元年	
318	太興元年	光初元年		慕容廆稱鮮卑大單于十二年		姚弋仲稱扶風公七年	平文皇帝二年	
319	太興二年	光初二年	石勒稱王元年	慕容廆稱鮮卑大單于十三年		姚弋仲稱扶風公八年	平文皇帝三年	
320	太興三年	光初三年	石勒稱王二年	慕容廆稱鮮卑大單于十四年		姚弋仲稱扶風公九年	平文皇帝四年	
321	太興四年	光初四年	石勒稱王三年	慕容廆封燕公元年		姚弋仲稱扶風公十年	惠皇帝元年	
322	永昌元年	光初五年	石勒稱王四年	慕容廆封燕公二年		姚弋仲稱扶風公十一年	惠皇帝二年	
323	太寧元年	光初六年	石勒稱王五年	慕容廆封燕公三年		姚弋仲封平襄公元年	惠皇帝三年	
324	太寧二年	光初七年	石勒稱王六年	慕容廆封燕公四年		姚弋仲封平襄公二年	惠皇帝四年	
325	太寧三年	光初八年	石勒稱王七年	慕容廆封燕公五年		姚弋仲封平襄公三年	煬皇帝元年	
326	咸和元年	光初九年	石勒稱王八年	慕容廆封燕公六年		姚弋仲封平襄公四年	煬皇帝二年	

327	咸和二年	光初十年	石勒稱王九年	慕容廆封燕公七年		姚弋仲封平襄公五年	煬皇帝三年
328	咸和三年	光初十一年	太和元年	慕容廆封燕公八年		姚弋仲封平襄公六年	煬皇帝四年
329	咸和四年	光初十二年	太和二年	慕容廆封燕公九年		姚弋仲封平襄公七年	烈皇帝元年
330	咸和五年		建平元年	慕容廆封燕公十年		姚弋仲封平襄公八年	烈皇帝二年
331	咸和六年		建平二年	慕容廆封燕公十一年			烈皇帝三年
332	咸和七年		建平三年	慕容廆封燕公十二年			烈皇帝四年
333	咸和八年		建平四年	慕容廆封燕公十三年			烈皇帝五年
334	咸和九年		延熙元年	慕容皝封燕公元年			烈皇帝六年
335	咸康元年		建武元年	慕容皝封燕公二年			煬皇帝後元年
336	咸康二年		建武二年	慕容皝封燕公三年			煬皇帝後二年
337	咸康三年		建武三年	慕容皝稱燕王元年			烈皇帝後元年
338	咸康四年		建武四年	慕容皝稱燕王二年			建國元年
339	咸康五年		建武五年	慕容皝稱燕王三年			建國二年
340	咸康六年		建武六年	慕容皝稱燕王四年			建國三年
341	咸康七年		建武七年	慕容皝稱燕王五年			建國四年
342	咸康八年		建武八年	慕容皝稱燕王六年			建國五年
343	建元元年		建武九年	慕容皝稱燕王七年			建國六年

344	建元二年		建武十年	慕容皝稱 燕王八年			建國七年	
345	永和元年		建武 十一年	慕容皝稱 燕王十二 年			建國八年	
346	永和二年		建武 十二年	慕容皝稱 燕王十三 年			建國九年	
347	永和三年		建武 十三年	慕容皝稱 燕王十四 年			建國十年	
348	永和四年		建武 十四年	慕容皝稱 燕王十五 年			建國 十一年	
349	永和五年		大寧元年	慕容儁封 燕王元年			建國 十二年	
350	永和六年		趙永寧 元年 魏永興 元年	慕容儁封 燕王二年	苻洪稱三 秦王元年		建國 十三年	
351	永和七年		趙永寧 二年 魏永興 二年	慕容儁封 燕王三年	皇始元年		建國 十四年	
352	永和八年		魏永興 三年	元璽元年	皇始二年		建國 十五年	
353	永和九年			元璽二年	皇始三年		建國 十六年	
354	永和十年			元璽三年	皇始四年		建國 十七年	
355	永和 十一年			元璽四年	壽光元年		建國 十八年	
356	永和 十二年			元璽五年	壽光二年		建國 十九年	
357	升平元年			光壽元年	永興元年		建國 二十年	
358	升平二年			光壽二年	永興二年		建國 二十一年	
359	升平三年			光壽三年	甘露元年		建國 二十二年	

360	升平四年			建熙元年	甘露二年		建國二十三年	
361	升平五年			建熙二年	甘露三年		建國二十四年	
362	隆和元年			建熙三年	甘露四年		建國二十五年	
363	興寧元年			建熙四年	甘露五年		建國二十六年	
364	興寧二年			建熙五年	甘露六年		建國二十七年	
365	興寧三年			建熙六年	建元元年		建國二十八年	
366	太和元年			建熙七年	建元二年		建國二十九年	
367	太和二年			建熙八年	建元三年		建國三十年	
368	太和三年			建熙九年	建元四年		建國三十一年	
369	太和四年			建熙十年	建元五年		建國三十二年	
370	太和五年			建熙十一年	建元六年		建國三十三年	
371	太和六年咸安元年				建元七年		建國三十四年	
372	咸安二年				建元八年		建國三十五年	
373	寧康元年				建元九年		建國三十六年	
374	寧康二年				建元十年		建國三十七年	
375	寧康三年				建元十一年		建國三十八年	
376	太元元年				建元十二年		建國三十九年	
377	太元二年				建元十三年			
378	太元三年				建元十四年			
379	太元四年				建元十五年			

380	太元五年			建元十六年		
381	太元六年			建元十七年		
382	太元七年			建元十八年		
383	太元八年			建元十九年		
384	太元九年		慕容垂稱燕王元年	建元二十年	白雀元年	
385	太元十年		慕容垂稱燕王二年	大安元年	白雀二年	
386	太元十一年		建興元年	太初元年	建初元年	登國元年
387	太元十二年		建興二年	太初二年	建初二年	登國二年
388	太元十三年		建興三年	太初三年	建初三年	登國三年
389	太元十四年		建興四年	太初四年	建初四年	登國四年
390	太元十五年		建興五年	太初五年	建初五年	登國五年
391	太元十六年		建興六年	太初六年	建初六年	登國六年
392	太元十七年		建興七年	太初七年	建初七年	登國七年
393	太元十八年		建興八年	太初八年	建初八年	登國八年
394	太元十九年		建興九年	延初元年	皇初元年	登國九年
395	太元二十年		建興十年		皇初二年	登國十年
396	太元二十一年		永康元年		皇初三年	皇始元年
397	隆安元年		永康二年		皇初四年	皇始二年
398	隆安二年		建平元年		皇初五年	天興元年
399	隆安三年		長樂元年		弘始元年	天興二年
400	隆安四年		長樂二年		弘始二年	天興三年
401	隆安五年		光始元年		弘始三年	天興四年

402	元興元年			光始二年		弘始四年	天興五年	
403	元興二年			光始三年		弘始五年	天興六年	
404	元興三年			光始四年		弘始六年	天賜元年	
405	義熙元年			光始五年		弘始七年	天賜二年	
406	義熙二年			光始六年		弘始八年	天賜三年	
407	義熙三年					弘始九年	天賜四年	龍升元年
408	義熙四年					弘始十年	天賜五年	龍升二年
409	義熙五年					弘始十一年	永興元年	龍升三年
410	義熙六年					弘始十二年	永興二年	龍升四年
411	義熙七年					弘始十三年	永興三年	龍升五年
412	義熙八年					弘始十四年	永興四年	龍升六年
413	義熙九年					弘始十五年	永興五年	鳳翔元年
414	義熙十年					弘始十六年	神瑞元年	鳳翔二年
415	義熙十一年					弘始十七年	神瑞二年	鳳翔三年
416	義熙十二年					永和元年	泰常元年	鳳翔四年
417	義熙十三年					永和二年	泰常二年	鳳翔五年
418	義熙十四年						泰常三年	昌武元年
419	元熙元年						泰常四年	真興元年
420	元熙二年永初元年						泰常五年	真興二年
421	永初二年						泰常六年	真興三年
422	永初三年						泰常七年	真興四年
423	景平元年						泰常八年	真興五年
424	元嘉元年						始光元年	真興六年
425	元嘉二年						始光二年	承光元年
426	元嘉三年						始光三年	承光二年
427	元嘉四年						始光四年	承光三年
428	元嘉五年						神䴥元年	勝光元年

429	元嘉六年					神二年	勝光二年
430	元嘉七年					神三年	勝光三年
431	元嘉八年					神四年	勝光四年
432	元嘉九年					延和元年	
433	元嘉十年					延和二年	
434	元嘉十一年					延和三年	
435	元嘉十二年					太延元年	
436	元嘉十三年					太延二年	
437	元嘉十四年					太延三年	
438	元嘉十五年					太延四年	
439	元嘉十六年					太延五年	

附註：

1. 本表係參考〔清〕龔士炯所撰之《增補歷代紀事年表》調製而成。
2. 後趙與冉魏於 350～351 年有兩個年號，係石祇後趙政權與冉閔魏政權併存所致。

附錄二 〈十六國時期大事記〉

304 年

匈奴劉淵建都左國城，稱漢王。

307 年

石勒投奔漢國。

慕容廆自稱鮮卑大都督。

308 年

漢王劉淵稱皇帝。

309 年

劉淵徙都平陽，石勒寇鉅鹿常山，得漢人張賓為佐。

310 年

漢王劉淵卒，劉聰繼立。

氐酋蒲洪自稱略陽公。

311 年

漢國陷洛陽，遷晉懷帝至平陽。

312 年

劉琨與拓跋猗盧聯兵敗劉曜。

羌酋姚弋仲自稱扶風公。

313 年

劉聰殺晉懷帝於平陽，晉愍帝即位於長安。

314 年

　　石勒襲殺王浚。

315 年

　　晉愍帝封拓跋猗盧為代王。

　　劉聰封石勒為陝東伯。

316 年

　　劉曜攻陷長安，晉愍帝出降，西晉亡。

　　石勒擊破劉琨，琨投奔鮮卑段匹磾。

317 年

　　劉聰殺愍帝於平陽。

318 年

　　劉聰死，漢國爆發靳準之難，劉曜繼立稱帝，於長安重建漢國。

319 年

　　劉曜定都長安，改國號為趙，史稱前趙。

　　石勒定都襄國稱趙王，史稱後趙。

　　氐人蒲洪降前趙，拜率義侯。

320 年

　　晉元帝封鮮卑慕容廆為平州刺史。

321 年

　　後趙佔幽冀并三州，虜段匹磾。

　　晉元帝封慕容廆為遼東公。

324 年

　　前趙與後趙相攻，兩趙爭霸開始。

325 年

　　後趙重創前趙於洛陽。

328 年

　　後趙主石勒俘殺前趙主劉曜。

329 年

　　後趙石虎殺前趙主劉熙，前趙亡。

330 年

　　石勒即帝位，前涼主張駿稱臣於後趙。

333 年

　　鮮卑慕容廆卒，子慕容皝繼之。

　　後趙主石勒卒，子石弘繼之，石虎為丞相，大權獨攬。

334 年

　　石虎篡弒後趙主石弘。

335 年

　　後趙主石虎自襄國遷都於鄴。

336 年

　　石虎大作宮室。

337 年

　　石虎自稱大趙天王。

　　鮮卑慕容皝自稱燕王，史稱前燕。

338 年

　　後趙滅段部鮮卑，後以前燕未出師為由，發兵討之，惟失敗而還。

341 年

　　前燕主慕容皝築龍城，東晉封皝為燕王。

342 年

　　前燕遷都龍城。

344 年

　　前燕大破鮮卑宇文部。

345 年

　　後趙主石虎大治宮室。

　　前燕主慕容皝始不用東晉年號，自稱十二年。

346 年

　　前涼主張駿卒，子重華立為涼州牧。

　　後趙攻前涼失敗。

347 年

後趙主石虎大作華林苑。

348 年

後趙主石虎殺太子宣，立子勢。

前燕主慕容皝卒，子儁繼之。

蒲洪遣使降晉。

349 年

後趙主石虎卒，諸子爭立致後趙大亂，冉閔誅殺胡羯二十餘萬人。

東晉封慕容儁為大單于‧燕王。

350 年

冉閔稱帝，以魏為國號，後趙新興王石祇於襄國即位。

蒲洪改姓苻洪，為部將麻秋鴆斃，子健繼統其部眾。

前燕進軍後趙。

351 年

苻健率眾進據關中，稱天王，以秦為國號，史稱前秦。

石祇為部將所弒，後趙亡。

姚弋仲遣使約降東晉。

352 年

前秦主苻健稱帝。

前燕陷鄴城，俘殺冉閔，其主慕容儁稱帝。

姚弋仲死，子襄率部眾降東晉。

353 年

晉將殷浩北伐，姚襄叛晉襲浩，晉軍大敗。

前涼主張重華卒，張祚繼之。

354 年

晉將桓溫大舉北伐，進軍止於灞上後撤兵，遭前秦反擊。

姚襄掠河南降前燕。

355 年

前秦主苻健卒，太子生繼位。

356 年

前秦率眾入關中時亡，弟萇率眾降前秦。

前涼稱藩於前秦。

357 年

前秦主苻生遭苻堅篡弒，堅自稱大秦天王，以王猛為尚書。

前燕遷都鄴城。

358 年

前秦主苻堅重用王猛，關中大治。

360 年

前燕主慕容儁卒，太子暐即位，慕容恪、評輔政。

367 年

前燕太宰慕容恪卒。

368 年

前秦苻柳等反，為王猛討平。

369 年

前燕吳王慕容垂投奔前秦。

前秦主苻堅令王猛率軍攻陷洛陽。

370 年

前秦大舉滅燕，俘慕容暐，前燕亡。

371 年

前秦滅仇池，前涼主張天錫稱藩前秦。

372 年

前秦以王猛為相。

373 年

前秦攻陷東晉梁、益二州。

376 年

前秦滅前涼與代國。

378 年

前秦出兵圍攻襄陽。

379 年

前秦攻陷襄陽，俘晉梁州刺史朱序。

380 年

前秦苻洛反，旋即討平。

382 年

前秦主苻堅與羣臣研議伐晉，遣呂光出征西域。

383 年

前秦興兵伐晉，大敗於淝水，華北大亂。

384 年

慕容垂自稱燕王，是為後燕。

慕容泓起事，後為部下所殺，弟沖代立，是為西燕。

姚萇稱秦王，是為後秦。

385 年

西燕主慕容沖陷長安，苻堅出奔五將山，為姚萇俘殺。

苻堅庶長子丕稱帝於晉陽。

後燕定都中山。

386 年

拓跋珪稱代王。

後燕主慕容垂稱帝於中山。

西燕主慕容沖為部將所殺，帝位輾轉歸於慕容永。

後秦主姚萇據長安稱帝。

前秦主苻丕兵敗西燕，後為晉將所殺，苻登繼之。

389 年

後秦主姚萇率軍襲前秦大界，俘前秦毛后及男女五萬口。

390 年

拓跋珪稱魏王，破賀蘭三部。

392 年

後燕滅丁零翟氏。

393 年

後秦主姚萇卒，太子興繼立。

394 年

後秦主姚興敗殺前秦主苻登，前秦亡。

後燕軍破長子，殺西燕主慕容永，西燕亡。

395 年

後燕主慕容垂遣太子寶率軍伐北魏，大敗於參合陂。

396 年

慕容垂率軍親征北魏時病逝，北魏進軍并州，攻中山、鄴城。

397 年

後燕主慕容寶北走龍城，慕容詳自立於中山，慕容麟殺詳自立。

北魏陷中山，慕容麟走鄴城。

398 年

慕容德殺慕容麟自稱燕王，是為南燕。

北魏盡據中山、鄴城，遷都平城，拓跋珪稱帝。

400 年

後秦破西秦，西秦主乞伏乾歸降。

401 年

後燕主慕容盛卒，慕容熙即位稱天王。

402 年

後秦出兵伐北魏，敗於柴壁。

407 年

後燕主慕容熙為高雲篡弒，後燕亡。

赫連勃勃據朔方自稱天王，起兵反後秦，國稱大夏。

409 年

後秦伐夏，為赫連勃勃所敗。

北魏主拓跋珪為子紹所弒，拓跋嗣又殺紹自立。

高雲為部將所殺，馮跋自立為燕王，是為北燕。

410 年

東晉將劉裕滅南燕，斬其主慕容超。

413 年

　　夏主赫連勃勃築統萬城。

416 年

　　後秦主姚興卒，太子泓即位。

417 年

　　東晉將劉裕伐秦，陷長安，姚泓降，後斬於建康。

　　夏國乘劉裕南還，引兵南攻長安。

418 年

　　東晉留守長安將士爆發內亂，夏主赫連勃勃乘機攻陷長安。

420 年

　　東晉恭帝禪位於宋王劉裕，是為南朝宋，東晉亡。

423 年

　　北魏主拓跋嗣卒，太子燾繼立。

425 年

　　夏主赫連勃勃卒，諸子相攻。

426 年

　　北魏出兵伐夏。

431 年

　　夏主赫連定滅西秦，後為吐谷渾所俘，夏國亡。

436 年

　　北魏伐北燕，北燕主馮弘奔高句驪，北燕亡。

439 年

　　北魏伐北涼，陷姑藏，其主沮渠牧犍降，北涼亡，北魏統一華北。